앉아 천리(天理)를 본다?

천리만리

천리만리

초판 1쇄 인쇄 2023년 11월 25일
초판 1쇄 발행 2023년 11월 30일

지은이 고덕
펴낸이 金泰奉
펴낸곳 한솜미디어
등 록 제5-213호

편 집 김태일, 김수정
마케팅 김명준

주 소 (우 05044) 서울시 광진구 아차산로 413(구의동 243-22)
전 화 (02)454-0492(代), 454-0542
팩 스 (02)454-0493
이메일 hansom@hansom.co.kr
홈페이지 www.hansomt.co.kr

ISBN 978-89-5959-582 2 (03150)

*값 15,000원
*잘못 만들어진 책은 구입하신 서점에서 바꿔드립니다

앉아 천리(天理)를 본다?

천리만리

고덕 지음

한솜미디어

| 저자의 말 |

태양 종말 환산법과 지구 종말 환산법

은하년은 우리 은하를 태양계가 한 번 공전하는 데 걸리는 시간으로 2억 2,500만 년에서 2억 5천만 태양년으로 1궤도 범위의 길이로 예측하고 있다.
즉 태양이 은하를 한 번 도는 것이 2억 5천만 년이라고 한다. 그러면 한 해의 태세(太歲)는 2억 5천만 분의 1이 된다. 이 태양의 은하가 하나의 궁이 되려면 육충괘(六衝卦)가 되어야 한 바퀴가 되어 동서남북이 되는 것이다. 동서남북이 되려면 중앙이 있어야 한다. 중앙이 되려면 음과 양이 되어야 상대적 방향이 된다.
그러므로 주역인 육효에 태세가 있으면서 육충괘면 1억 2천5백만 년 중에 1년이 일어나는 것이다. 그런데 이 2억 5천만 년을 12로 나누면 아무리 적어도 2천 년 안의 일이 되는 것이다. 즉 육효에 있어 음과 양으로 12가 된다. 그러면 태세는 2천만 년 안의 일이 되는 것이다.

만일 태세가 충파(衝破)되면 2천만 년 안에 태양은 종말이 온다. 그리고 지구 자전은 하루의 일진(日辰)인 것인데 만일 일진이 충파되나 태세가 생을 하면 최대한 2천만 년은 보장이 된다. 그런데 만일 태세는 극하고 월건(月建)이 생하면 최대한 2백만 년도 되지 않아 종말이 올 것이다.
  이것은 인간 종말이 아니라 항성이나 행성의 종말이 그렇다는 것이다. 다만 인간은 지구 위에 나라는 존재가 생겨났다. 지구의 종말은 곧 지구 위에 나의 존재란 없다는 것이다. 그 외의 문제는 다른 행성에서의 존재나 영적 세계의 존재로 나로 하는 것이니 지구인이라는 구심점은 사라진다.

지은이 씀

| 차례 |

저자의 말/태양 종말 환산법과 지구 종말 환산법/ 4

제1장 블랙홀

01 물 한 방울의 우주/ 16
02 주역의 간괘(間卦)와 맵시 쿼크와 기묘 쿼크/ 17
03 입체파 그림 같은 간괘(艮卦)/ 18
04 블랙홀은 2족이 갈라진 사이를 메우는 것이다…/ 19
05 간괘(艮卦)에 의한 쿼크의 반지름 문제/ 20
06 쿼크를 양성자 중성자의 결합인 괘상으로 볼 때/ 21
07 쿼크는 하나의 핵에 있는 것인데 어떻게 각기의 별이 되는가/ 22
08 왜 점 하나에 모음 '아'라고 발음하게 했던 것일까/ 23
09 모음의 팔족적 오행 원소로의 배속/ 24
10 원소 2주기율에서는 핵융합이 일어난 것이 아니고…/ 27
11 한글의 형태/ 28
12 이온의 끈과 대칭이 안 되게 어긋남으로써 당기는 힘/ 29
13 음양이 함께 있는 핵 수소족 자음 ㅏ/ 29
14 위대한 과학 한글/ 30
15 빅뱅과 핵융합과 신경계/ 31
16 본래 기문(奇門) 구궁도(九宮圖)로는 5중궁(中宮)까지 자라야…/ 32
17 DNA의 쌍과 구궁도의 천반(天盤)과 지반(地盤)의 동일성/ 33
18 쿼크가 이온을 발생하는 원리/ 34
19 쿼크가 인문학적으로 전환되려면 주역이 오일러 공식으로…/ 35
20 우주의 세포성/ 36
21 내가 팔 다리 네 개를 움츠리면 사방을 끌어들이는 것은/ 37
22 주기율에 따른 별의 수명을 보자면/ 38
23 핵융합 중에도 허와 실을 따진다면/ 39
24 핵이 삼원(三元)을 넘지 못하는 것은/ 40

25 시(詩)는 하나의 말에 여러 뜻의 뉘앙스가 매력이고/ 41
26 신기한 언어문화/ 42
27 괘상이 모음이면 효는 소프트웨어가 되는 것인가/ 43
28 이것이 DNA의 선이 서술형이 되는 것이다/ 44
29 8괘의 실수와 허수/ 45
30 산이 무너져 내릴 때 수학 공식/ 46
31 쿼크의 실수와 허수/ 47
32 초전도체는 빛보다 빠른 것인가와 오행의 생극/ 48
33 대장장이 헤파이스토스의 과학적 위력/ 49
34 왜 3을 기본수로 하는가/ 50
35 몸의 주요 맥락은 원소 여덟 족의 맥락과 같다/ 51
36 주기율만하더라도 매우 복잡한 것이다/ 52
37 육신(六神)이 괘를 다 덮으면 효에 넘치고 효는 가려지는…/ 53
38 우주적 계산법/ 55
39 사건의 발단과 응기의 문제/ 56
40 몸의 우주학적 구조/ 57
41 후천수 공식은 8방의 45도 각에서 실수와 허수의 짝이…/ 58
42 오일러 공식은 후천수로 보면 제로섬 게임과 같다/ 60
43 DNA 쌍으로 보아 오탄당의 위치/ 62
44 내가 1에서 뒤통수를 맞는가 0에서 뒤통수를 맞는가/ 63
45 오일러 공식/ 64
46 소성괘와 오일러 공식/ 65
47 DNA의 후천적 구조는/ 66
48 12지지와 DNA 쌍/ 67
49 DNA에 있어 수소점은 자식으로 볼 것인가 남편으로…/ 67
50 헬륨이 수소족으로 바로 주기율 전환이 되는 것이면/ 68
51 팔족의 원리는 행성에도 그대로 적용된다/ 69

제2장 소행성 궤도

52 중력이라는 정의/ 72

53 어떠한 이유로 파괴된 파편이 태양으로 진입하다/ 73
54 1족에 가까울수록 핵력에 가까운 것이고/ 74
55 DNA라는 분자 구조의 물질 중앙에 수소점이 있다는 것은/ 75
56 우주 진공은 왜 생기는 것이며 그 이유는 어떤 상쇄성이…/ 76
57 입자와 반입자/ 77
58 팔 다리 네 개의 융합이 어떻게 양전자와 전자만의 합과…/ 78
59 태극의 중심은 어디에서 시작되는 것인가 빅뱅?/ 79
60 빛의 소멸과 생성은 감리(坎離)의 대칭이다/ 79
61 축이 기우는 것은 2족과 7족의 대칭이 비대칭화한 것에서…/ 80
62 원소 8족과 시간적 거리와 공간적 거리/ 81
63 질량의 탄생/ 82
64 용이 나는 것이 빠른가 천마가 빠른가/ 83
65 중성자 쿼크와 곤괘/ 83
66 중력은 1주기율인 헬륨으로 중성미자를 쌓을 수 있는가/ 84
67 달 궤도가 중력이면/ 85
68 점은 0차원인가 1차원인가/ 86
69 은하 밖 공간의 질량 차이를 건곤의 질량 차이로 본다면/ 87
70 중력의 과제와 건곤/ 88
71 왜 숨을 쉬는 것인가/ 89
72 곤(坤)은 땅인데 을목(乙木)이라는 것으로 음목(陰木)이니/ 90
73 대기로 압력이 가해지는 기압과 바닷물로 가해지는 수압…/ 91
74 지구 중력도 내핵의 팽창과 경계를 두는 것이 흙이 아닌가?/ 92
75 쿼크와 28수(宿)/ 93
76 빛의 종자/ 94
77 빛의 굴절과 중성미자/ 95
78 중성미자는 원소 주기판 쿼크 우주에서 굴절이나/ 96
79 용(龍)의 천문학적 의미/ 97
80 어떻게 하늘의 기운을 받아야 하늘로 승천할 수 있는가/ 98
81 28수(宿)/ 99
82 진용(辰龍)이 바닥 쿼크에 있을 때와 진용이 다운 쿼크에…/ 100

83 개가 울타리를 지킨다/ 101
84 물이 나무를 키웠는가? 꽃이 나무를 키웠는가?/ 102
85 선천수는 0을 강조함인가 숫자를 강조함인가/ 103
86 시간의 곡률(曲率)/ 105
87 내가 있으면 시간이 있고 내가 없으면 시간도 없다/ 106
88 육효에 인오술(寅午戌)이 보이면/ 106
89 왜 진을 블랙홀로 하는 것인가/ 107
90 눈알 하나 굴리는 것인데/ 108
91 해묘미(亥卯未)와 파장의 문제/ 109
92 사유축(巳酉丑)/ 110
93 중성미자를 헬륨으로 하는 이유/ 111
94 중력파 문제/ 112
95 우주 팽창의 언저리는 과연 중력에 밀리는 때가 있는가?/ 113
96 태양의 중력과 원소 3족 영역의 문제/ 115
97 용이 나는 꿈이야 어릴 때도 꾸지만/ 116
98 육효에 신자진(申子辰)이 모이는 것이면/ 117
99 중력이 깨진 블랙홀의 끝은 무한대라는 것인가/ 118
100 모래 속에는 땅이 있다/ 119
101 양자 상태의 중력에서 공전은 타원형이 아닌가/ 120

제3장 중력과 팽창

102 원소 3족과 중력과 팽창의 문제/ 124
103 중력 안에는 수소 융합이 있다는 것의 의미와/ 125
104 중력 속에서 알을 깨고 나오는 것과 알 위에 사는 것/ 125
105 물리와 자손/ 126
106 우리는 건곤은 다 알지 못해도/ 127
107 과연 전형원소만이 융합할 수 있는 맹신(孟神)인 인신사해…/ 128
108 빅뱅은 터진 것일까/ 129
109 육십갑자는 과연 진공을 버린 것일까 가공을 버린 것일까/ 130
110 공망과 렌즈/ 131

111 규모의 설정과 객관성/ 131
112 오장의 수학적 중심/ 133
113 중앙 일간(日干)과 월간(月干)의 수(數)는 머리의 양두엽이고/ 133
114 아! 오묘하구나. 핵융합과 폭발이 만들어내는 주기율의…/ 135
115 8족을 더하는 것으로 하는 것과 그 8족이 쌍인 전형원소로/ 136
116 목의 신경 X/ 137
117 페르미온은 10을 편 손으로 겹치지 않고 편 것을 말한다/ 138
118 사건의 지평은 순환한다면 8족의 일이다/ 139
119 머리와 몸과의 X자형 신경은 곧 몸을 수학적으로 보아/ 139
120 우주 페르미온의 전체/ 141
121 두 괘 사이의 간괘와 나무에 옹이가 있는 것으로 막힌다는…/ 142
122 우주는 왜 이리도 넓고 유동적인가/ 145
123 쿼크의 본질/ 146
124 이중 슬릿으로 64괘상의 스크린 홀로그램적 삶의 동화(動畵)/ 147
125 원회운세(元會運世)/ 148
126 마른 똥 막대기/ 148
127 대운은 난자로 10달을 겨울잠 잔 이무기가/ 149
128 인간은 우주 온도 그대로 묶였다 풀려난 것이라 우주적인…/ 150
129 인생의 리허설이 한 번만 남은/ 151
130 우리는 짚신을 머리에 이고 지성을 생각하니 한 바퀴 환갑…/ 151
131 하루라는 일진(日辰), 용이라는 것/ 152
132 절로공망(截路空亡)과 반공(半空)의 원리/ 153
133 건곤이 양전자와 전자에서부터/ 154
134 질량도 상대성이다/ 155
135 공망의 허상/ 156
136 쿼크가 잉태하는 법/ 157
137 주기율 간의 상대적 시공/ 158
138 객관성의 원소주기율판/ 159
139 평행 우주라는 것/ 160
140 우주의 크기가 아직은 2족이 펼친 진공에는 못 닿은 것이니/ 161

141 우주의 건조율이 곧 진공률로 최고의 진공 건천(乾天)은…/ 162
142 이런 기학적 얼굴을 보면/ 163
143 12번의 핵융합을 포개 육효가 되는 것만으로 반년인…/ 164
144 광자도 질량이 부여되는 2족이 엷어진 공간/ 165
145 끈 이론도 섬유성이니 3족이면 섬유가 탄다/ 166
146 시간은 단추 두 구멍 사이의 스핀이 보는 만상(萬象)/ 169
147 방추사는 세포를 원심 분리하는 양극의 맞잡은 시동이다/ 170
148 수소 1은 외눈박이가 아니다. 곧 두뇌이다/ 171
149 스핀과 쿼크 여섯 단계의 인체 우주/ 172
150 영혼의 무게와 육체의 무게 편차/ 173
151 질량이 차이를 내는 것은 마치 전기가 자기력에 흡수되어/ 174

제4장 선·후천의 차이

152 죽어도 죽음을 모르는 영적 사물의 질감 문제/ 178
153 질량도 상대성이 있으면 차이가 있다/ 179
154 바닥 쿼크와 지옥의 미물 세계 7주기율/ 180
155 힉스 보손은 어떤 우물로 퍼야 하는가/ 181
156 왜 수(水)를 물이라고 하는가/ 183
157 DNA도 배꼽이 있는가/ 184
158 신이 질량을 부여한 것과 인간이 질량을 부여하는 것은…/ 185
159 그림자가 빠져나가지 못하는 땅에도 네 개의 궁전이 지어…/ 190
160 청탁과 영과 육의 메커니즘/ 191
161 품위는 스스로 만드는 것이 곧 육도를 스스로 만드는 것이다/ 192
162 힉스 입자의 명령에 질량이 된 잔여치가 그림자라/ 192
163 선·후천의 차이/ 193
164 선천수란/ 194
165 우주의 사계절 씨앗은 쿼크의 사계절에서부터이다/ 195
166 1을 기준으로 하는 것에서 고정한다고 흔들림이 없는 것이…/ 195
167 지구축 기울기와 북극성/ 196
168 지구가 북극성의 1.5시간임에도/ 196

169 설마 12시간에 1.5시간의 왕복이 시간의 폭이라는 것일 수…/ 197
170 1족이 8족과 같은 것이면/ 198
171 원소 5족의 임파선/ 199
172 크나 64개 사건의 하나일 뿐/ 200
173 뇌화풍괘와 힉스 입자/ 200
174 원자 하나가 되는 쿼크적 절차와 양자 하나가 되는 쿼크…/ 201
175 재차 설명되어서 분명히 인지해야 하는 대목/ 202
176 64괘 중 뇌화풍이 생명체의 진화로 보는 것/ 203
177 태극기의 태극에 파장이 있는 것은 곧 정수와 반정수의/ 204
178 태극의 반은 0.5이고 태극의 반은 0.5에서 1이 태극기의…/ 205
179 쿼크의 정체는 원소주기율을 알면 드러난다/ 206
180 내 몸 안에 DNA가 형성되면 곧 우주의 질량이 힉스에서…/ 206
181 인과가 물리는 것이면 어떤 선택이 있을 수 있는가/ 208
182 어허라! 오늘 횡재했다. 천삼(天蔘)을 캤다/ 211
183 힉스 입자로 천삼을 캐야 명약인 과학성이 아닌가/ 212
184 64괘가 맥스웰-볼츠만의 법칙에 들면 매우 기하학화되는…/ 214
185 하루 만에 우주 전체의 사계절인 쿼크를 산 것이다/ 215
186 입자 이전의 파장과 DNA 쌍으로서 파장의 동일한 우주/ 216
187 왜 3을 삶이라고 했는가/ 217
188 원소 1주기율이 곧 50 대연수 중에 2개의 역할을 한다/ 219
189 힉스 입자적 하도(河圖)의 원리/ 220
190 8괘적 종말/ 222
191 선천수의 역행과 전자장 우물 속의 타래/ 222
192 무지개는 양자장인가 전자기장인가/ 223
193 왜 괘는 두 개가 같은 효를 취급하지 않고 하나인 것으로…/ 224
194 양동이 물을 강태공이 마누라에게 보이는 것은 좁은 것이다/ 225
195 맥스웰-볼츠만 통계와 3합 4충의 구도/ 226
196 한 달의 정수와 보름의 반정수/ 226
197 쿼크가 64괘인 것이니 맥스웰-볼츠만의 법칙은 중요하다/ 227
198 64괘는 쿼크의 종류가 64라는 것이다/ 229

199 인생 100년 왜곡을 바로잡으려면/ 230
200 입자의 상수적(象數的) 배분과 힉스적 질량 배분/ 231
201 기문 둔갑에 있어 연국(煙局)의 힉스적 질량 배분과…/ 232

제5장 홀로그램

202 사방을 따라 그대로 밟고 8방으로 하는 것에서의 중앙인…/ 234
203 시차성과 낙서(洛書)의 경사각/ 235
204 통일장 이론과 50 대연수(大衍數)/ 236
205 양자 얽힘과 양면성의 거울 야누스/ 237
206 씨앗의 상이 있는 유전성 보존과 과피로써 과살이 있는…/ 238
207 이중 슬릿에서부터 우리 몸은 내장과 이목구비가 짝 되게…/ 238
208 실체적 홀로그램은 가능한 것인가/ 240
209 정류자는 쿼크와 같다/ 241
210 일가기문(日家奇門)에 있어 팔문(八門)이 생기는 이치/ 242
211 설탕과 솜사탕 사이가 강력과 약력의 차이로서의 보손인…/ 244
212 힉식의 정체성/ 245
213 전형원소 50의 대연수 만물의 법칙/ 246
214 양자 얽힘에 있어 낙도가 구궁인 것에서 상대성이 현재의…/ 247
215 낙서(洛書)를 굴절된 선처수로 본다면/ 248
216 하도(河圖)는 굴절되지 않은 것으로 후천수로 본다면/ 249
217 낙서의 원주율의 파이(π)인 3.14로서의 균형/ 250
218 기문(奇門) 구궁도(九宮圖) 낙서(洛書)의 물리학적이고…/ 251
219 광자를 입자로 다루는 것은 원소주기율로도 가능하고…/ 252
220 사방의 중심으로 5진법이 되고 구궁의 중심으로 십진법이…/ 253
221 하도가 선천적이든 후천적이든 오고 가는 것의 중앙인…/ 255
222 선천수와 후천수/ 256
223 10인 토가 중앙이어야 구궁이 열리는 시야를 굳이 1인 것…/ 257
224 반정수적 진행과 기문 둔갑의 원리/ 258
225 괘상은 팔괘에서 구궁도의 변방 원심 궤도로 하는 것이다/ 259
226 DNA적 2진법과 10진법의 공유/ 260

227 70조 개의 세포가 하나의 8족인 주기율 시스템이면/ 260
228 쿼크가 나무 기둥인 이유/ 261
229 힉스 보손/ 262
230 광자가 질량이 없었다는 것의 허와 실/ 263
231 힉스 입자의 정체는 8족과 1족 사이의 반복을 연결시켜…/ 264
232 상호작용의 대칭이 깨지는 것은 2족이 7족인 상대성으로…/ 265
233 중성미자와 렙톤과의 관계/ 266
234 게이지 보손과 팔괘/ 267
235 W보손과 Z보손의 팔괘적 의미/ 269
236 글루온이 대성괘인 경우/ 272
237 뮤온의 전자로의 변화와 중성자의 양성자로의 변화/ 273
238 페르미온과 괘의 동일성/ 274
239 쿼크를 생물학적으로 보자면/ 277
240 쿼크가 어디서 나왔는가? 입자 가속기에서 나오지 않았는가/ 277
241 쿼크나 49재(齋)나 다 주역에서 나온 물리 화학적 심령학…/ 278
242 이목구비를 나눠서 심판을 해야 한다?/ 279
243 우주를 공기처럼 마실 수 있다면 인간도 몸이 투명한 것이…/ 280
244 달 없는 화성의 법칙 같은?/ 281
245 공전이 자전을 키워야 하는 것에서 자전이 공전을 키운다?/ 282
246 달은 공전과 자전이 같은 것에서 분기점이 있어 낳을 수…/ 282
247 관상이 몸 전체 상과 같은 것이면/ 283
248 우린 어느 주기율의 샘물을 잘못 먹어 인간으로 태어났는가/ 284
249 몸이 반추하더라도 두뇌는 영속적이어야 하는 것은/ 285
250 1주기율이 무색계인가? 2주기율인 전형부터 무색계인가?/ 286
251 궁극적으로 남에게 의지하지 않고 나만으로 가야 할 길은…/ 287

제1장

블랙홀

순서	주제
01	물 한 방울의 우주

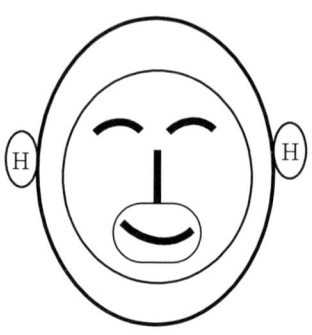

이 얼굴은 둥근 것이 산소 O인 것이고 양쪽 귀가 H_2인 것이다. 즉 천 단위를 나타내는데 코가 얼굴의 핵이니 1인 것으로 천 단위 중심 1이 되는 것이다.

다음이 얼굴 둘레 양 귀 지름이 백 단위인 것이고 다음의 크기가 양 눈의 지름으로 둥근 것이 십 단위인 것이고 다음이 입으로 되는 1단위가 되는 것에서 이목구비는 천 단위가 되는 기호가 되는 것이다.

코는 곧 얼굴 전체인 것인데 오행상 중안은 토(土)에 해당된다. 그러나 머리는 건금(乾金)에 해당되기 때문에 양을 나타내니 얼굴은 음금이나 음금은 후천수 4인 것으로 이목구비 4개나 되는 것이다. 그리고 목에서 신경이 X자형으로 교차하니 배는 토인 것이니 5가 되는 것으로 오장이 되는 것이다. 즉 5는 양토(陽土) 비장을 뜻한다.

머리는 양금인데 얼굴은 음금으로 4인 것이고 배는 음토 10인 위장과 소화기인데 5 양토 비장을 뜻하는 것으로 인슐린이 전신에 오장의 중심이 되는 역할을 하는 것이다.

그리고 얼굴은 천 단위인 것이면 배는 만 단위이다. 즉 다섯 자리 숫자인 것이다. 그리고 무(戊)자는 양토로써 이마에 코가 내려온 형상으로 이마는 건금인 것이고 코는 이마와 같은 선상이니 양토인 것이고 코밑이 음토인 것이다.

그리고 기(己)는 음토인 것이니 위와 소화기인 배를 말하니 구불구불한 자형(字形)이 되는 것이다.

02 주역의 간괘(間卦)와 맵시 쿼크와 기묘 쿼크

간괘란 상효와 하효가 없는 4개 효로 이룬 것으로 실질적으로 두 개의 효는 없는 것을 펴서 간괘로 여섯 효로 보는 것이 대성괘다. 이는 소성괘 3분의 2가 겹치는 것에서 3분의 1이 남은 것과 합하여 정상적인 것처럼 하는 것이다.

그러면 겹치는 부분이 펴려는 에너지 것에서 맵시 쿼크와 기묘 쿼크가 힘이 강렬한 별과 같다. 이는 두 개씩 동이는 것에서 간괘는 펴려는 힘이 강하다는 것이 핵적 원동력이다.

그래서 핵과 언저리의 의지는 일진으로 오는 괘상이 에너지보다 원천적이다. 즉 대성괘의 이온 관계도 핵과 언저리로써 수축과 팽창의 근원이 된다. 핵의 중첩에 대한 언저리의 반쪽 공망으로 상대적으로 겹치는 음과 양의 관계인 이온이다. 그러면 간괘가 다 펴지는 동안 언저리 공망은 핵과 이온적인 관계가 된다.

즉 간괘(間卦)는 양성자 중성자가 겹치는 부분으로서의 핵을 말하는 것이고 언저리 상효와 초효는 전자와 같은 이치가 된다.

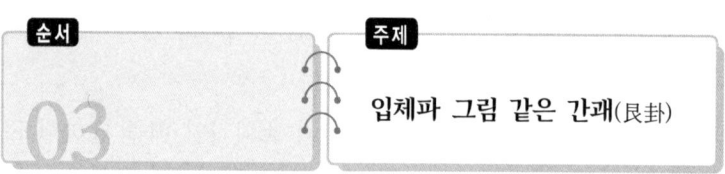

순서 03 | 주제: 입체파 그림 같은 간괘(艮卦)

톱 쿼크와 바닥 쿼크인 상효와 초효는 서로 면모가 분명하다. 그러나 나머지 업 쿼크와 다운 쿼크(5효와 2효의 위치) 그리고 맵시 쿼크와 기묘 쿼크는 홀로그램적으로 입체파 그림처럼 양면이 있다. 이런 입체의 허리 부분인 3효와 4효 부분으로 매우 맵시 있고 기묘한 위치다.

간괘로서 없는 두 개의 효가 음이온이며 이는 겹친 부분을 펴는 중에 공(空)이 생겨도 밖으로 밀어붙인다. 이것은 일반적 본괘의 꼭대기 상효와 바닥인 하효가 밀어붙이는 것과 충돌이 일어나는 것으로 서로가 양이온에 해당된다. 이런 밀어붙이기가 엇갈리면 힘이 갑자기 다른 곳으로 쏠려 음으로 전환되는 것으로 다만 자기를 회전력을 놓이는 것이 된다.

일반적으로 양으로 밀면 음으로 당겨서 자연스럽게 회전하게 한다. 하지만 실제로는 양과 양이 밀어 엇갈리는 중에 또한 양쪽 양의 탄력이 엇갈리는 쪽으로 딸려간다. 그러니 자연 음이 되어 있는 것에서 서로 음이 되어 당기면 다시 채워 밀어붙이는 것이다.

 다시 말하면 이 언저리 이온이 음인 것에 중앙인 음이온을 늘리려 힘을 서로 당기면 양쪽 다 음이온이다. 그런데 음은 음을 낳는 것으로 중앙도 속이 비는 것으로 하면 언저리도 음으로 같은 음이 된다.

 그러나 서로 미는 것 즉 중앙에서 중첩되어 넘치는 힘을 밖으로 밀어 넓히는 것이면 양이고, 바깥에서 안으로 밀어 양인 것이면 충돌한다. 회전이 되지 않으면 폭발하든가 마모된다.

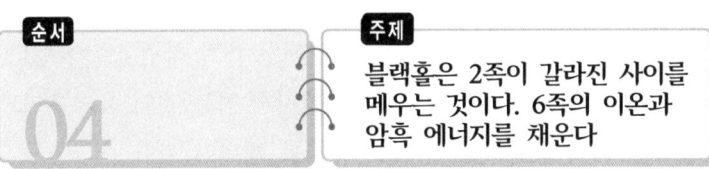

순서 04

주제 블랙홀은 2족이 갈라진 사이를 메우는 것이다. 6족의 이온과 암흑 에너지를 채운다

 홀(Hole)로 패이는 것을 원소 2족이라고 하나 홀은 동굴과 같은 것으로 6족으로 한다. 이는 이온의 통로인 것이다. 그러나 홀로 당기는 힘이 경직되면 7간산(艮山)으로 하는 것이다.

 8족이나 8괘는 점진적으로 생겨난 것이 아니고 원소 1주기율의 수소와 헬륨 간의 상대성으로 이뤄진 것이다. 2족의 이온은 7족의 이온과 상대성에서 생겨난 것이고 이는 태(兌) 2괘가 간(艮)괘가 상대성으로 물러가기 때문이다.

순서	주제
05	간괘(艮卦)에 의한 쿼크의 반지름 문제

    쿼크는 핵과 핵 간의 완전한 규합이 아닌 것에서 서로 섞여 이 둘을 하나의 핵심으로 집합체가 된 것을 주역이 중첩된 것을 펴서 취용한다.

    그것은 마치 육효인 6이 10을 다 수용할 수 없는 것에서 나머지 4는 간괘로 중첩되는 것으로 취용하는 것과 같다. 이 중첩되는 간괘를 중앙으로 하고 그 언저리를 두 개로 하면 6효가 된다. 그러면 중앙에서 겹치는 부분을 떨어지게 하는 것이 음이온이므로 그 언저리에서 밀어주면 빈 간괘를 채워야 한다.

    반대로 간괘가 양이온으로 중심이 공한 것으로 일으키면서 맵시 쿼크와 기묘 쿼크 사이의 중첩을 편다. 그리고 언저리를 밀어가면서 스스로 넓혀 공간이 생기는 것이다. 이것은 음이온이 아니라 양이온적 힘으로 해서 뒤에 허공이 생기는 것으로 볼 수 있다.

    이는 곧 10에도 절로공망이 2개가 있는 것인데 이는 8족에 2족이 남은 것에서 겹치는 부분이 있는 것으로 공망이라는 것이다. 즉 임과 계로 팔괘에는 없는 납갑인 것이다. 그런데 오직 대성괘 건곤의 반의 소성괘에 임계가 있는 것이니 이는 실제 건곤에는 반으로 취용을 하나 갑을과 나머지 반이 임계(壬癸) 절로공망이라는 것이다.

    그리고 12지에도 두 개의 공망이 있다. 이는 임계까지 다 치고도 두 개의 공망이 있다는 것은 결국 원자가 포용하는 수가 10이다. 그리고 나머지는 원주인 파이(π) 밖이라는 것에서 공망인 것을 의미한다.

이러면 자연 쿼크는 괘와 괘 사이로 중심이 되는 위치 즉 3효와 4효 사이로 밀착이 된다. 그리고 심으로 하는 것에서 꼭대기 쿼크와 바닥 쿼크가 언저리로 말려 둥근 것에서 반경의 눈금차가 있는 층이 생겨서 양파 껍질과 같은 것이다.

쿼크 언저리 양쪽 가장자리 즉 대성괘의 상효인 꼭대기와 초효인 바닥은 괘의 양쪽 끝이 언저리인 것을 음이온이라고 한다. 그리고 중앙인 3효와 4효가 기묘와 맵시인 것을 핵으로 하는 중첩된 것을 펴는 것으로 양이온으로 한다. 결국 속에서 밀쳐내는 것을 싼 것이 되는 것으로 이는 쿼크 자체가 양성자 중성자의 결합이니 핵에 해당된다.

이 핵 중에 반경의 차이가 있어 톱과 바닥인 껍질 언저리는 가벼운 것으로 하고 나머지 업과 다운, 맵시와 기묘는 핵으로서 두꺼워지는 것이 된다. 그러면 가장자리 꼭대기와 바닥은 전자로 하고 나머지 쿼크는 양성자와 중성자로 할 수 있다.

그러면 쿼크는 양성자와 중성자의 구조에서 전자를 넣지 않은 육효인 셈이다. 다만 꼭대기인 양성자와 바닥인 중성에 전자가 낀 것으로 하는 것으로 하고 나머지는 양성자와 중성자는 다운과 업, 기묘와 맵시는 그대로 양성자 중성자의 힘으로 결합하는 것이 된다.

쿼크는 하나의 핵에 있다. 그런데 어찌 별들은 각기 개별적으로 떨어져 볼 수 있는가 하는 문제이다. 마치 태양이 헬륨 안 중력 안에서 수소 융합을 하는데 나중에 수소가 헬륨 안에 미치기 전에 이미 고열을 일으키는 것에서 중력 밖에서 융합할 수 있다. 쿼크도 중력 안에서 융합인 별은 맵시와 기묘 쿼크인 것이고 중력 사이에서 융합되면 업 쿼크와 다운 쿼크인 것이다.

이는 뿌리 길이와 몸통 길이가 비슷한 풀과 같은 충돌이 생겼을 때도 마찰로 생긴 뿌리는 풀줄기의 길이와 같이 뻗는다. 이는 나무도 뿌리와 나무 기둥이 차지하는 크기의 비율은 달라도 뿌리와 몸통은 1대 1인 것과 같다.

그러나 꼭대기 쿼크나 바닥 쿼크로 보면 나무가 한쪽은 쭈그러든 다리와 같다. 그래도 무중력인 은하수에 던져놓으면 쭈그러든 다리가 정상으로 펴져 대칭이 된다. 이것은 유전성에서 환경에 맞춰진 것이라 봐야 한다.

그런데도 그 비율이 같아 보이지 않는다는 것이다. 바닥에서 의지된 힘과 합해도 하늘로 마냥 거품과 같은 잎사귀의 치렁치렁

함에서 한 기둥과 함께 지탱하는 상대성이라는 것이다.

그래서 꼭대기 쿼크와 바닥 쿼크의 대칭은 이런 불균형이 있는 것 같으나 충분히 바닥에 뿌리가 맞춰진 것으로 기둥보다 작아도 되는 것이 상대적 대칭이 된다. 상대적인 것과 상관없이 땅과 뿌리의 일체는 작아도 지탱한다는 것이다.

그런데 만일 뿌리가 뽑혔다고 가정할 때 뿌리는 나뭇가지보다 가늘 뿐이다. 이렇게 뽑힌 것은 뿌리에 몰린 핵을 상실한 것에서 다시 중앙인 맵시와 기묘 쿼크가 새로운 힘을 발휘하는 기둥이 된다. 이렇게 발휘하다 떨어져 개인적으로 가게 되면 각기 독립적 별이 되는 쿼크별이 된다.

08 왜 점 하나에 모음 '아'라고 발음하게 했던 것일까

원소 1주기율의 수소는 본래 ㅏ가 아니라 점(·) 하나를 아라고 발음하게 되는 것을 한글에서 없앴다. ㅏ라는 모음은 2주기율인 수소족의 리튬에서 ㅏ가 시작된다. 그리고 네온인 8족에서 ㅐ가 되고 3주기율인 나트륨 수소족에서 ㅑ가 되면 8족인 아르곤에서 ㅒ가 된다는 것이다.

2주기율 수소족은 ㅏ인 것이면 3주기율의 수소족은 ㅑ로 쌍을 이룬다는 모음인 것이다. 1주기율의 수소는 본래 ㅏ의 막대기가 없고 젖꼭지 같은 점 하나일 뿐이라는 과학적 근거로 붙인 것이다. ㅏ보다 점이 수소로서 맞는 상형이다.

원소 1족은 모음인 점 하나를 수소로 하고 헬륨을 ㅣ인 모음으로 한 것에서 1주기율이 ㅏ이고 모음과 자음의 상대 이가 아니라 모음끼리의 상대성이 있었던 것이다. 8족이 우주 복사인 것이고 1족은 시작점이라면 이는 곧 시작은 모음 ㅏ라고 할 때 끝은 헬륨인 ㅣ가 된다. 그리고 둘 다 합하면 ㅐ가 되어야 하는데 1주기율은 ㅐ가 성립되는 것이 아니고 ㅏ만 성립된다. 2주기율의 헬륨족인 네온에서 ㅏ에 ㅣ가 닿아 ㅐ가 되는 것으로 이는 핵융합에 있어 양성자가 줄어 두 개의 중성자가 되는 것을 말한다.

　그러면 어쩌다 보니 양성자 젖꼭지 두 개는 없어지고 밋밋한 가슴의 ㅣ만 남아야 하는 것이 아닌가 한다. 그런데 양성자 두 개의 젖꼭지는 남았으니 2주기율부터는 두 개 쌍의 자식이 젖을 먹는 형상이 되는 것이다.

　5족은 4족에 너울인 것으로 서로 안은 것이고 이렇게 파도에 울타리가 기압골과 같으니 5족인 것이다. 그리고 이런 기압골도 파도에 수평을 이르니 6족은 (ㅡ)가 되는 것이다. 그리고 3족은 팽창력에 허밍과 같으면서 확대되니 (ㅏ)로 한다.

주기율과 족	1	2	3	4	5	6	7	8
1	1차후·(ㅏ)			2차(·)				
2	ㅏ	ㅗ	ㅏ	ㅏ	ㅓ	ㅡ	ㅜ	ㅐ
3	ㅑ	ㅛ	ㅑ	ㅑ	ㅕ	ㅡ	ㅠ	ㅒ
4	ㅘ				ㅝ			ㅟ ㅖ ㅙ ㅚ ㅢ
5	(2주기율과	동일)						
6	(3주기율과	동일)						
7	(4주기율과	동일)						

  2주기율의 4족이 왜 2차인가는 이 4가 1차가 빅뱅이고 2차가 핵융합 폭발이라는 것으로 폭발하며 입을 연 모양새가 (ㅏ)와 같은 것에서다. 그리고 8족이(ㅣ)인 것은 입을 닫는 행태이다.

  위 도표를 보면 2주기율부터 3, 4효가 상괘이고 5, 6, 7주기율은 하괘가 된다. 그러므로 최소한 세 개의 소성괘는 되어야 두 개로서 대성괘를 이루고 하괘도 팔괘 8족이다. 그리고 상괘도 8괘 8족이 있는 것이다. 이는 동일성이 있다는 것으로 모음의 세 개 주기율로 전체로 하는 것에서 하괘로 짝으로 하는 것이다.

  자음만으로 일곱 주기율을 배분하는 것은 앞에 두 가지 설정이 있는 설명이 있었는데 모음만의 화두는 이렇게 설정된다.

전이원소만으로 모음 배치

1	2	3	4	5	6	7	8	9	10
ㅏ	ㅓ	ㅗ	ㅜ	ㅣ	ㅑ	ㅕ	ㅛ	ㅠ	ㅢ

전형원소만의 자음 배속 (궁상각치우)

주기율과 족	1상(商)	2상(商)	3치(致)	4각(角)	5 각(角)	6우(羽)	7궁(宮)	8궁(宮)
1	ㅅ							ㅇ
2	ㅈ	ㅈ	ㄴㄷㄹ	ㄱ	ㄱ	ㅁㅂ	ㅇ	ㅇ
3	ㅊ	ㅊ	ㅌ	ㅋ	ㅋ	ㅍ	ㅎ	ㅎ
4								
5								
6								
7								

4와 5주기율상의 전이원소는 모음에 해당되어 6과 7주기율의 자음을 4와 5주기율의 전이원소가 모태 역할을 한다. 그러므로 달 공전인 모음이 지구 자전의 자음을 잉태하는 것이다. 그리고 6과 7주기율상의 란탄, 악티늄족의 자음 배속을 보면 7인(ㅅ)은 남자, 8ㅇ은 여자, ㅈ은 자식 ㅊ은 손자(이 15를 반으로 접어 7과 8 사이로 남녀와 음과 양이 갈라지는 지점)

1	2	3	4	5	6	7	8	9	10
ㄱ	ㄴ	ㄷ	ㄹ	ㅁ	ㅂ	ㅅ	ㅇ	ㅈ	ㅊ

11	12	13	14	15
ㅋ	ㅌ	ㅍ	ㅎ	

이빨은 30의 반이 윗니고 반이 아랫니인 것에서 15는 빈 것을 채우고 나오는 사랑니라는 것이다.

순서	주제
10	원소 2주기율에서는 핵융합이 일어난 것이 아니고 1주기율에 일어난 것이니

 점(ㆍ)인 한글은 아로 읽는 것으로 이는 막대(ㅣ)가 없는 점(ㆍ) 만의 (아)로 이는 수소점으로 말하는 것으로 입은 열었다는 것이다.
 그리고 이것은 빅뱅이 쏟아낸 수소인 것이니 빅뱅 이후인 것이고 이를 1차 폭발후가 되는 것이고 이 수소를 4개로 하여 중성자 1개는 떨어져 나가게 하면 또 이 한 개는 2차적 폭발에 점 하나가 소리로 나간 것이니 점(ㆍ)인 (아)가 되는 것이다.
 그러나 양성과 중성자도 닫혀버리니 젖꼭지 같은 점은 떨어져 나가 (ㅣ)가 마른 밋밋한 젖이 되는 것이다. 그리고 다시 2주기율의 수소족 리튬이 되면 중성자가 살아나는 듯 양물이 되는 것으로 (ㅏ)가 되는 것이고 2주기율부터 4족이 있는 것이니 이 4족 바탕의 1주기율은 4족이 없는 것에 공을 만난 것과 같다. 그러면 이 공은 융합으로 메우니 이는 공은 ㅏ로 중성자가 나가니 같이 나아가는 형태다.
 즉 마이너스로 나아가는 형태가 되는 것이다. 그리고 헬륨에서 닫히니 리튬도 원소 3주기율과의 문을 닫아 마이너스의 기류에 문을 닫는 것이 된다.

순서	주제
11	한글의 형태

    한글을 형태학으로 보면 원소 2족이 태궁으로 발음의 입 형태가 凹형으로 벌린 것으로 모음 ㅗ의 형태에 해당하고, 7족은 상대적으로 凸의 형태이니 간궁(艮宮)으로 ㅜ에 해당된다.
    이는 이온의 상대성을 빅뱅[1]이 점인 것으로 ㅏ이면 빅뱅을 둘러싼 공 언저리도 중력으로 싸는 벽이면 4족이 다시 ㅏ가 되는 것에서 2차 폭발점이 된다. 그 안에 아래 위가 있으면 2와 7족이라는 것이다. 2족이 ㅗ에 해당되는 것이고 우주가 큰 웅덩이에 담긴 은하수와 같은 것으로 물고기가 사는 것 같은 것이다. 그러면 인과는 7족으로 화석을 이루게 되는 행성이 되는 것이다.
    원소 8족은 기우는 만큼 이온이 강해진다. 즉 수소가 1이면 베릴륨[2]이 2인 것인데 수소보다 음이온이 강하다는 것이고 또한 수소가 1이면 헬륨도 1인 것인데 베릴륨이 2이면 헬륨 8족은 7족인 플로오린으로 양이온이 강하다는 것이다.
    2와 7족의 기울기는 곧 평행으로 펴지길 원한다. 이는 곧 타원으로 기울지 않고 사방이 같은 균형을 잡는 3족의 별로서의 융합적 균형을 말하는 것이다. 그러나 우주는 팽창하므로 원소 8족에 중성미자가 쌓여 7족의 기울기를 가둘 수 있는 능력이 된다.

---

1) 우주의 대폭발.
2) 실온에서 가볍고 단단하며 부서지기 쉬운 은회색의 금속으로 존재한다.

순서	주제
12	이온의 끈과 대칭이 안 되게 어긋남으로써 당기는 힘

ㅗ와 ㅜ의 관계는 꽃가루가 밀고 당기는 관계에서 7족과 상대성인데 엉뚱하게 상대성이 1과 7의 관계로 이온의 끝을 놓지 않으니 사계절적으로 축이 변하는 것에 있다.

4족은 웜 홀[3]이라고 하나 그 편차를 알기 어렵고 8족이 모음 ㅣ에 해당되는 것은 헬륨은 처음에 두 번째 원소로 이는 2족과 같은 것이라 2족은 ㅗ인 동시에 8족 또한 ㅣ이라는 것이다.

그리고 4족이 ㅣ인 것은 입자가 융합하는 것으로 입자인 이빨을 드러내는 것이 4족으로 하얗고 푸른빛을 낸다는 것이다. 이것은 마치 중성미자에 갇힌 전자기가 이빨로 드러나는 것과 같은 이치이다.

순서	주제
13	음양이 함께 있는 핵 수소족 자음 ㅏ

수소족 리튬을 막대기 ㅣ에 점을 붙인 자음 ㅏ로 하면 곧 여자의 젖으로 양으로 하는 것이 있어 남자의 양기를 같이 두는 것이 된다. 그래야 수소족이 곧 양성자 중성자가 하나의 음과 양으로 핵에 있다는 것에서 다시 1로 출발하는 것이다.

---

3) 우주 공간에서 블랙홀(black hole)과 화이트홀(white hole)로 연결하는 통로로 가상의 개념.

수소족만으로 젖꼭지가 붙은 것으로 이 또한 남녀를 함께 태어 날 수 있게 한 것이 남자도 젖꼭지가 있다. 그러나 여성만이 갖는 권리를 주어 젖통이 되게 한 것이다.

여자도 남자처럼 정소(精所)가 위에 붙어 있어 아래로 처지게 할 수 있으나 남자처럼 앞으로 나오지 않고 난소로 더 뒤로 물러 나게 한 것을 말한다.

한글의 쌍모음 즉 ㅑ, ㅕ, ㅛ, ㅠ를 말할 때 이것은 2주기율, 3주기율이 쌍으로 가는 것처럼 3주기율에 있는 것이 된다. 막대기 ㅡ와 ㅣ에 젖꼭지처럼 붙어 있는 것으로 ㅏ는 ㅓ가 되는 것이다. 그런데 젖꼭지가 두 개나 붙어 있다는 것은 마치 1족이 ㅏ인 것이면 3주기율의 1족은 ㅑ가 되는 것이다. 그리고 2족이 ㅡ가 되는 것은 3족이 화이트홀이라는 것으로 ㅜ가 되며 4족은 ㅣ가 되는 것으로 허수를 말한다. 결국 핵융합인 4족은 허수를 채우는 융합이다.

모음에 젖꼭지가 없다. 그리고 5족이 ㅕ인 것이면 6족은 ㅡ인 것이다. 7족이 ㅜ인 것이면 8족은 ㅣ이다. 그러면 3주기율은 양과 음, 실수와 허수가 교대로 ㅑ가 1족이면 ㅡ가 2족이고 ㅛ가 3족이면 ㅡ가 4족이다. 주기율이 갈수록 ㅢ니 ㅚ니 ㅙ니 하는 것을 수용하는 것은 ㅣ가 헬륨족인 것이다. ㅏ에 ㅣ는 ㅐ로 한 주기율의 끝에 다다랐다는 것에서 아래 모음을 함께 수용하는 것을 말한다.

순서 15
주제 빅뱅과 핵융합과 신경계

원소 1족이 빅뱅이라면 원소 4족은 이차적 핵융합의 폭발성인 것이다. 즉 왜 신경이 전달꾼이 되었는가. 1건괘와 4진괘는 육신(六神)의 배속이 같다. 그래서 한글에도 1족과 4족을 같은 ㅏ로 하는 것이다. 빅뱅이 1차적인 우주인 것이면 다시 2차적으로 별이 되는 것은 4족인 것에서 출발한다.

이는 곧 1차적 폭발은 씨앗인 것인데 3족에서 씨앗 껍질이 단단한 것이다. 그러면 씨앗의 속은 비어 있는 것에서 무른 것이 있는데 이 씨앗이 땅에 들어가 썩고 문드러져야 싹이 나온다. 그러면 곧 원소 4족에서 8족까지가 과실인 것으로 무너지는 것이고 3족은 팽창이 차고 나와야 하는 것에서 실제 씨앗은 3족을 유지한 채 밖으로 깨고 나온다.

이것은 곧 중력의 껍질이 없어져 안으로 쭈그러들어도 싹은 나온다. 우리가 꼭 중력이 무너져 별이 줄어든다고 해서 우주의 경락에 그저 쭉정이가 돼버린 씨앗이라는 것이다. 그래서 원소 4족이 1족의 2차적 분열로 확산하고 있다고 보는 것이다. 그런데 이 2차적 폭발은 4계절적 합에 의해 이뤄지는 것으로 춘분과 추분을 사이로 양쪽으로 기우는 분리인 것으로 실제 2등분의 4계절인 셈이다.

신경이 다른 족보다 단단한 것은 바로 이 융합의 견고성 때문이다. 그리고 모든 정보가 신경으로 몰리는 것은 신경이 융합적 합금체로 모든 길은 신경으로 통하게 된다. 신경물질은 우주로 보면 2차적 융합물로 우주로 통하는 자기장은 어느 곳이든 통하는 메신저로 별들은 중계탑이나 등댓불과 같은 것이다.

실제 이는 1족인 빅뱅의 두뇌에 통하는 것으로 보면 인간의 두뇌는 은하단의 규모보다 빅뱅의 규모에 1인 것에서 별들의 융합이 4족으로 2차적 분열에 해당되며 뉴런이 되는 전달체이다.

우주 간의 상호성은 우주 자기장의 경락으로 통하고 있다고 봐야 한다. 거기서 인간은 머리가 관할하는 신경이라는 것만으로 구석구석 세포의 정보를 전해 받을 수 있다.

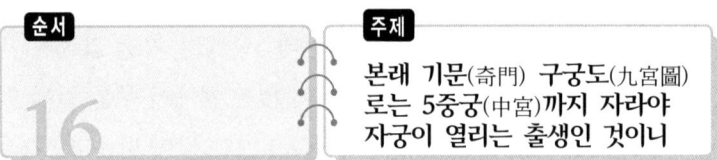

순서 16

주제
본래 기문(奇門) 구궁도(九宮圖)로는 5중궁(中宮)까지 자라야 자궁이 열리는 출생인 것이니

여기서 자라 성인(成人)이 되는 것으로 한다.

중궁인 옷을 벗겨도 6건궁의 알몸은 남는다. 그래서 6건궁이 가을걷이로 씨앗이 되는 것이다. 4손궁이 충(蟲)으로 하는 것이고 5중궁이 자궁인 것으로 하는 것이고 6건궁이 머리가 된다.

씨 부분과 과실 부분으로 손궁에 들지 않고 이궁으로 가면 잠자리처럼 날개를 갖게 되고 이 날개의 풍요보다 더 나은 도를 위해 중궁으로 꺾어드는 부분이 이무기가 굴에 드는 형국인 것이고 건궁으로 머리가 발달한 것으로 한다.

이는 벌이나 개미가 여왕벌 위주로 몰리는 것처럼 중궁이 곧이고 자궁이기 때문에 충이 자궁에 몰리는 것은 순리이다. 그렇게 맵시 없는 여왕벌에 몰리게 되어 있다.

그리고 우두머리는 하나로 자식을 두게 되어 있다. 우두머리는 따로 기르는 것이니 인간의 탄생은 실제 우두머리 종자를 낳은 것으로 건에 두는 것으로 머리부터 나온다.

17 DNA의 쌍과 구궁도의 천반(天盤)과 지반(地盤)의 동일성

DNA와 구궁도의 일치점은 구궁도에 있어 천반과 지반의 쌍이 병행한다는 것과 두 쌍이 서로 역행한다고 하는 것이다. 그런데 이런 것은 1감수(坎水)인 수소로서 시작되는 데에서 중앙 수소에 양쪽 오탄당4)에서 시작되는 것에서 병행을 일으킨 것이다.

그러므로 쌍이 되어 구궁으로 순환하는 동기를 부여하듯이 그런 병행 중에서 수소를 중앙으로 한다는 것은 곧 은하수에 지구가 떠 있는 배와 같다. 이것으로 오탄당으로 보기보다 수소 한 알이 오탄당이 된다. 이는 양쪽이 10인 것으로 십진법으로 DNA가 진행하고 있다는 것이다.

또한 점 하나하나의 우주가 되는 것보다는 많은 모종으로 여러 줄기로 늘어난 상태에서 시작된 것 같다는 것이다. 그렇게 커진 오탄당이 병행으로서 은하수에 담긴 형상이라는 것이다. 이는 마

---
4) 다섯 개의 탄소 원자를 갖는 단당류를 이르는 말이다.

치 핵 하나의 분열이 모든 원자와의 마찰로 분열을 일으킨 것과 같은 것으로 유동성을 가진 것으로 본다는 것이다.

우리가 우주를 유영한다고 할 때 우리 몸은 핵분열의 몸이고 그 중성자의 이동으로 인한 마찰은 수소 입자인 은하수를 마찰하며 이동하는 것에서 양력을 얻는 것과 같다.

즉 수소 1은 1, 1, 1로 진행하지만 오탄당은 10으로 되는 쌍이니 DNA의 진행은 10+10+10으로 진행하는 것이다. 왜 10×10으로 진행하지 못하는가 하면 수소가 10을 벗어나지 못하게 잡아주기에 오탄당의 진행마다 1로 돌아와 다시 10이 된 것이니 +가 되고 ×는 못 되는 것이다.

대성괘에는 간괘(艮卦)가 있는데 이것은 상효와 초효를 뺀 나머지 효가 겹치는 것이다. 쿼크로는 꼭대기 쿼크가 상효이고 바닥 쿼크가 초효다. 이는 쿼크상의 이온이 생긴 것으로 공망을 의미한다.

일진에 의한 공망은 시간으로 메우면 찰 수 있는 이온이다. 하지만 원소주기율적 공망은 겹치는 부분과의 비중 차이에 의해 상대적으로 충당하게 되어 있는 것이 핵과 언저리 간의 수축성과 팽창성의 상대성인 것이다.

두 개의 괘가 톱과 바닥인 것으로 언저리상의 공망이 생긴 것에서 빈 것만큼 중앙으로 힘이 겹치는 곳인 간괘가 응축이 된 것으로 접힌 것이다.

그런데 이것을 간괘로 하면 서로 엮인 채 두 개의 입체성을 가지는 것에서 간괘는 입체형의 모형이다. 그리고 간괘는 겹치는 바람에 언저리는 정상적인 것이나 상대적으로 공망이라고 한다.

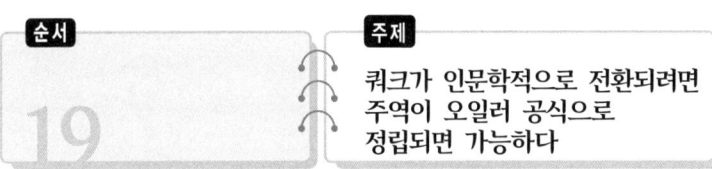

순서 19

주제
쿼크가 인문학적으로 전환되려면 주역이 오일러 공식으로 정립되면 가능하다

주기율의 쌓이기 전에 여섯 주기율의 반인 세 주기율로 상하괘로 하는 것에서 육효의 쿼크가 되는 것이다. 그러므로 8족은 곧 팔괘가 되는데 그러면 같은 오행이어도 주기율에 따라 위치는 상하가 다르다. 그러나 경락에 따라 같이 볼 수 있는 것을 말하기도 한다.

만일 심장인 화가 상효가 될 수 있고 3효도 될 수 있고 2효도 될 수 있다. 그러면 혀도 되고 눈도 되고 심장도 되는 것이 화인데 이는 경락으로 다 통하는 것으로 하나로 볼 수 있다. 그러니 어느 것이든 같다는 것이다.

몸도 여러 부분이듯이 주기율에 족도 여러 곳에 나타나는데 나름의 공식이 서야 하나로 정할 수 있다. 이것은 경험의 축적이 필요하다. 공식도 좋지만 상황의 구도를 잘 인식해야 적용할 수 있다는 것이다.

3주기율이 심장이나 눈이라는 고정적이든가 3족이 그렇다면 일괄성이 있는 것이나 육효상의 팔괘에서 나오는 오행의 위치는 육효의 어느 곳에서나 위치해 있다. 그러므로 일괄적 맥락이 고정되는 점이 없다. 그런데 8족인 팔괘는 원주율이기 때문에 파이가 적용되는 오일러 공식5) 안에는 있다는 것이다.

이런 주기율이 오일러 공식을 낼 수 있다면 우주는 수학 공식이 인문학 쪽으로 성격을 갖출 수 있는 것이 된다. 화학적 물질의 성격으로 인간의 성격을 규명하는 것보다 훨씬 진일보한 것이 될 것이다.

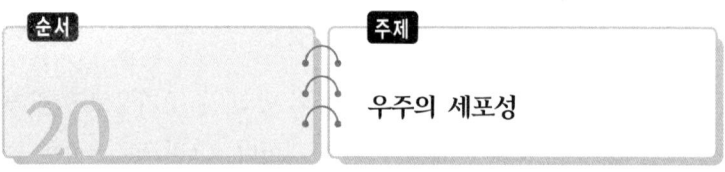

우주의 세포성

은하수가 진공이라면 과연 우주에 양력이 발생할까.

수소가 깨지지 않았다는 것이 은하수이다. 즉 수소가 액체라는 것으로 은하수로 하는 것은 수소가 절대온도에 붕괴되지 않았기 때문이다.

만일 우주가 수소마저 깨지고 붕괴되어 원자 단위도 못 된다면 은하수라고 하지 못한다. 은하수는 수소의 바다이다. 그래서 은하수로 양력을 얻는 것은 원자 밀집도의 마찰력과 같은 것이 아닌가? 엄밀히 말하자면 원자가 깨진 양자는 은하수가 아니다.

또한 몸은 껍질이 없으면 속의 근육은 붉다. 이것은 마치 우주에 항성이 비치는 것과 같은 것인데 밤이면 빛이 보이지 않는다.

---

5) 삼각함수와 지수함수의 관계를 나타낸 세계에서 가장 아름다운 공식으로도 불린다.

하지만 하얀 피부에도 가려진 것으로 피가 난다는 것은 우주 속의 실핏줄이 드러나는 것이지 본래 하얀 세포성만이 아니라는 것을 내포하는 것과 같다.

수소의 시작이나 수성의 시작은 다 은하수의 개념에서 출발하는 것인데 이것이 깨지면 전자의 바다이고 쿼크의 결합력을 말하는 것이다. 또한 동양 기문둔갑에도 1을 감궁에서 출발하는 것이 수소를 우주 시작의 바탕으로 한 것에서다.

이것은 핵분열에 있어 네 개의 원자 간의 마찰력이 곧 팔과 다리의 마찰력에서 뛰어나가는 열기를 나타내는 것이다. 곧 수소인 1족의 공간이 4족인 나 사이에 항력이 발생하는 것이 아닌가 하는 것이다. 이런 법칙에서 나의 행위는 그 수소 바다인 은하수에 내가 뭉쳐진 하나의 덩어리로서의 자아인 것이다. 그러므로 우주에 행위를 하고 있다는 것이고, 그 여파는 핵분열의 마찰에 있는 것과 같다.

핵분열은 연쇄적으로 에너지가 퍼지는 것이지만 충분히 심장의 수명만큼은 발산된다는 것이다. 우주성에 나만의 핵에서의 상황은 따로 염두에 둘 필요가 있다.

이것은 과일도 씨를 가진 것으로 어른이 된 것과 같은 것이다. 발아되는 것은 4족인 것이고 대기에 태어나는 것은 5족인 것으로 한다.

또한 구궁도를 보면 1 감수궁이 양수이고 2 곤궁이 자궁벽인데 이 벽에 태아나 3 진궁인 것이고 이는 포유류에 해당되고 4 손궁이 파충류에 해당되는데 1 감수궁의 어류와는 출생이 많이 진화한 것이다. 족중궁 5로서 완전 모태에 가둔 것은 인간인 것이니 이 자궁 5에서 6 건궁으로 출생하면 태아가 머리를 먼저 내민 것이 되는 것이다.

순서 22.

주제
주기율에 따른 별의 수명을 보자면

하늘로 나는 것 같은 2주기율과 폭발적이어야만 하늘을 나는 것이 꼭 폭발적이어야만 지구력이 있는 것인가 하는 것이다. 2주기율이 천마처럼 난다고 해도 영구적이라면 꼭 ○원자 폭탄처럼 금세 터진다고 해서 그 지속력이 오래가는 법이 없다.

6족에 식히는 7족의 영기로 내적으로 힘을 발휘할 수 있는 에너지양은 많다고 해도 2주기율의 나비와 같은 지구력은 못 미치는 것이 곧 별이 폭발하는 수명은 지구 수명보다 못하다는 것과 같다.

어느 주기율의 중량이든 3족인 것으로 공으로 하고 공은 외벽이 있는 것이다. 이것을 깨는 것이 4로써 분열과 융합으로 중력이 함몰되듯이 안으로 붕괴되는 흡인력의 견인력이 8족에 미치는 것인데 이것은 어느 주기율이면 3족과 8족의 관계인 것이다.

그 비중은 주기율에 따라 중량이 무거워지는 것이고 단단해지는 것에서의 폭발력이라는 것이니 결국 원소 7주기율에 이르면 분열도 폭발적이라는 것이 되는 것으로 탄탄한 것이다.

1주기율은 부드러운 것이고 분열인 것이다. 이는 결과적으로 중력이라는 울타리를 만들어 속이 빈 것으로 하는 것에서 3족이 이허중인 것이다. 그리고 이 껍질을 깨는 것이면 나머지 8족이 함께 붕괴되는 것으로 한 몸으로 하는 것이다. 이는 매우 서행으로 진행되는 것이고 원소 7주기율의 핵반응은 그 원소 하나만으로 급속도로 폭발적이라는 것이다.

순서 23

주제 핵융합 중에도 허와 실을 따진다면

삼중수소 한 덩어리에서 하나가 떨어져 나간 것을 실수(實數)로 하면 남은 두 개의 수소는 허수가 된다. 그러면 핵융합은 음인 것으로 흡입력을 말하는 것으로 하면 음괘인 것이고 양으로 분열로 반출하는 에너지는 양으로 하는 것의 괘상이 되는 것이다.

두 개의 방향성에 따라 음과 양괘로 할 수 있다는 것은 괘상처럼 환경에 의한 음과 양이 되는 것이다.

본래 3족이 이허중(離虛中)인 것으로 양성자 중성자 전자가 함께 수축과 팽창의 연계로 벽인 전자의 신축력으로 전자 간의 공간을 이허중으로 넓힌 것이고 중력의 벽이라고 하는 것이 안은 긴밀하고 밖은 척력이 세진다.

순서	주제
24	핵이 삼원(三元)을 넘지 못하는 것은

    이는 이허중인 3이 되면 핵에 동위원소가 몇 개이든 이허중인 것으로 하는 것에서 삼중수소가 되는 것이고, 이 3을 넘지 못하는 핵인 것에서 넘은 4는 융합으로 전자가 두 개인 동위원소가 되는 것으로 이중수소와 같은 비율이 된다.

    양성자 2 중성자 2이라는 것과 전자 2라는 것은 곧 양성자 1개와 중성자 1개 그리고 전자 1개의 중수소와 같은 비율이 된다는 것으로 결국 이중수소의 비율을 넘지 못한다는 것이다. 이중수소를 기본으로 세 기본자와 비례로 늘어난다. 이는 삼중수소를 넘지 못하니 삼중수소는 매우 빛나지만 이중수소에서 온건해지는 기본으로 영속성을 갖는다.

    곧 실수는 삼중수소이고 이중수소 두 개의 합은 허수의 합이어도 허수로 이 허수의 합에서 양을 더하면 실수가 되고 음을 더하면 다시 음이 된다. 이것이 2주기율부터의 시작이니 곧 소성괘의 시작이 되는 쿼크의 3분의 2와 3분의 1이 된다.

순서	주제
25	시(詩)는 하나의 말에 여러 뜻의 뉘앙스가 매력이고

논문은 다양한 이미지를 하나의 요점으로 해야 하는 것에서 지식 추구의 길이 확연이 다르다.

한글도 언어의 뉘앙스로 풍요함을 느끼지만 실제 뜻이 구체적이려면 더 많은 부연 설명이 필요하다. 또한 뜻 하나에 여러 공간적 잡다함이 없다고 할 때나 객관적으로 충분히 이해가 될 때는 몰라도 수학이나 물리일 경우 뜻이 간략하지 않고 서술적으로 길면 이니셜을 사용한다. 마치 이름을 이니셜 YST로 하면 누가 알아보겠는가.

요즘에 내가 시사에 거리가 멀다 보니 양자가 뭔지도 모르겠고 한글을 약자로 하는데 그것이 무엇을 뜻하는지 유행에 민감하지 않고는 알아들을 수도 없다.

예를 들어 짤짤이는 짤짤이인데 그것이 성희롱이라니 무슨 시대가 언어마저 욕이 되는 구태가 된 것 같고, 욕이었던 것이 사랑이라고 둔갑을 하니 세상 참 무섭다는 생각이 든다. 이런 몰이가 자각도 없이 휩쓸리게 한다.

우리나라는 봉제업이 망했는지 한 해 계절이 바뀌면 옷에 적힌 한글을 찾지 못해 티셔츠 하나 사기 힘들다. 문제는 어떤 변화이든 서서히 변해야 하는데 우리나라는 모든 국민이 하루아침에 영어가 적힌 티셔츠를 입고 다닌다.

유튜브 초창기엔 한글을 쓰라고 하여 영어로 쓰면 받아주지도 않아 그것이 나라 사랑인 양하더니 온통 영어가 적힌 티셔츠를 입고 다니는 국민을 믿을 수 있냐는 것이다.

나무는 바람이 불어 흔들리는데 바람도 아닌 것이 귀신인가? 묻고 싶은 것은 그대의 오늘은 어떤 감쪽같음에 있는 것인가. 이것이 꿈인가 생시인가.

최소한 한글과 영어가 섞였다면 이런 말을 하지 않을 것이다. 내가 한글 티를 입고 싶어도 시중에 안 나오는 것은 어떻게 무언중에 그렇게 잘 통하는 것인가이다. 아무리 군중이니 뭐니 해도 안 팔면 못 입는 것이고 누구 하나 팔라고 일인 시위도 않는 것에서, 그러자 세대 차이로 요즘은 10만 차이 나도 세대 차이가 난다고 한다. 그럴 수밖에 없지 않은가.

10년이 지나도 한글 티셔츠를 못 본다.

10년만 지나도 우리 시대의 자식이 아니라는 것이다.

순서 26   주제 신기한 언어문화

육법전서를 한글로 해도 좋을 것 같은데 꿈쩍 안 하는 것에 반해 수학은 한자를 한글로 하기가 어려우니 그대로 한자로 하지 않으면 말을 줄이고 객관화할 수 없다. 그런데 구체적으로 논함이 더 과학적 가치일 수 있음에도 한자의 가치를 왜곡하는 것이다. 한글도 여러 가지 형태로 볼 수 있다.

한글은 자음과 모음이 뚜렷이 구분되어 있다. 모음이 하드웨어라면 자음은 소프트웨어처럼 각각의 기능이 함께 붙지 않아도 내부적 신체성은 따로 있다.

모음을 헬륨족으로 하는 것이면 이는 부도체인 것인데 4족이 통과하는 것만이 도체가 된다. 자음은 도체의 입자로 보고 이것이 통하는 것은 부도체이다. 다면 모음이 통로를 만들어주어야만 통하는데 이 모음이 DNA의 오탄당이면 이는 부도체인 것이다. 그러나 수소는 중앙에서 오탄당에 기운을 빼앗기는 것인데 그 역할은 네 개의 염기가 서열을 이루어 흡수하는 것으로 하드웨어가 소프트웨어의 통로를 통제한다는 것이다.

괘상이 모음이면 효는 소프트웨어가 되는 것인가

순서 27 / 주제

효의 형상은 꼭 오탄당에 네 개의 염기가 붙은 DNA와 같은 선을 잇는 괘상이 붙어 나가는 것을 말한다. 또한 한 효에 네 개의 사계절이 들어 있다는 것은 네 개의 염기 중에 하나를 골라 하나의 효를 형성하고 있는 것에 음효와 양효가 있다.

이것은 괘에 효가 붙어가듯이 DNA 나선에 염기가 붙어 나가는 것으로 봐야 한다. 이는 곧 DNA 두 라인이 오탄당이 이어 붙은 것이면 충분히 염기 하나는 효 하나와 같다.

이는 효 하나가 네 개의 계절 중에 하나를 취하여 하나의 효가 되는 것으로 오탄당에 네 개의 염기 중에 하나를 취하여 염기를 만든 것과 같다. 그리고 오탄당에는 중앙수소와 이중수소와 삼중수소로 붙어 있는 것으로 연결체가 되는 것이다.

우리는 말을 함으로써 통하지만 그 속의 아픈 증세는 모른다. 그렇듯 자음은 다른 메커니즘으로 돌출한 것이라고 보아야 하고 그것에 모음이 어떻게 접근해 전달하느냐와 같은 것이다.

괘상이 모음이라면 그 괘상 내의 효는 자음으로 분류할 수 있고 만일 태가 입을 최대한으로 연 호수와 같은 것이면 이것은 모음 ㅏ에 해당되도록 열린 것이 된다.

그러면 기계가 고장 났다면 입구 부분이 고장 난 것이다. 그런데 그 괘의 효에 따라 또한 어느 부분의 어떤 기능에 고장이 났다고 할 수 있다. 괘상이 입으로 하드웨어적인 것이면 효상은 어떤 소프트웨어적 기능에 해당되는 부분에 고장이 났다는 것을 알 수 있다.

점도 이론적인 체계적 접근이 아니면 어려우며 이런 학문은 배우는 코스도 없다. 그러므로 맨땅에 헤딩한다는 생각으로 해야 한다. 이런 길은 베풀고 병신 된다는 각오를 해야 한다. 두루뭉술하게 미신적 궁금증으로 덕을 보는 사람이나 너무 법칙을 따지는 사람은 대화의 근접이 쉽지 않다는 이야기이다.

순서	주제
29	8괘의 실수와 허수

만일 산이 무너져 내린다고 하자. 그러면 그 산이 무너지는 중에 실수는 얼마이고 허수는 얼마인가이다. 여기서 미분이 되고 적분이 되느냐와 그 함수는 어떻게 남아 변화되어 가는가를 설명해 보자.

세 개의 효가 모여 하나의 소성괘가 되는데 이것이 홀수이니 홀수는 짝이 없다. 그래서 외롭게 동하는 것을 실수로 하고 짝을 이룬 것을 허수로 하는데 이는 없어서가 아니라 1이어도 없는 것이요 0이어도 있는 것을 말하는 오일러 공식에 비유되는 부분이다.

즉 원소 8족도 양끝을 접으면 4와 5 사이가 접히는 것에서 대칭되는데 이 대칭이 건곤감리의 대칭이 된다. 그런데 이것이 접혀 포개지면 건(☰)의 상형이 곤의 상형(☷)과 수소와 헬륨으로 1과 8이 포개지면 간괘로 할 수 없고 곤괘로도 할 수 없다는 것이다. 또한 2족이나 7족이 포개지면 건이 된 것인지 곤이 되었는지 알 수는 없다. 그러나 보이지는 않지만 내적으로 상호작용을 한 것이라는 것이다. 즉 1이라는 정체를 보이지 않지만 희석되어도 0.5와 0.5의 상대성으로 감수분열의 상태와 같다고 볼 수 있다. 이 어중간한 포갬을 다시 펴면 수소족은 1이 되고 헬륨족은 0이 된다.

이는 곧 헬륨이 10인 것으로 0으로 하는 것이고, 곧 10이라는 숫자를 바로 읽지 않고 거꾸로 읽으면 0 안에 1이 들어 있는 것으로 보면 된다.

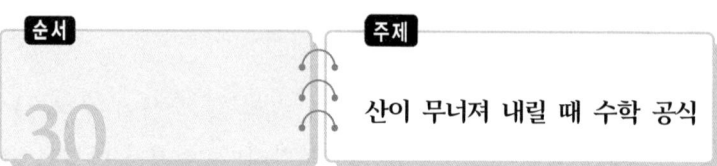

소성괘(小成卦)는 두 개의 음과 두 개의 양은 허수이다. 그래서 두 개는 음양을 취급하지 않고 오직 하나 남은 효로 음과 양을 취급한다. 그러니까 실수만으로 취급하는 것이 괘상이라는 것이다.

간(艮)괘를 예를 들면 간산(艮山)괘는 위에 양 하나가 있는 것을 말하는 것이니 상효가 실수이고 나머지 중효와 하효는 같은 음이니 허수가 되는 것이다.

이에 육신(六神)인 지지(地支)를 배분하면 하효 진과 중효 오는 허수에 해당되고 상효 신은 실수에 해당된다. 그러면 산이 무너져 내리는 것은 이 실수 하나와 허수 두 개 중에 변화가 일어나 무너져 내리는 것이다. 하효나 중효가 변화되어 산이 무너져 내렸다면 허수에서 그 원인을 찾아야 한다. 만일 상효에서 변화가 일어났다면 실수에서 그 원인을 찾아야 하는데 이 산괘가 변하면 지괘(地卦)가 되는 것으로 이것이 합수가 되는 것이다.

변괘는 상대 괘와의 합수 관계로 나타나기 때문이다. 이 메커니즘을 오일러 공식으로 풀 수 있다면 진정한 우주 섭리가 주역을 통했다고 할 수 있을 것이다.

순서	주제
31	쿼크의 실수와 허수

　쿼크는 3분의 1과 3분의 2가 대칭적이다. 이는 3분의 1은 실수이고 3분의 2는 허수인 것이다. 이런 실과 허의 상대적 견인력에 의해 쿼크의 상대성이 성립되는데 이 상대성이 갖는 중력은 상상을 초월한다.

　이런 쿼크별이 떨어져 있다는 것은 마치 본래 정류자의 갈라진 금 사이로 엄청난 힘을 발휘하듯 한쪽만 떨궈지는 것으로도 그 극의 힘은 마치 나무가 잘려도 복령이 굵은 것 같은 쿼크별이 되는 것이다.

　바이스 같은 자석에 원동기가 돌아가는 것으로 전기가 전선을 타고 간다고 할 때 이 전기가 가다가 변전소에서 충전되면 이것은 쿼크별처럼 정류자 한쪽의 억제가 변호사 중책량이 되는 것으로 머리에 옮겨가는 것과 같다.

　별의 물질이 전자량과 전기량을 충적해 있는 것이니 이 충적을 중성미자가 하는 것이면 그 질량은 대단한 것이다. 이는 전기를 수렴하는 것일수록 무거울 수밖에 없는 금속성이기 때문이다.

　질량은 에너지이기 때문에 빛도 회로를 만들 수 있는데 빛은 화생토가 되기 때문에 흡수되어 회로를 만들 수 없다. 그러나 물을 이용하면 파장으로 전환이 가능하므로 금은 달궈지고 녹으나 불이 물속에서 일어나면 물은 파장을 만든다.

순서	주제
32	초전도체는 빛보다 빠른 것인가와 오행의 생극

　우리가 금속뿐 아니라 공간의 순도를 금속의 순도와 같은 것으로 한다. 그래서 절대온도를 초월하는 초전도는 가장 순도 높은 금속과 같은 것으로 건금으로 한다. 그런데 생극으로 보면 화극금으로 빛의 속도가 이런 공간성을 녹이므로 이런 공식이 나온다.
　빛은 초전도보다 빠르므로 우주의 자는 빛의 속도로 재는 것이 기본이라고 한다. 하지만 보통 건곤에서 건은 둥근 것이니 우주는 둥근 파이에서 시작되는 수학적인 것이라고 할 수 있는데 문제는 빛도 휘는 점이 있다는 것이다.
　그러면 이것은 어떻게 금에 굴절되지 않을 수 있는가. 다만 선으로 하는 차원은 빛인데 입체로 하는 것이면 공간으로 해야 한다. 이것에서 빛의 속도를 재는 잣대와 공간을 재는 선천대천이라는 잣대는 나름 이해시키는 용도성이 강하다.

순서	주제
33	대장장이 헤파이스토스의 과학적 위력

 건은 둥글다는 것이고 우주는 둥글게 돌아가니 이를 제우스가 통치하는 공간성으로 본다. 그런데 실제 금은 무르다. 아무리 중력이 강해 강철과 같다고 해도 헤파이스토스[6]가 망치로 두드리면 강한 금속도 모서리가 난다. 이를 곤인 것으로 하면 헤라라고 하는 어머니를 상기시킨다.
 건은 원이고 곤은 모퉁이로 이를 근거로 천동설에 네 모퉁이 땅이 된다. 과학적으로 신화를 보면 중력이 아무리 강해도 두드리면 마저 팽창하지 못한 찌꺼기가 중력에 갇혀 있다 빠져나온다. 마치 중성미자와 같이 빠져나와 쌓인 네 모퉁이로 덮고 가리고 한 것이 곧 헤라라는 것이다.
 제우스의 화풀이가 헤파이스토스이다. 이 헤파이스토스는 자식의 불구가 화가 나서 제우스에게 화풀이를 하니 원만한 제우스라고 해도 자기 똥줄이 타는 것으로 중성미자를 싸대니 그래도 애와 같다고 강보에 싸서 애 달래듯이 네 모퉁이라는 것이다.
 이는 마치 태을(太乙)을 12방에서 또 네 개의 모퉁이를 더한 것이 있는데 이렇게 강보를 깐 것과 같은 것이 하늘에서 정하는 자리가 되는 것이다.

---

[6] 그리스 신화에 나오는 대장장이 · 기술 · 장인 · 공예가 · 조각가 · 금속 · 불의 신이다. 로마 신화에서는 불카누스에 해당된다.

순서	주제
34	왜 3을 기본수로 하는가

　이는 삼천대천에서 볼 수 있는데 괘는 세 개의 효에서 끝이 난다. 대성괘는 괘가 두 개로 육효로 하는 것인데 이를 역순으로 보면 대성괘가 2인 것이다. 그러면 소성괘는 3인 것이 되고, 이 3인 것을 4인 것으로 하면 하나의 효에 있는 것이다. 이는 곧 중성자가 중량이 어떻게 늘어나느냐와 같은 것이다.
　즉 축소성이 갖는 힘이 확대성에 영향을 미치는 것을 말한다. 괘는 세 개의 효를 소성괘 기본으로 한다. 대성괘는 상대성으로 비켜가는 것이지만 소성괘는 그 역동성을 일체로써 움직여야 한다. 이는 괘와 효가 동일한 것으로 변화되어야 하는 것으로 대성괘처럼 더하고 얹고 내리고 하는 상대성이라 할 수 없다. 그러니 소성괘인 세 개의 효를 근원수로 하는 것이다. 즉 효 하나가 소성괘가 중천(中千)이고 대성괘가 대천(大千)인 셈이다.
　또한 효가 하나면 실수로 하고 둘이면 허수로 하는데 이는 소성괘 퀴크가 하나 아니면 둘이 되게 되어 있는 것으로 3인 것에 있는데 세 개가 다 같은 것이다. 그러면 이는 허수이기도 하고 실수이기도 한데 모름지기 극에 몰려 있는 것이다.
　이는 마치 전기가 곡에 몰려 있는 상황을 말하는 것으로 그 극점일 때는 실수도 허수도 아닌 상태에서 음과 양이 전환되어야 정류가 흐르고 하나의 방향이 제시된다.

순서	주제
35	몸의 주요 맥락은 원소 여덟 족의 맥락과 같다

　원소는 쌍으로 8족 쌍이 16인데 얼굴로 보면 1은 겹치는 코이니 8이 반지름이면 지름은 15이다. 그래서 얼굴의 이마 중앙은 15세가 앉은 자리이다.

　이것은 관상학적인 것이라 뒤로하고 앞서 여덟 단계 중 4족이 핵융합의 부분이고 이를 좀 더 미시적으로 보면 전자를 광자로 넓히는 부분과 같다. 결국 전자와 양전자로 보면 반물질적과의 쌍이라 낮과 밤이 있는 것이다.

　여기서부터 16족을 수용하는 것으로 하면 원소 4족인 융합에서부터 즉 4족의 한 폭을 네 귀퉁이의 융합으로 할 때 이 4로 연 것이다. 이것이 4족인 주체라면 뜬금없이 하늘에 구름이 낀 것과 같은 것인데 이는 바람의 방향으로 가는 것이다.

　그러면 그 4족에 구름이 낀 것은 헬륨인 허수로 바람이 가는 통로가 된다. 그래서 8족이 쌍인 것이면 16족인 우주가 8족끼리 얽혀 보푸라기처럼 일어나라는 것이다.

순서	주제
36	주기율만하더라도 매우 복잡한 것이다

    우리가 여덟 족의 전자 막으로 구성된 것으로 하자면 이 막마다의 촉이 다른 것이라고 할 때 만일 3족까지의 굴레로 열린 것이 막힌 것이면 그 막이 붕소족의 촉에서 막힌 것이다. 이를 한 꺼풀 벗겨내고 2족이 그대로이면 비릴륨의 전자 막은 남아 있다는 것이다. 이는 우주의 신선함을 느낄 수 있는 촉은 있는 것으로 눈의 촉으로는 볼 수 없다.

    그리고 4족의 전자 두께 면은 신경을 의식하는 촉이 있는데 이것이 막히면 신경을 느끼지 않더라도 눈으로 볼 수 있는 것이라면 신경 외에는 다 흡입되어 있을 수 있다. 시신경이 죽었다고 볼 수 없는 것은 아니라는 의미인데 이것이 영안이라는 것이다.

    그리고 4족이 신경이면 6주기율의 4족은 신장에 있는 신경이다. 족은 전자 두께의 차이로 시신경이 되고 맛의 신경이 되고 음의 신경이 되는데 DNA가 쌍이면 하나의 선은 영안이다. 그리고 또 하나의 선은 육안으로 한쪽에 묶여야 시각이 된다.

    3족이 막히면 봉사이고 6족이 막히면 눈은 뜬 상태이나 몸의 순환은 되는 상태로 본다. 몸의 순환이 안 되면 죽은 몸으로 보는 것과 같이 아무리 노력해도 신경이 미치는 것이 빛의 영역을 넘지 못하니 시야는 좁기 마련이다.

    원소 3족은 자광이기 때문에 우주를 몸으로 다 느낄 수 있는 전신이 될 수 있다. 피는 원소 3족인 이허중의 영역이다. 이허중이 막히면 그 부위를 잘라내야 하는 당뇨와 같은 것이다.

신경은 원소 4족인데 신경이 살아 있어도 이허중인 핏줄이 죽으면 잘라야 한다는 것은 3족이 죽으면 4족이 영향을 미칠 수 없고 4족이 죽으면서 3족인 핏줄만 살아 있으면 굳이 다리까지 자를 필요가 없다는 것과 같다.

순서	주제
37	육신(六神)이 괘를 다 덮으면 효에 넘치고 효는 가려지는 것이냐

효는 ( )와 (--)인 음과 양의 상을 말한다. 그리고 이 상에 육신을 붙이는 것이다. 양괘면 육신인 지지도 양이고 음괘면 지지도 음괘이다. 하나의 효가 양인 것으로 기운으로 하면 이 양 하나가 세 개의 음효를 다 가리게 된다.

만일 손풍괘면 초효가 음이지만 두 번째 효는 양인데 육신은 해(亥)인 음이 붙는다. 효는 양이나 이 양의 육신은 해가 되는 것으로 음으로 덮여 있다는 것이니 하나가 넘쳐 전체를 덮는 형상이다.

괘상의 음과 양이 효의 음양을 무시하고 덮어버리는 것인데 문제는 전체적인 괘의 상은 변한다고 해도 효의 변화는 엄청난 내적 작용의 핵심이 있다. 멀리서 보면 산이 무너져 내린 것은 괘상이 변한 것으로 보이지만 없어진 내용이 토사에 의한 물에 의한 육신이라면 토사물인 것이고 섬이 없어지는 상인 것이다.

그리고 목에 의한 것이면 폭발이나 차로 인한 매몰성을 볼 수 있고 만일 금이 동하면 금맥을 캐다 보니 막장이 무너져 내리는 것이 된다. 그것이 나를 극하든가 상대를 극하면 그 광물로 인해 참변이 있게 된다.

 만약 그런 일이 일어나지 않는다면 일은 더욱 심각해진다. 왜냐하면 이는 장기적으로 봐야 하기 때문이다. 그러면 돌쇠가 이 집의 나무를 찍을 것이라는 예시가 나온다. 산에서 캐는 광물을 보고 광물은 도끼가 되어 어느 정원의 나무를 벨 것이라는 것까지 알 수 있다.

 그런데 인간은 주역에서 이런 정밀한 과학성을 모르니 점을 예전의 지식의 셈으로 보는 합리적인 천문성으로 과학이라고 한다. 하지만 현재의 초정밀에는 못 미친다고 하는 것은 그만큼 인간이 그 궁극에 가보지 않고 나름의 관념성으로 이야기하는 것이다.

 그리고 현재의 과학적 구조로 합리화된 구조만으로 수백 년 후의 자식 대도 볼 수 있는 법식을 오일러 공식만 하더라도 파이 하나의 공전이 백 년이라면 그 안에 일어나는 눈금도 나올 수 있는 것이다.

순서 38

주제 우주적 계산법

　일화에 어느 기인은 몇 대손이 중죄에 걸려 죽음에 직면하리라는 것을 보는 혜안이 있었다고 한다. 그런데 그렇게 구도상으로 계산 잡혀지는 것, 즉 속결로 보는 것조차 소강절처럼 임기응변으로 잘 본다고 해도 그것은 선생만의 인연법이지 어떻게 변수 없이 물샐틈없단 말인가. 어떤 방식을 타고 온 것이라도 반드시 적중될 것이라는 것은 아니라는 것이다.

　상대를 보고서 무엇을 임기응변한다는 것이 선지적인 것이 아니다. 그리고 과학성의 기술이 맞아떨어진다는 것이라 해도 부지불식간에 무엇을 캡처해야 하는 것에는 불확정성을 더 철저한 실체로 접근하는 것은 양자 물리라는 깊이만큼 보다 더 집중력이 소요된다.

　그러므로 이것은 경험으로 완화가 필요한데 한생으로 얼마나 적절한 기준의 자아를 만들 수 있겠는가. 저 사람이나 나나 같은 괘를 푸는 것으로 자식에게 무슨 일이 일어날 것이라고 같이 짐작하는 중에도 아무 일이 일어나지 않는다면 한 사람은 무언가 잘못 본 것이다.

　그리고 잘못 나올 수 있겠다 하고 버리는 것일 수 있고 나에게는 이 버려지는 것이 더 심각하게 발현할 수 있을 것이라 나는 될 수 있는 한 점은 안 보려고 하는 편이다.

　그러나 좀 더 추적하여 보면 눈금의 폭을 넓혀보니 몇 대를 넘어가는 것도 보이게 된다. 만일 지금 그 일이 벌어졌다면 그런 디테일한 생각이 들지 않을 텐데 안 맞으니 도리어 뒤가 노출되는 것과 같다. 그래서 저 사람은 안 맞아 점을 버리는데 나는 심각하니 점을 외면하는 것이다.

인간은 현실에 부대끼기도 힘들다. 그런데 무슨 홍두깨 같은 이야기를 하려는 것인지 즉 어떤 징검다리가 되는 것은 안 맞는 것에서 디딤돌이 되게 하는 것도 일종의 수단이다. 내가 공망이 되어도 내가 죽고 난 다음의 자손이다. 그리고 손이 공망으로 진신이면 대대를 걸러 가는 것이다.

그러나 이것은 나를 중심으로 잣대를 재는 것이니 대는 한계가 있다. 척도의 배율을 100배로 했을 때 내가 100살을 살지 않으니 모르는 것이다. 다만 시공간적으로 척도가 있으면 세대를 초월한 왕조의 길이까지 척도가 나온다는 것이다. 그러니 현재의 나와 시공의 잣대와는 다른 것으로 톱니의 크기가 다르다. 다만 맞물리는 것은 눈금이니 이를 잘 파악해야 몇 대 손이 나오는 것이다.

순서 39 / 주제 **사건의 발단과 응기의 문제**

현재 발단이 된 것이 몇 세대 후에 미치는 것이면 이는 곧 우주적 시공을 타고 움직이는 운명이라는 것이다.

삶의 기한으로써 운명의 선을 긋기는 힘들다. 현세를 초월한 시간의 끝이 통하는 것에서 현실은 하나의 정류장에 불과하다.

운전처럼 보이는 운명인 것이다.

 운명의 선이 현실에서 끝나는 것이면 후대가 보이지 않아야 한다. 그런데 후대까지 미치는 선이 보이는 것은 이 시공과는 다른 것이다. 틀렸을 때 분명 시공을 잘못 올렸다는 것을 인지해야 하는 것에서 출발해야 한다. 그래야 시대를 뛰어넘는 구도가 나오는 선이 있는데 현재의 손으로만 보면 몇 가지를 볼 수 있다.

순서 40 주제 몸의 우주학적 구조

 DNA의 오탄당이 수소를 중앙으로 변방으로 하는 것에서 RNA로 떨어져 나와 오탄당을 중앙 라인으로 하고 수소를 변방으로 하는 RNA 중심의 기능을 보자. 먼저 DNA는 수소를 중앙으로 해서 오탄당이 곁에 있다는 것은 은하단의 중심에 변방의 지구가 있다는 것이다.

 은하단이 수소라면 태양은 오탄당이 되고 지구가 수소라면 오탄당은 달과 같다. 이것이 DNA 구조이다. 그러나 RNA로 독립적일 때는 수소를 중심으로 할 수 없다. 태양을 중심으로 보는 것이 아니라 지구의 나를 기준으로 하는 위치가 RNA적이라는 것이다.

 그러면 한쪽만의 오탄당을 중심으로 수소는 그냥 우주의 은하수 일부이다. 그 일부가 은하단의 실물이라고 해도 내가 있는 지구가 중심이다. 그러므로 온갖 우주 원심 분리로 날아오는 지붕으로 집을 짓고 있는 방정식이라는 것이다. 이는 곧 구궁도로 보면 중궁이 중심이 되는 것으로 오탄당이 되고 감수궁이 변방이 되는 것으로 지구에 북극성이 변방이 된 것과 같다는 것이다.

수소인 감수궁을 1로 보면 중궁도 변방이 되는 오탄당이지만 RNA로 떨어져 나와서 RNA만의 구궁도로 보면 감수궁이 변방이라는 것이다.

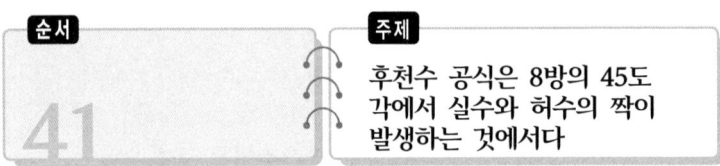

순서	주제
41	후천수 공식은 8방의 45도 각에서 실수와 허수의 짝이 발생하는 것에서다

오탄당은 수소 중앙의 변방이다. 하지만 이 오탄당이 RNA로 전환하면 마치 염기가 은하수에 발을 담가 뿌리를 내리듯이 빨아들여 수소 양 날개 중 하나를 갈아치운다.

이에 수소가 기준이 되는 것은 구궁도에서 1감수궁이 되는 것으로 중앙인데 5중궁이 생기고 나서 수소는 변방이 된다. 마치 북극성이 빅뱅과 같은 시작점이었으나 나중에는 지구인이 자신이 중앙이고 시작점이라고 하여 갈라지면 결국 그렇게 구궁도로 순서가 된다. 그러면 숫자의 음과 양인 생수와 성수로 이어 붙어 원주 파이가 된다. 그런데 수학적으로 왜 원주 파이에 후천수가 짝을 이루어나가는가 하는 것이다.

이는 또한 음과 양으로 짝을 이루어가는 것에서 실수와 허수의 차이가 45도 각에서 일어날 수밖에 없다. 이것이 곧 팔괘와 사방을 관통하는 것의 8방이 곧 45도 각이다. 즉 90도 각의 반으로 4와 9나 3과 8이나 2와 7이나 1과 6이 음양이 짝을 이룬 후천수라는 것이다.

 팔괘를 잘 이해하면 수학적 공식을 낼 수 있다. 우주는 기본적으로 파이(π)에서 비롯된다. 이에 오일러 공식은 마치 천동설에서 지동설로 옮겨온 역사적 시대성만큼이나 인간이 파이의 공식에 의해 그나마 좀 더 인류적 자아성찰이 아닌가 하는 것이다. 천동설은 인간의 접근이 안 되는 남의 지식 아닌가.

 구궁도는 오일러 공식처럼 대칭각이 나오는 것인데 이를 잘 보면 마치 귀신이 거울 속에서 나오는 공식과 같은 것이 있다는 것이다. 즉 후천 1은 양수 5를 넘은 6은 음수 2는 음화이면 5를 넘어 2를 더한 7은 양화 3은 양목이면 5를 넘은 3을 더한 8은 음수인 것인데 즉 음양이란 내가 양이면 거울 속의 나는 음이라는 것이다. 즉 내가 3이면 거울 속의 8은 음목인 셈이다. 그리고 이는 마치 내가 양전자면 거울 속의 나는 음전자인 것이다. 즉 음이란 5를 넘은 성수(成數)를 말하는 것이고 5 이전을 생수(生數)라고 하는 것이다. 즉 5는 토인 것으로 거울의 뒷면을 흙으로 발라 놓아 뒤로 그림자가 있게 한 것과 같다.

 즉 투명 유리에 뒷면을 칠해 반사적으로 다시 살게 한 것인데 그것은 곧 그림자가 살아 있다는 것으로 결국 원주 파이(π) 안에 90도 각도의 반인 45도에 만일 2가 되는 것이면 바로 짝으로 45도에 7이라는 것이 붙는데 이는 중궁 5에서 다시 나온 숫자 4, 7인 것인데 그렇게 90도 각 안에 2는 한쪽으로 5를 넘지 못한 숫자 바로 옆에 5를 넘은 즉 중궁을 거친 7이 짝으로 붙어 있다는 것이다.

 이것을 보면 무서운 것이 있다. 부부란 이렇게 만난 인연인데 나의 거울 모습이 들어온 것이 아닌가. 즉 내가 2인 것인데 내 짝으로 7이 들어왔다면 곧 나의 거울 모습인 것인데 얼굴 상만 달리 온 것이다.

거울에 내가 -1이면 뒷걸음질인데 거울 속의 나는 +1인 것으로 한 걸음 앞에 있는 것이다. -1에 1을 더하면 0이 되는데 0은 대칭의 중심으로 중심을 잡아주는 것이지 비었다는 의미가 아니다. 태풍의 눈이 고요하다고 태풍이 고요한 것은 아니라는 것과 같다.

실수와 허수의 함수에서 -1과 1은 대칭적으로 있을 것인데 더하면 제로섬이 된다. 이것은 90도상의 두 함수에서 허수와 실수를 보는 것이다. 45도 각으로 보면 허수와 실수의 함수가 대칭이 아니라 옆에 붙어 진행하는 음과 양인 후천수가 붙어 이어간다. 허수 -1에 실수 1을 더하면 0이 되므로 결국 이 두 스텝으로 진행된다. 만일 거울과 같은 대칭이 공식이 있다면 곧 거울 속에도 사람이 사는 것이 될 수 있다.

구궁도에서 4손궁과 9이궁이 붙어 이어가는 것으로 4는 음금이요 9는 양금이다. 금으로서는 같은 것 즉 같은 폭은 1의 폭 안에 두 개의 수가 있다. 1의 폭에 한쪽 끝인 허수 4는 -1 끝에 있는 것이면 실수 9는 1을 더해 0이 되는 것을 말한다. -1에 붙은 수는 4음수이고 여기에 1을 더하면 9인 것으로 손궁과 이궁이 원심각에 붙어 짝을 이룬다.

  이것이 곧 아이 파이라는 것에서 분리각을 사각이 아니라 팔각인 X와 Y선의 함수로 둘이 합해 90도가 된다. 이때 네 개를 여덟 개로 나눌 수 있는가 하는 것이다. 이는 원주 파이가 네 조각나는 것이 자동적으로 여덟 조각이 난다. 그러므로 사방의 짝이 후천수로 붙은 것에서 여덟 조각난 것이다.

  성세포가 네 조각난 것으로 분열하지만 네 조각도 정확한 네 조각이 붙어 있는 것이 여덟 조각으로 떨어진다. 그래서 여덟 조각까지는 정확이 오일러 공식처럼 짜여 있는 공식이 있다. 이중 슬릿도 여덟 조각의 스크린이 모이는 함수가 있다는 것이다.

  토정 이지함 선생의 홍연진결(洪烟眞訣)이라는 책에서 홍국(洪局)이 곧 후천수 배열인데 우리는 평행이론이라는 것을 다른 곳에 나와 같은 존재가 함께 있다는 것을 말하는데 아직은 추상성에 가깝다.

  그러나 이 구궁도에 있어 홍국을 병행한다고 하더라도 다른 것이다. 즉 만일 손궁(巽宮)이 4이면 이궁(離宮)은 9가 되고 또한 곤궁(坤宮)이 2이면 바로 옆 짝이 7인 태궁(兌宮)이 된다. 짝이면서 음과 양이 다른 것이고 또한 궁마다 천장(天裝)이 다르고 9성(九星)이 다르고 기의(奇儀)가 다른 것이니 병행하는 것으로 같은 듯이 하지만 성정과 외모는 이미 달라져 있다는 것이다.

  이는 또한 5 이전은 영혼이라고 하면 5 이후는 다시 자궁에 들어 다른 사람의 모습으로 나온 것인데 곧 자궁에 들어 다시 태어나는 원리는 거울 속에서 영혼이 나오는 것과 같은 것이다.

동양철학으로 명확한 구궁도의 이치에 이론(異論)의 여지가 없다. 그리고 오일러 법칙에 세로 선이 Y축이라고 할 때 이 축을 기준으로 공식을 따르면 좌측에 있던 점이 Y축을 지나 우측으로 점이 동한 것이 곧 실상과 거울상 간에 이동하는 공식이 될 수 있다. 즉 구궁의 한 면이 2라면 중궁 5를 거쳐 7도 대칭으로 이는 곧 Y축을 넘어간 것과 같다.

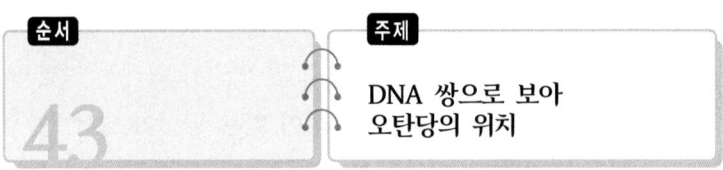

순서 43　　**주제** DNA 쌍으로 보아 오탄당의 위치

　오탄당이 중앙이 되고 수소는 변방이 되는 것으로 한다면 이는 DNA에 있어 수소와 오탄당의 거리가 바로 붙은 것이다. 하지만 실제 구궁도에 있어 감수궁 1을 수소로 치면 2곤지, 3진뇌, 4손풍, 5중궁이 오탄당으로 닿는 절차성을 거쳐야 한다.
　2곤토는 헬륨으로 8을 의미한다. 그런데 곤토는 중앙의 토와 기궁으로 같은 토가 된다. 그러니 오탄당이 중앙이 되는 것은 내가 지구에서 중앙이 되는 것이고 북방인 우주의 중심이 변방이 된다.
　DNA는 수소를 중심으로 둘러싼 오탄당이므로 감수궁 1을 둘러싼 중앙인 중궁이 변방이 된다. 이것은 중궁에 1이 들어간 것이다. 중앙으로 잡은 것에서 구궁을 배치하는 것은 북극성을 중심으로 팔방을 보는 것과 같다.

순서	주제
44	내가 1에서 뒤통수를 맞는가 0에서 뒤통수를 맞는가

學道如初不變心 千魔萬難愈惺惺
학도여초불변심 천마만난유성성

도를 배움에 처음의 마음이 변치 않아야
온갖 마장과 어려움이 닥치더라도 성성하리라

直須敲出虛空髓 拔卻金剛腦後釘
직수고출허공수 발각금강뇌후정

모름지기 허공의 골수를 두드려 빼내고
금강 신장의 뒤통수에 박힌 못을 뽑아버려라

突出眼睛全體露 山下大地是空華
돌출안정전체로 산하대지시공화

안구가 돌출하여 전체가 드러나면
산하 대지가 바로 허공의 꽃이로다

앞통수를 맞은 것인지 뒤통수를 맞은 것인지 이 파이라는 놈,

다람쥐 쳇바퀴 돌듯 하네.

오일러 공식은 육효에 언급되어야 하는 대목이다. 이는 입자와 반입자의 관계에도 적용된다.

우주는 도는 것이다. 파이는 중요한 것에서 공간마다의 변화는 미·적분의 함수가 발생한다. 이것에서 E에 아이 파이 제곱에 1을 더한 것이 0이라는 것은 1을 더하지 않으면 -1이고 더하면 0으로 수평인 것이다.

또한 은하수인 것이면 더하지 않으면 -1인 것으로 곧 은하수에 공이 하나 발생한 것이다. 그러니 오히려 공기방울처럼 풍선이 빛을 내면서 올라온 이허중의 상이다. 이 이허중의 별이라는 것들이 오일러 공식에 있어 전문학을 빛낸다. 이를 수학적으로 나타낼 수 있음이 경이롭다.

순서	주제
46	소성괘와 오일러 공식

보통 양효는 작대기 하나 그은 것이고 음효는 작대기 하나가 끊어져 두 개로 상형을 이룬 것이다. 숫자상으로 양효인 작대기 하나는 음과 양이 합하면 양이 되는데 양과 양, 음과 음이 합하면 다 음이 된다. 양과 양이 합하면 양이 되어야 하는데 음이다. 이것이 바로 자연의 힘으로 양과 양이 합해 양이면 이카로스[7]가 하늘을 아폴로처럼 날았을 것이다.

육효의 음과 양은 이진법에서 나타내는 음과 양이 합해야만 양이 된다. 양과 양, 음과 음은 음이 되니 결국 음효 두 개나 양효 두 개가 소성괘에 있으면 음과 양으로 취급하지 않고 오직 하나 남은 음과 양으로 효를 취급한다.

음이 두 개든 양이 두 개든 둘이면 음이다. 두 개의 양이나 음이면 무조건 허수가 되고 하나 남은 1은 양효이든 음효이든 1로 홀수가 되니 실수가 된다는 것을 말한다.

소성괘 세 개의 효는 두 개의 음이든 두 개의 양이든 무조건 음수로 허수가 된다. 그러므로 괘상에서 음양을 취급하지 않고 오직 남은 하나의 효가 음이면 음으로 실수가 되고, 양이면 양으로 실수가 된다.

감괘는 중간에 양이 하나이고 양쪽에 음이 두 개로 두 음은 허

---

[7] 그리스 신화에 등장하는 인물로 다이달로스의 아들. 아버지가 함께 만든 날개를 달고 크레타섬을 탈출할 때 떨어져 죽었다.

수로 보아 허기로 보는 것으로 취급을 않고 중간에 있는 하나의 양이 실수이니 실질적 기운은 양이라는 것이다.

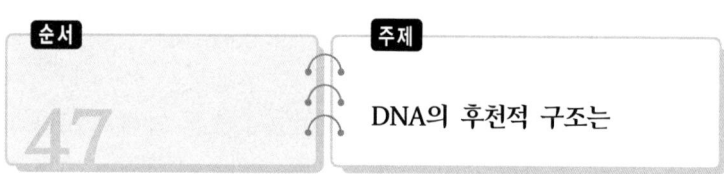

편리성의 과학 진보로 몸이 느끼는 것으로 생각해 볼 때 우주의 대부분은 수소와 헬륨이 갖고 있다. 그러므로 항성의 초정밀적 기본은 수소와 헬륨의 구도인 원소 1주기율로 싸고 있다.

마치 육수를 알약 같은 것으로 만들 듯 알약 한 알을 넣으면 온갖 사물적 구성 요소의 사물이 분말화된 것에서 다시 발산하는 것이다. 즉 굳기 전에 재빠른 자세를 취하는 것에서 이는 3족적 외벽화로 팽창이 있다는 것이다.

이에 4족은 저항으로 많이 질량화한 것 즉 폭발해도 팽창이 없으면 저항이 없는 것으로 치수가 일관성을 띠어야 한다. 하지만 줄어야 하는데 반드시 반대급부가 있다는 것이다.

이 3족의 불에 붙으면 타는 것이나 수소처럼 불이 3족까지는 자신만이 타지 다른 것은 태우지는 않으니 굳이 공간에 번지지는 않지만 4족은 닿으면 탄다.

이는 곧 8족의 역행으로 발상한 이를 4족적 공정화라 하는 것이다. 기계와 구조와 공정은 4족에 해당되기 때문이다.

12지지와 DNA 쌍

수소점을 해자와 사오로 하는 것에서 오탄당을 진이나 술로 하는 것을 보면 자에서 출발하는 것에서 5이면 당이 된다. 이는 탄소를 다섯 개로 하는 것에서 당으로 한다. 또한 숫자의 오행으로 보는 것에서 당인 것에 주인공으로 탄소가 역할을 맡게 되었다는 것이다.

그러면 자에서 진까지가 5인 것에서 토인 것으로 당인 것인데 탄당인 것이니 섬유성인 식물이나 동물에 당이 많게 된다. 진 다음에는 사인데 이것이 중앙인 수소점이 된다. 그리고 다시 호가 되면 반대편 오탄당에서 시작되는 것에서 오에서 다섯 번째가 술이고, 이 술이 끝나고 다시 수소족으로 들어가면 해가 되는 것으로 다시 반대편 오탄당 자의 바탕이 된다.

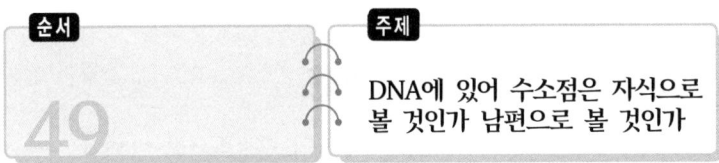

DNA에 있어 수소점은 자식으로 볼 것인가 남편으로 볼 것인가

기계가 영속적으로 돌아가려면 예전에는 에너지 즉 전쟁 중에는 보급품의 역량이었다. 하지만 요즘은 작은 칩 하나의 역량이 보급을 능가하는 시대가 온다고 한다. 그래서 금속이 헤드 부분

을 차지하는 것으로 보아 아직도 효(爻)가 금이면 건(乾)으로서 공정 중의 헤드 부분이 되는 것을 말한다.

그런 공정은 행성이 돌아가는 원심분리와 같다. 그러면 침전 중에 가장 윗부분으로 올라온 청량한 맛은 결국 원소 1주기율이 돌아도 맑은 표피성의 맛이다. 즉 수소와 헬륨이 아우르는 맛이 나오는 것과 같다.

신과 인간의 자식은 이런 차이점을 보이는데 신이나 사람이나 짐승이나 자식 사랑은 어느 주기율에 있느냐와는 상관이 없다. 오탄당이 수소점을 오게 한 것은 우주의 종자를 낳았다는 것이다. 그리고 우주의 서열에 올려놓았다는 것이기도 하다. 또한 남자의 정기에 수소를 오탄당으로 받아들여 좀 더 지구를 우주인으로 진화하게 하는 역할과도 같은 것이기도 하다.

이렇게 이뤄지는 것이 불확실성이라고 해도 확률로 좁히듯이 수소가 자음이고 오탄당이 모음인 것으로 DNA처럼 나아가면 글자가 찍혀 나간다. 그런데 우리로서는 이해가 안 된다고 해도 분명 글자는 찍힌 것으로 그 내용까지 있다면 마치 글자의 조식에 뜻이 있다면 아마 그 뜻의 확률에 접근하는 것은 아닐까?

순서 50 / 주제 헬륨이 수소족으로 바로 주기율 전환이 되는 것이면

우주 팽창은 끝이니 빅뱅도 끝이라는 것에서 다시 출발해야 한다. 8족 중 진이 가장 많이 빠진 것이 8족이고 7족은 진이 반이

빠진 것이다. 그리고 6족은 진이 빠진 것을 채우는 진공이 있으므로 생각보다 진공이 가장 활성이 있다.

8족이 이온이 없다는 것은 이미 진공이 없어졌다는 것이다. 그나마 7족에 하나가 있다는 것은 반은 공으로 기를 흡입할 수 있는 것으로 정을 채우고 있다.

팽창이란 흡입이 있는 것인데 다 놓아버리면 흡입을 다 놓아버렸다는 것이다. 그러니 팽창도 에너지를 다했다는 것으로 남은 것은 빅뱅인 시작점과의 상대성으로 놓이게 된다. 그런데 한쪽을 놓아버렸으니 곧 다시 수소족인 머리만 남은 것 즉 빅뱅 이전의 상태로 남은 것이 된다.

순서 51 주제 팔족의 원리는 행성에도 그대로 적용된다

우주 과학도 정밀해질수록 새로운 것을 본다고 하는데 우주도 쿼크의 기본성에서 나오는 한 미시적 정밀성만큼 거시적 천체와 생성 구도로써 같다.

또한 목성이 위성으로 간수를 못 하는 것은 화성과의 사이의 소행성으로 남는 파편들과 같은 것이다. 이는 원소 4족이 파편이고 5족이 먼지로 곧 땅이 왜 지표 위에 있는가 하는 것처럼 목성 밖에 토성이 있다는 것은 지표가 흔들리는 것이다.

그러면 목성이 4족인 것이면 3족인 태양과 근접인 것에서는 소행성이 화성으로 진전되지 못하는 것과 같다. 즉 태양의 중력에 부유한다는 것이다. 좀 더 태양권 밖의 우주로 보아 객관적으로 보자면 목성으로 뭉쳐진 구름은 원신력을 따라 토성에 이르러 가벼워져야 한다. 그런데 그 토성 이후에는 함부로 금속성이 땅을 뚫을 수 없는 것이고 중력의 힘을 이용한 운동에 의해서만 땅을 뚫을 수 있다.

제 2 장
소행성 궤도

순서	주제
52	중력이라는 정의

 만일 지구가 땅이 없고 금속성만 있다면 기존의 과학으로는 지구를 중력이라고 할 수 없다. 왜냐하면 지구가 핵심이니 붕괴될 심이 있을 수 없기 때문이다.
 지구가 땅 아래라는 개념이 없으면 굳이 별똥별이 땅을 파괴해 땅이 무너져 내렸다는 것은 있을 수 없는 일이다. 아마 서로 간에 결합되었다고 할 것이다. 그러면 실제 아무리 중력에 의해 가속도가 있더라도 크게 파손된 것이 아니다.
 즉 목이 금을 파괴할 수 없는 결합력을 가졌기 때문이다. 그래도 땅이 있어 땅이 매몰되고 파괴되는 것에서 목금토가 되는 것으로 붕괴되는 것을 말한다. 그러므로 곧 토가 중력이나 핵이 아닌 것이니 붕괴로 끝이 난다는 것이 지구이다.
 우주의 끝도 벽이 있게 마련이다. 이는 땅과 같은 지표와 같은 중력인 껍질이 있다는 것이다. 그것도 붕괴가 있다면 우주가 핵으로 융합하게 하니 수축 중에 다른 별들이 생겨나서 작은 중력들이 생겨난다.
 그러면 중력이 헬륨이고 붕괴되어 수축하는 것이면 8족의 역순으로 힘이 가해지니 이는 곧 땅에 나무가 자라면서 꽃이 피는 것은 중력의 붕괴로 힘을 받아서가 아닌가 하는 것이다.
 우주가 팽창하는 것으로 보이는 것은 눈이 튀어나올 정도가 되는 것이라도 우리가 귀로 듣는 정막의 소리는 정말로 막이 있기 때문에 여과되어 듣는 것이다. 그리고 그 절차성을 보면 전 우주의 붕괴를 적막으로 한 단계 한 단계 막으며 인지하는 것이라 안통보다 이통이 크다는 뜻이 아닌가 싶다.

순서 53

주제 어떠한 이유로 파괴된 파편이 태양으로 진입하다

  소행성 궤도에 걸린 것 같은 것이면 목성 밖은 차치하고 목성의 궤도 안의 회전은 마찰력을 화성과 목성 사이로 갈아 붙이는 것이다. 그로 인한 가루 형태는 어떻게 띨 것인가 하는 것이다.
  아마 그런 운동이면 그 먼지나 가루는 토성 쪽으로 밀려나 쌓일 것이다. 그렇게 토성 쪽으로 쌓인다는 것은 지구로 보면 화산재와 같이 쌓인 것과 같다.
  토성이 곧 재가 쌓인 땅과 같다. 토성으로서 위성이나 나머지 행성들은 그 위에 금속이 올려져도 도리어 토성의 중력으로 청정한 하늘이 되는 것이다.
  이는 천왕성이 곧 맑은 하늘과 같다. 토성은 곧 지표와 같은 것으로 우주의 먼지가 목성보다 토성이 더 침착한 것이 된다. 그 밖은 우주 천체와 더 맑게 친하다는 것이다.

천리만리

순서	주제
54	1족에 가까울수록 핵력에 가까운 것이고

    8족에 가까울수록 중력이 두꺼워진다. 그래서 4족이 근육이고 3족인 뼈에 붙어 있는 것으로 뭉쳐지니 연골처럼 되어 이 뼈에 근육이 붙어 연골처럼 붙어 있는 것이다.

    주기율로는 3주기율이 뼈이고 2족이 칼슘으로 베릴륨족에서는 좀 더 출몰이 더하다. 베릴륨은 출몰이 빨라 뼈가 생겼다가 금방 사라지는 성질을 가졌다. 그런데 그보다 좀 더 느리게 뼈 갈이를 하는 칼슘이고 보면 주기율이 하나를 더하는 효과는 아닌가 한다.

    또한 원소 4와 5족은 구조물을 뜻하고 섬유성을 뜻하고 골조를 뜻한다. 그것이 공간의 비율로 강도를 받치는 것이 원소 3족이다. 특히 풍택중부괘는 새의 발톱 밑에 새끼를 기르는 것에서 믿음이 있다.

    어느 하늘나라에는 관절 사이로 자식을 낳는 곳도 있다고 한다. 이는 뼈에 붙은 연골이 곧 중부가 된다. 즉 2족과 3족 사이에 전이원소가 있는 것이다. 마치 4와 5주기율에 전이원소가 있으므로 4주기율은 다리로 다리 사이에 자식이 태어나는 것이다. 그 사이 공간을 이용하는 것이 원소 2족과 3족 사이로 만드는 것이 자궁에서 태어나는 것과 같다.

순서	주제
55	DNA라는 분자 구조의 물질 중앙에 수소점이 있다는 것은

분자 구조를 1주기율로 하면 곧 양쪽 헬륨에 갇힌 수소가 양쪽 오탄당이 된다. 양쪽 오탄당으로 해서 10이라면 실제 8족이면 중앙 1은 겹치는 것으로 하면 15가 된다. 결국 양쪽 오탄당의 10을 1로 했을 때 수소점은 0.1이 된다.

진공이 10인 것에서 점이 있는 것이 수소인 것이고 3족이 공인 것 즉 우리가 팽창한다고 하는 빛의 속도는 3족으로 진공을 만드는 것은 아직 1족, 펼쳐진 공간과는 작다는 것이다. 그리고 나무가 4족이라고 해 공이어도 물의 어느 정도 수심이면 가라앉는 공이니 3족의 공보다는 진공수가 낮다.

그 속은 분자 사물에 있어서 진공량에 의해 이동되는 것이 이온이다. 이는 곧 전자의 에너지에 따른 이동량이 된다. 이 에너지량이 진공량과 같은 것으로 이는 곧 DNA의 수소점에서 오탄당과의 관계에 의해 이온의 차이로 전자가 이동하는 구조와 같다. 이러한 구조가 분자구조의 전자 이동에 기본적이라는 것이다.

순서	주제
56	우주 진공은 왜 생기는 것이며 그 이유는 어떤 상쇄성이 있는 것인가

 빅뱅에 가까울수록 질량이 가볍다는 것이 무슨 뜻인지 모르겠다. 질량이 하는 것은 빅뱅을 기준으로 재는 것이 아니라 빅뱅의 언저리에서부터 질량이 매김 되는 것이다. 결국 원소 7주기율의 끝이 곧 빅뱅의 질량이다.
 그래서 우주의 질량을 볼 때는 수소를 중심으로 보는 것이 아니라 빅뱅의 변에 의해 질량이 된다. 빅뱅의 끝은 빅뱅 우주의 끝이 아니라 물질화되고 질량화되는 만물에서 빅뱅의 끝을 본다.
 이는 굴절이나 복사인 우주에서 사물이 된 것으로 우주의 끝을 보는 것이고 질량화가 최대치가 된다. 바로 반경으로만 곧장 나아가면 질량에 비해 진공의 비율이 있게 된다. 이것이 중력 안에 팽창이 있게 되는 것이다.
 만일 원소 1주기율이 가장 가벼운 것이고 주기율을 더할수록 무거워지는 것은 그 팽창을 당겨 융합함으로써 중성자가 된다. 이는 곧 빅뱅이 원소 7주기율로 초기 질량에서 1주기율은 공간적으로 진공을 뭉친다. 이로써 진공에서 주기율을 더하면 이미 생겨난 초기 질량을 진공에서 하나씩 공을 채우는 것이다. 빅뱅 우주가 1이라고 할 때 빅뱅 점은 0이다.
 그러면 원소주기율의 모든 원소를 합해도 1이 차지 않는 우주의 진공을 채우는 것이니 우주의 질량은 1 이하인 것에서 채워야 하는 것으로 보면 수학적 가설이 쉽다.

그러니 주기율만큼 융합되면 중량이 늘어나게 되어 있는 것은 빅뱅이 그 중량을 깔아놓은 것에서 팽창이 진공 수치를 늘려가면서 크는 것이다. 이 진공은 1에도 못 미치는 공망이니 주기율마다 융합으로 자전율이 되면 자연 밀집화와 중량화가 된다.

우리가 질량화를 표식할 수 있는 것은 빅뱅이 굴절과 복사가 시작되는 것에서 하나의 자전적으로 자아가 기준이 되는 것에서 질량이라는 수치도 된다.

입자와 반입자가 반반으로 만나면 없어지지만 반반이 하나가 된 1이라면 원소 8족으로 보면 4개의 상쇄성으로 소멸되는 것을 말한다. 이는 마치 양전자가 전자를 만나면 빛이 일었다 사라지는 것과 같다.

이 빛이 난 중간은 네 개의 원자가 만나서 빛이 나는 융합이었다가 헬륨으로 사라지는 형국과 같다. 반입자가 온입자가 되는 것이나 진공으로 사라지는 것으로 공이나 공이 아니라는 것이다.

그런데 이는 곧 4개의 족과 4개의 족이 서로 상대적인 것에서 1과 8, 2와 7, 3과 6, 4와 5가 대칭이다. 그러므로 이 8괘가 상대적으로 결합하면 건괘 아니면 곤괘일 터인데 건이나 곤으로 나타나지 않으니 공인 것으로 하는데 이는 공이 아니라 1이라는 것이다. 건곤을 합하면 1이라는 것이고 감리를 합하면 1이라는 것인데 워낙 강렬한 결합이라 빛이 나는지 모르지만 다 그렇지는 않을 것이다.

　블랙홀의 밖인 것으로 건곤이 되는 것은 안에서 반입자와의 결합도 건곤이 되는 것으로 1인이지만 블랙홀 안의 진공은 서로의 상쇄성으로 드러나지 않는다. 하지만 공이 아니라 1이라는 것이고 블랙홀 밖의 우주도 1이라고 하나 만물은 반공으로써 강한 아쉬움의 결합력을 가지고 있다.

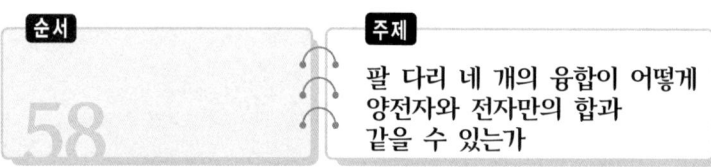

　이것은 입자로 보는 입장과 파장으로 보는 입장이 다른 것이다. 말이 달린다고 가장해 보자. 그러면 이는 입자인가 파장인가. 파장은 앞머리가 있고 뒤꼬리가 있는 것이 마치 다리가 굽어짐으로 해서 파고가 있게 되는 것으로 근육이 올라오는 것이다.

　이것은 뒷다리의 근육이 올라오면 뒤에서의 파고와 부딪쳐 양력이 올라오는 것과 같다. 입자와 반입자가 만나자마자 융합으로 사라지는 것이다. 그러나 전자와 양전자가 만나면 융합적 에너지를 내다가 순간 사라진다.

　이는 입자로는 두 개지만 파장으로는 네 개인 것으로 앞다리와 뒷다리가 있는 네 개의 융합으로 공간성을 갖는다. 그런데 한쪽으로 지향하고 가는 것이니 공간성이 향하는 것은 시간이다. 공간 안에 시간이 있는 것도 있지만 시간의 선에 공간이 줄 타는 것도 된다.

문제는 이 입자와 반입자가 네 가지 유형의 결합이 있다는 것이다. 즉 입자와 반입자가 결합하여 사라지는 순간에 두 개의 입자가 아니라 4개의 입자가 만나 사라지는 형국이라는 것이다. 이것이 곧 네 개의 원자가 핵융합을 하는 것에서 건곤감리가 형성된다는 것도 의심해 봐야 한다.

빅뱅은 수소에서부터 종자라고 보더라도 태극은 수소가 아니고 네 개의 핵융합에서 시작되어 두 줄인 헬륨으로 일방성을 띠게 되는 것으로 출발하는 것에 있다. 이는 건곤감리가 되는 것인데 입자와 반입자도 건곤감리로 형성될 수 있는 것인가 하는 것이다.

쿼크를 원소 8족으로 펼쳐 상세히 보자면 빛의 소멸과 생성은 감리의 대칭을 말하고 서로 간에 광년을 없애고 생기고 하는 관

계의 폭을 말하는 것이다.

빛이 없는데 무슨 광년인가 하는 것으로 이 광년의 폭이 사라지는 것이면 그 저변에 양극의 시작점인 2와 7족의 상대적 폭이 깔려 있음을 말한다. 이것이 공간으로 질량을 셈하는 것으로 중중하니 빛으로 셈하는 것은 상피적이라는 것이다.

우주 밖의 우주도 중성자적인 것과 양성자적인 것의 편차가 있다. 이는 곧 암흑물질을 근거지로 하는 것인데 빛은 상관없는 공간이기 때문이다.

순서 61

주제
축이 기우는 것은 2족과 7족의 대칭이 비대칭화한 것에서 균형을 잡은 이온이라는 것이다

2와 7족의 대칭으로 기울어짐이 없어야 하는 것에서 1과 7로 기울어진 이온이 발생한다는 것이다. 즉 7족이 기우는 힘이니 양적인 것이고 1족은 중심이다. 그러나 음적인 것으로 당기는 것이니 이는 대칭성보다 비대칭성으로 균형을 잡고 있다. 즉 7족은 1족과 이온이 비대칭적으로 균형을 잡고 있다는 것이다.

원소 1족은 중앙인 것인데 본래 2족은 7족과 대칭인 것으로 한다. 그런데 1족인 것과 이온이 발생하거나 노출이 되는 것이니 비대칭인 것으로 마치 축이 기우는 것과 같다. 그래도 중심이 1족과 끌어당기니 원도 타원으로 벗어나는 듯이 하다가 다시 돌아오게 되어 있다.

순서	주제
62	원소 8족과 시간적 거리와 공간적 거리

　우주 밖을 보더라도 블랙홀에 가까운 별과 블랙홀과는 먼 별들의 모임이라는 것은 원리가 같이 적용된다. 은하단만 하더라도 질량을 매기는 표준이 다른 것으로 핵이 1인 것이면 그 질량은 은하단마다 다른 것이 된다.

　다만 상대적일 수 있는데 어떤 것을 표준으로 하느냐에 가감이 있다. 한쪽은 잔별인데 공간적으로는 무게가 무겁고 큰 별이 모인 것은 무게가 가벼운 것은 그러면 그 우주는 시간이 잔별 쪽으로 가는 것인가 굵고 밝은 별로 가는 것인가.

　시공은 광년으로 계산하기에는 빛이 사라지는 것이 있다는 것이니 결국 블랙홀에 가까울수록 광년을 셈한다는 것은 블랙홀의 표준이 아닌 것이다. 아니 빛이 없는데 광년이 무슨 소용인가.

　문제는 이 블랙홀이 우리 은하단에 있다면 과연 다른 은하단과 마치 블랙홀끼리 서로 해저류가 통하듯이 통하는 것인가 하는 것이다. 그런데 빛으로 광년의 치수로 계산하는 것은 빛이 있는 곳인데 다른 은하단의 별과도 하나같이 보인다는 것은 블랙홀도 다른 은하단과 통하는 것이 아닌가 하는 것이다.

　3족에서 빛이 소멸된다고 해도 2족은 바닥으로 깔려 있는 해저류와 같은 것이다. 그러므로 다른 은하단과 이어 붙은 것은 있다는 의미이다.

　원소 2족은 양쪽으로 두 갈래진 것을 하나인 것으로 한다. 이는 두 은하 간에 서로 통하는 것이 있다는 것이다. 그러니 은하단과 은하단이 충돌할 수 있을 때까지 원거리라도 교감은 있다고 봐야 한다.

왜 1주기율은 핵융합에서 시작되는가.

융합이 질량을 나타내는 것 즉 헬륨에 있어 수소가 질량을 나타내는 것에서 원소가 되기 때문이다. 그런데 이런 질량은 폭발로 인한 시각으로 보면 질량이 될 수 없다. 마치 병행으로 달리는 기차를 타고 상대의 속도가 얼마인가를 보는 것과 같다.

그러나 융합함으로써 먼저 양성자 중성자로 질량의 차이와 에너지양을 측정할 수 있다. 헬륨의 자각만으로 자신의 질량을 잴 수 있는 자아가 형성되었고 수학적 분별력이 생겼다는 것이다.

이는 주기율이 늘어난 만큼 융합하면 엄청난 질량 차이를 보는 것까지 셈할 수 있는 용량의 자아가 형성된다는 것이다.

핵융합을 할 수 있다는 것은 이미 7주기율까지 빅뱅의 공간에 진공이 늘어난 것에 반사적 융합적으로 하나씩 모으다 보면 0 중에 실이 하나씩 생기는 것이다. 그러니 실제 헬륨족이 10이면 수소족은 1이다. 즉 1이 10으로 늘어나면서 10이 0인 것에서 1로 하나씩 채워가는 것과 같다.

용이 나는 것이 빠른가
천마가 빠른가

　사(巳)는 지장간이 병화(丙火)인 것으로 양화로 하나 지지 순서로 보면 음에 속하고, 오화(午火)가 정화(丁火)인 것으로 음화인 것이다. 그러나 지지 순서로는 양화이나 일반적으로 뱀의 길이가 아무리 길어도 빠르지 못하다는 것은 뱀은 똬리를 틀면 입자이고 풀면 파장이기 때문이다. 마치 낮엔 국수요 밤이면 수제비라는 것과 같다.

　그렇게 기어봐야 말 한 스텝에 못 미친다. 말은 나를 건너뛰는 것이니 사이가 빈 것이라 건더기 없이 국물만 먹는데 이는 말의 보폭이 파장을 당기며 건너기 때문이다.

중성자 쿼크와 곤괘

　버드나무처럼 위로 뻗는 것이 갑목(甲木)인데 이는 하늘의 중심과 관통한다는 지향인 것이다. 그러나 을목(乙木)은 넝쿨처럼 땅으로 기어간다.

　여기까지가 건곤으로 서로 의지하는 형제와 같다. 실질적으로 건곤이 1족에 합한 것이면 원소 6족인 것으로 8족이 끝나는데 그러면 벌써 수소족이다. 그러면 두 개가 합한 씨와 껍질로 하나로 싼 것으로 1로 하는 것이고, 2족은 껍질이 열린 것이고, 3족은 다시 공간상의 껍질이 있게 된다.

즉 원소 6족이 피부가 되고 중성미자8)가 6족에 쌓이는 것으로 볼 수 있다. 곧 물의 표면 장력이 중력의 껍질인 피부성이다. 결국 중력이 생긴 원인이 빅뱅이라는 것이다. 그런데 이는 융합으로서의 팽창이 막히는 것은 이미 우주가 팽창함으로써 진공을 더욱 강하게 하여 자체적으로 진공이 엄청 흡인력이 들어간 상태이다. 이에 내적으로 팽창이 있는 것과 완충이 되는 제로섬이 있는 것에서 중력이 유지되는 것을 그래도 중성미자가 중력을 투과하는 것으로 팽창한다. 이를 따르는 것은 이미 중력 밖에도 팽창이 었으니 팽창의 편차에 의해 중력이 생긴 것이다.

순서 66

주제 중력은 1주기율인 헬륨으로 중성미자를 쌓을 수 있는가

아니면 7주기율까지 가서 쌓이는 것인가. 결국 원소 8족에서 중력이 쌓인 것에서 같이 퍼져 쌓이는 것은 아닌가 한다.

수평선이 물고기로서는 하늘과 같은 것이고 인간은 지평선인 것으로 바다를 보는 것이 있는데 지평선으로 보는 인간은 수면 위로 산을 본다. 수평선으로 산을 보는 것은 수면 아래로 장애물

---

8) 약력과 중력에만 반응하는 아주 작은 질량을 가진 기본 입자. 질량이 너무 작아 아직 직접적으로 질량을 측정하지 못하고 있다.

로 보지 않는 수평적 관계로 보는 것이다.

중력으로서 힘들지 않는 것이니 결국 블랙홀의 입구에서는 물고기처럼 부력을 갖고 사는 것이 편한 것과 같다는 것이다. 이는 곧 을목이 넝쿨과 같은 것은 빛이 실처럼 늘어나는 듯이 줄어들지만 자기장처럼 감기는 것처럼 넝쿨화가 된다는 것이다.

그래서 블랙홀의 바닥이 7족인데 그러면 7족을 휘감듯이 넝쿨인 것으로 을목인 것으로 을목으로 곤으로 하는 것이다. 그러면 계수가 받쳐줄 수 있다는 것인데 이는 중력이 깨지면 안으로 끌려가는 것이니 결국 안에서 작은 중력이나마 있게 된다.

이때부터 작은 중력은 넝쿨처럼 뻗어가는 쪽으로 음 쪽으로 나가는 것이다. 양 쪽으로 나가는 중력은 임계치를 넘으면 결국 음 쪽으로 나가서 넝쿨로 간다.

순서 67 주제 달 궤도가 중력이면

헬륨이 달에 쌓이는 것은 당연한 것인데 그러면 중성미자는 달이 곧 헬륨인 양 흡수율이 더 좋을 것이다.

달 궤도가 땅 위의 넝쿨과 같으면 이는 곧 달이 몇 바퀴 만에 꽃을 한 번 피웠는가 하는 것이다. 넝쿨도 나이가 있는 것에서 한 줄기에 꽃이 한꺼번에 피는 것이 아니고 간헐적으로 피는 것이면 과연 몇 바퀴 만에 한 번 꽃이 피었는가 하는 것이다.

나무처럼 나이테 없는 중에도 여러 바퀴인 것이 마디는 있는 것에서 꽃은 여러 바퀴 만에 피는 것에도 시차가 있는 것이 된다. 중성미자는 지구에도 쌓이는데 쌓이기만 할 것인가 하는 것이다. 방출하기도 할 것인데 이것을 달이 그물을 쳐서 거둬들이는 것이면 이는 곧 헬륨과 같은 음(陰)으로 받아들일 수 있다는 것이다.

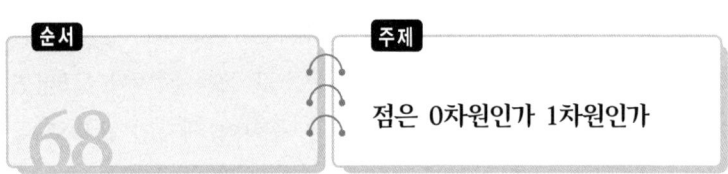

원소주기율은 속이 빈 0인데 1주기율로 한다. 그러면 수소는 0족에 1이다. 리튬이 수소족 1로 할 수 있는 것은 헬륨이 0인 것에서 리튬은 수소족이니 수소가 1인 그대로 1인 것이다.

0은 곧 1이라는 것으로 1차원인 동시에 0차원이다. 1이 곧 0인 것이 리튬인 수소족이면 8족인 네온이 된다. 그러면 주기율인 1이 늘어나는데 다시 수소족으로 반복으로 더하면 수소족은 0을 더해 1인 것으로 1인 수소족은 변함이 없다.

이런 법칙에 의해 나이도 태어난 해를 0으로 하는 것에서 태어난 달이 있으니 해가 바뀌어도 1주기율은 태어난 해로 하는 것이고, 2주기율부터 내가 세상의 윤곽과 부딪치면 살아가는 전형이 있는 것이다.

1주기율인 임신이면 2주기율부터 태어난 세상이고 2족이 폐가 되고 3족이 심장이 뛰기 시작하는 것이다.

그러나 실제 전형원소는 임신인 것이고 전형원소에서 탯줄을 끊은 것이 전이원소인 것으로 하는 것인데 입과 혀가 드러나는 것이 4와 5족인 상태여야 드러나는 것이기도 하다는 의미이기도 하다.

산소(O) 안에 1이 있는 것이니 점은 10인 동시에 1이다. 수소족이란 1이고 이는 헬륨과 수소족이 합한 것 위에 1인 것이니 원소 6족이 곧 8족이 되는 것이고, 나머지 8족을 더하면 10으로 이 10 안에 헬륨족 네온과 수소족 나트륨이 합해 0인 것으로 하면 다시 산소족(O)이면 8족이 차는 것이다. 그러면 산소(O)에 차는 것은 8족인 것이고 나머지 2족을 더해 가죽이 되는 것이다.

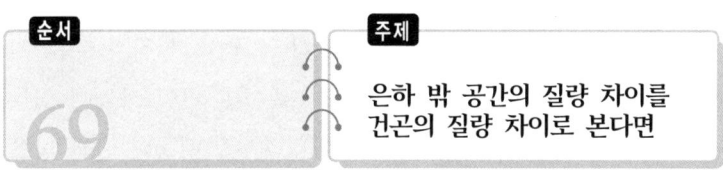

순서 69

주제
은하 밖 공간의 질량 차이를
건곤의 질량 차이로 본다면

빅뱅의 우주를 은하 밖의 공간으로 본다면 이를 건곤으로 볼 것인가 하는 것인데 그것은 아닌 것으로 본다. 그 이전에 태간(兌艮)의 대칭으로 하는데 태간의 대칭은 대칭의 시작으로 한쪽의 축이 기울면 한쪽으로 쏠리는 것으로 하는데 이는 원주(圓週)가 타원으로 모퉁이가 생기고 깊다는 것이다.

그러면 밖으로 돌출되는 만큼 안으로 진공이 깊어지므로 결과적으로 정방형으로 돌아오려면 진공이 생긴 만큼 위아래로 돌출이 생기므로 결국 자전이 공전의 중심축으로 극이 기울며 돌게 되어 있다.

이것은 질량이 기우는 것인데 곧 에너지의 편차에 따라 전자가 기우는 것은 3과 6족인 감리의 대칭으로 이동하는 것이다. 또한 빛의 척도로 잴 수 있는 폭이나 2와 7주기율 간의 태간의 폭으로 싼 것은 광년의 척도가 아니라는 것이다. 즉 이 정도로 공간성에도 1과 8족의 대칭적 저변은 아직 나오지 않는다.

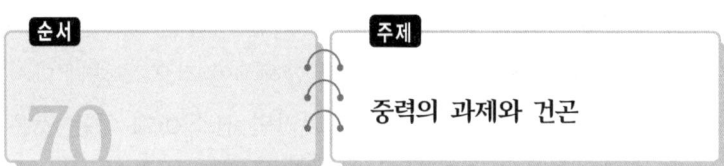

중력의 과제와 건곤

중력은 원소 6족의 위치로 물 위에 나무가 뜨면 중력 밖이 되는 것이고, 가라앉으면 중력 안이 된다. 그러니까 원소 6족까지는 건인 하늘의 우주로 하는 것이고 6족이면 건인 하늘에 있는 것도 아니고 곤인 땅에 있는 것도 아니다. 즉 팽창이 안과 밖을 유지하고 있는 상태를 말한다.

이것은 마치 물 속 1마일 깊이까지는 중력에 해당되나 그 이상의 무게면 가라앉는 것과 같다. 다만 건(乾)은 중력 밖으로 드러낸 것이니 납갑(納甲) 갑목(甲木)이 임수(壬水)에 뜬 것이듯 중력은 임수에 뜬 것이 된다.

즉 은하수도 중력이 싸고 있다는 것이다. 이것은 중력도 신축성이 있어 빅뱅에도 터지지 않은 풍선과 같다는 의미이다. 그러면 팽창이 진공을 크게 만드는 것인가 수축이 진공을 크게 만드는 것인가 하는 것이다.

팽창해도 늘어나는 만큼 진공이 더 진공으로 늘어나는 것인가 아니면 별들의 중력이 팽창을 끌어당겨 양쪽으로 당기는 것으로 진공이 늘어나는 것인가 하는 것이다.

은하수가 물이라는 것도 하나의 설정으로 보는 것이지 물은 아니다. 그러나 산소가 얼굴이면 수소가 양쪽 귀를 나타낸다고 할 때 양쪽 귀는 씨앗 껍질이 양쪽으로 갈라져 나온 것에서 15세까지로 하고 15세부터 성숙한 나무가 된 것을 말한다.

결국 양쪽 귀는 수소인 것에서 H_2O인 것이니 결국 산소의 종자가 수소가 되는 것이다. 그런데 리튬인 수소족이 핵인 것에서 헬륨오 핵에 포함되는 건곤으로 코가 되는 중심이 되는 것에서 산소가 가장자리 귀가 되는 것이다.

왜 숨을 쉬는 것인가

이는 형제라도 떨어지면 공망의 문제가 있다. 공망은 입자가속기로 충돌하는 입자를 말하는 충공(衝空)은 실(實)이라는 것으로 나오는 것이다. 그런데 공이 동하면 가설이라고 하는 것이고 또한 충공이면 실질적으로 발견으로 부각된다.

왜 숨을 쉬는가는 이 공망이 있기 때문이다. 또한 원주는 10진법으로 반복된다. 그러면 이는 지구 자전을 말하는 것이다. 그러나 달은 12달이니 두 달이 바로 지구와 달 사이가 비는 것이다. 즉 지구와 달 사이의 공간을 공망으로 하는 것이다. 우리는 이 공간 사이로 숨을 쉰다는 것이니 코가 그렇게 투출하는 것이 곧 산에 달이 걸린 높이인 것이다.

즉 달의 자식이니 숨을 쉬어야 하는 것이다. 마치 어린 왕자가 산꼭대기 달에서 내려 산근으로 와 눈을 좌우로 본 것이 된다. 그래서 달을 태궁으로 하는 것에서 초승달로 하는 것이다. 즉 태궁은 인체로는 폐가 되기 때문이다.

건곤이 상대적 상극이 아니라는 것으로 형제 남매라는 것이다. 여기서 깨달아야 할 것은 형제라도 떨어져 있는 사이일수록 우성(優性)의 자식을 낳는다는 것이다.

건곤은 붙을수록 열성(劣性)을 낳는다. 음과 양의 차이가 양성자와 중성자 차이의 남매와 같으나 상대적이다. 그런데 그 거리감이 무게의 차가 엄청나다는 것에서 떨어지는 힘에서 결합이 경석(硬石)과 같다. 그런데 너무 양성자 쪽으로만 기울면 떡돌과 같이 덜 야문 유전자가 된다.

이는 쿼크9)가 양성자 중성자로 분명해야 서로의 상호성이 견고함을 유지한다. 이것은 작은 별이 촘촘히 있는 우주 공간이 곤에 해당되고 큰 별이 듬성듬성 있으므로 얇은 미약한 곳은 양성자에 해당되는 공간이 된다는 것이다.

이는 곧 갑을 관계로 계(癸)가 중력인 것으로 곤괘의 하괘 납갑(納甲)인 것이면 땅속에 묻힌 목(木)을 말하는 것이고, 이 토에 계

---

9) 경입자와 물질을 이루는 가장 근본적인 입자. 경입자가 아닌 색전하를 띤 기본 페르미 입자로 중입자와 중간자를 이룬다.

수가 을목을 생하면 바닷으로 가라앉은 수중에 흙으로 덮은 나무와 같다.

나무가 수압이라도 압축하는 것이면 기름은 떠야 하는데 그러면 기름이 다 빠져야 가라앉는 것이 된다. 그런데 만일 물고기가 죽어서 심해로 가라앉으면 기름은 쌓이고 가라앉는가 하는 것이다. 만일 그렇지 않다면 곧 블랙홀에 빠져도 해조류처럼 빠져나올 수 있는 것이 아닌가 하는 것이고 웬 물고기가 이동하는 것이다.

그리고 지상에는 나무를 열나게 비벼야 불을 피우는데 해저에는 약간만 스쳐도 불이 나는 밀착성이 있다는 것이 된다는 것이듯 블랙홀의 민감성도 되는 것이다. 즉 블랙홀 입구에도 빛이 난다는 것이다.

이것은 곧 을목이 꽃을 민감하게 잘 피운다는 것을 의미한다. 이는 가라앉으나 수압이 대단한 것에서 을목이 된 것이다.

블랙홀 속에는 빛이 보인다고 하는데 빛이 보일 리 없다. 빛은 우리 시선의 반대쪽으로 이르기 때문에 빛이 밖으로 행하지 못하는데 우리 눈에 닿을 리 없다. 그런데 빛이 보이는 것은 마찰에 의해 빛이 나는 것은 입구가 열린 것처럼 보일 수 있기 때문이다. 즉 나무의 꽃처럼 보일 수 있다. 수압 속에 빛을 내는 것을 보면 어쩌면 강한 힘을 내지 않고 환경을 잘 이용하면 마치 우리가 바람의 힘을 이용하듯이 중력의 힘을 이용하면 훨씬 힘들이지 않고 효율적으로 빛을 내는 신체가 되지 않나 하는 것이다.

해저 동물이 유연하기는 일반 수면의 물고기인데 발광하기 쉬운 것으로 세포가 그 중력을 이용하는 농축의 유연성을 가지는 것이다. 그러면 마치 성냥을 황에 문지르듯이 불이 난다는 것과 같은 촉이 일어난다는 것이다.

여자가 훨씬 촉이 좋은 것은 그런 밀집성의 압력에 있는 해저 동물과 같기 때문이다.

74. 지구 중력도 내핵의 팽창과 경계를 두는 것이 흙이 아닌가?

땅 아래가 중력이고 땅 위는 실제 달 궤도가 중력으로 나름의 중력은 있는 것이다. 그러면 흙은 중성미자가 갇히는 것이 곧 중성미자가 흡수되는 위치가 된다.

그러니까 중성미자가 방해를 받는다는 것은 원소는 1주기율밖에 없다는 것과 같다. 족마다 흡수율이라는 것이 있는데 우리는 중성미자가 우주 언저리 벽에 가서야 헬륨인 것으로 끝으로 할 수 있다. 이것은 맞는데 자세히 보니 중간의 여섯 족으로 흡수되어 있더라는 것이다. 이는 마치 센티로 재어보는 것을 굳이 밀리로 계산하는 것이 된다.

순서	주제
75	쿼크와 28수(宿)

　규루(奎婁)는 톱 쿼크인 경우 봉화대를 말하는 것이다. 각항(角亢)이 바닥 쿼크인 경우 땅속에 죽순이 난다. 실벽(室壁)은 야문 중에도 무른 눈이 있다. 즉 씨핵을 말한다.

　자참은 참고인, 배심원 등인데 남의 말을 참고하지 않으면 항우처럼 된다. 정귀(井鬼)가 업 쿼크이면 속이 알찬 것인데 우물이 하늘을 머금으면 귀신이 서린다.

　맵시 쿼크면 유동적이지만 나중에 경직되어 있다. 톱 쿼크면 익진(翼軫)은 산 위의 바위에 있는 것으로 계곡 아래로 날아간다. 미기(尾箕)의 바닥 쿼크는 물고기에 지느러미가 나는 것이고 톱 쿼크면 산 위에 깃발이 날리거나 호랑이 꼬리를 밟는다.

　두우(斗牛)가 바닥 쿼크면 고체 안에 에너지양에 따른 전자의 함량을 되질하는 것과 같다. 우주가 소만 하니 말로 먹이를 측량해야 한다. 그러므로 북두를 우주 측량의 기준으로 하는 것이다.

　유성장(柳星張)이 기묘 쿼크면 물이 마르고 우주 팽창 중에 내놓아야 한다. 땀이 마르는 현상이니 굳이 움츠릴 논제가 아니다.

　여허위(女虛危)가 업 쿼크면 에너지 파장이 입자로 돌아가니 노 젓는데 물 빠지는 형국이다. 저방심(底房心)이 다운 쿼크면 굳었던 몸이 살아난다. 위묘필(胃昴畢)이 업 쿼크면 또한 마찬가지다. 이를 알려면 이 28수 중의 하나가 어느 효에 있는가와 어느 궁에 있는가를 알면 곧 괘가 쿼크인 것으로 보아 알 수 있다.

순서	주제
76	빛의 종자

겁살과 재살에 있는 빛은 빅뱅에서 나온 것이다. 그리고 천살과 지살에 있는 빛이면 은하단에서 일으킨 별들이 된다. 연살과 월살에 빛이 있다면 태양광과 월광이다.

망신살과 장성살이면 지구를 별로 보는 것이고 반안살과 역마살은 지상에 떠도는 반딧불이고 우주선에 있는 빛이다. 그리고 육해와 화개는 블랙홀에 있는 빛을 의미하는데 도깨비불이고 인광이다.

또한 겁살과 재살은 빅뱅과 빅뱅권의 팽창을 말하는 것이니 중성미자는 빅뱅에서 나온 것이다. 천살과 지살은 은하단을 말하는 것이고 은하단에서 나온 중성미자이다.

또한 년살과 월살인 경우 태양에서 나온 중성미자이다. 망신살과 장성살은 지구에서 만들어내는 융합이다. 반안과 역마는 우주선상의 핵융합에서이다. 그러므로 육해살과 화개살은 폐원자로와 같은 데서 중성미자가 나오는 것이다.

순서	주제
77	빛의 굴절과 중성미자

    헬륨을 중성자로 본다면 중성미자는 헬륨에 닿는 것으로 끝이 나는가 아니면 원소 7주기율까지 투과를 할 수 있는가. 또한 빛이 휘는 것은 곧 3족은 8족인 주기율을 공전해야 하는 것으로써 빛은 휘는 것이고 땅에 흡수되는 것으로 헬륨에 흡수된다. 그러면 중성미자가 쌓인 모래알에 흡수되는 것이고 우리는 땅에서 나는 물질로 모든 것을 만들어내듯이 중성미자도 전자로 화하여 흡수되는 것은 마치 먼지가 하늘로 흡수되는 것과 같다.

    그것이 황사인지 아닌지는 모르나 무거우면 헬륨인 중성미자이고 가벼우면 하늘로 먼지가 되는 것으로 흡수되는 것과 같다. 구름도 하늘에 흡수되고 지하수는 땅에 흡수된 것이다.

    빅뱅은 터지면 진공력을 갖는다. 그만큼의 진공성은 엄청난 우주가 팽창하는 중에도 별들이 알알이 수축하게 하는 것으로 팽창의 다리에 모래주머니를 다는 것과 같다. 그러면 그 결과는 물질은 물질을 더해서 무거워지는 것이 아니라 진공을 더해서 무거워진다. 진공이 일시적으로 풀리면 물질은 공이 된다.

    중성미자가 직선으로 갔으니 빛도 직선으로 가는데 이는 중성미자가 진공이니 진공을 따라가면 빛이 퍼지는 것이다. 그런데 이 중성미자를 빨아들이는 별은 실로 공을 빨아들인다. 그러므로 물질을 빨아들이듯 중량으로 측정될 뿐 실상은 공의 양이다. 그러니 이는 공이 접착제이니 즉 이 중성미자는 중량이 아닌 공으로 놓아버리면 물질은 한 손에 없어지는 것이다.

어찌 보면 이미 우주는 중력의 벽이 정해져 있는 것에서 빛의 속도는 팽창한다. 이는 중성미자가 외벽에서 당기는 힘이 있는 것으로 빛은 따라가기 바쁜 것이 아닌가. 우주가 팽창과 수축이 반복된다는 것은 본래 팽창 중인데 뒤로 당기는 힘에서 놓아지고 당겨지고 하는 것에서 그렇게 보이는 것과 같다.

즉 원소 1주기율은 수소와 헬륨 이외는 원소가 되지 않는데 그 원소가 되지 않은 상황에서 헬륨이 다 흡수하여 쌓아놓은 것이 곧 중성미자라는 것이다.

그러니 빛보다 빠르게 물질에 흡수되는 중성미자는 모든 원소 수소와 헬륨을 뺀 것에서 2주기율에 있으니 1주기율에 중성미자가 일찍이 흡수되는 것이다.

복사가 되는 반복이 있을 수 없는 것인가.

우리가 인지하는 중성미자는 2와 3주기율을 헬륨족으로 하는 것이다. 이 중성미자가 4와 5주기율이면 태양에서 중성미자가 나오는 것이고 원소 6과 7주기율에서는 지구에서 중성미자가 일어나면 실제 원소 3족이 태양 복사인 것이다. 즉 그 안에 중성미자는 전이원소가 있는 지구나 달에 방출되는 것을 말한다.

2와 3주기율의 전형원소는 곧 은하단의 방출에 헬륨족이 네온과 아르곤이 되는 것이고 원소 1주기율은 빅뱅의 중성미자가 헬륨인 것으로 보는 것이 된다.

그러면 빅뱅의 빛을 찾아내는 것이면 빅뱅의 중성미자와 태양의 중성미자는 구분이 안 되는 것인가? 흡수가 잘되어서? 변신이 잘되어서? 그래서 만물은 다 중성미자이니 빅뱅의 재료로 섞인 것이 아닌가.

순서	주제
79	용(龍)의 천문학적 의미

용을 원자로라고 하는데 즉 경수로니 중수로니 하는 것은 다 용이 가두어놓은 것이다.

무엇보다 은하수를 다 마시고 뿜을 수 있는 것인데 결과적으로 우리가 스타라는 것은 곧 용으로 용은 물의 고(庫)이고 토(土)인 것이다. 이는 우주의 수소를 빨아들여 헬륨인 토로 모으는 것으로 이것이야말로 별의 원동력이 아니겠는가. 자(子)인 수소를 끌어들여 토인 헬륨으로 만드니 이를 시작점으로 하는데 이 융합점이 천간 합으로 융합한다는 것이다.

갑기 합토는 왜 토로 하느냐 하면 융합하는 곳이 원자로인 진(辰)이기 때문이다. 그런데 갑기(甲己) 합토(合土)는 시두(時頭) 갑자에서 을축, 병인, 정묘 다음이 무진인데 진의 자리에 무토가 앉게 되어 있는 것이고, 진의 자리가 곧 헬륨이 되는 자리이고 갑기 융합이 헬륨으로 화하는 곳이 무진으로 무로 융합인 헬륨이 되는 것이다.

그리고 시두(時頭) 병자(丙子)이면 을경합금(乙庚合金)인데 병자 시두면 정축, 무인, 기묘 그리고 천간 경이 진에 있는 것으로 경금이 되는 곳이 진에 있는 것이니 금으로 융합된 것이 진의 원자로에서라는 것이다.

이는 을경이 진의 용광로에서 융합되면 금으로 화하는 원자로라는 것이다. 그러면 헬륨에서 합화(合化)하기는 변신 과정에서 입자들이 8족 성질로 물질이 함께 형성되는 것에서 만물로 변화가 많은 것이 된다.

즉 땅에 온갖 광물이 있지만 또한 분진인 공기가 있듯이 나는 원자로가 곧 용이니 부산물이 많다는 것이다.

용이 승천하는 것도 타고나야 하는 것으로 운이 받들어주어야 한다. 우리는 먼저 하류의 용 즉 일진의 용을 타는 법을 알아야 한다.

진실로 용은 항성만이 가능한데 핵융합은 항성에만 있으니 융합의 용은 항성에만 있는 나는 핵융합로이다. 그래서 일(日)은 하루이지만 태양을 의미한다. 즉 태양인 하루의 용이 일진이다.

그러면 실제 지구가 태양을 타고 돌아가는 재주를 부리며 나아가는 것이다.

태양인 어미에 자식인 지구가 들에 타고 돌아가는 것이니 용이 난다는 것은 곧 태양이 우주에 난다는 것이다. 그런데 성운을 가로지르기도 하는 것에서 헤라클레스 별을 보는 것이다.

우리가 성운을 보아 우주적인 팔자인 것이니 용의 기세는 우주를 끌어들인 힘이다. 즉 태양이 수소바다를 헤엄치는 힘을 가진 것으로 당긴 것이다. 그러므로 팔자 안에 심어진 것을 과히 중성자적이라고 봐야 한다.

우주는 아직도 양성자적이므로 토정비결이 하괘만으로 운세가 흐르는 것을 보면 태양권의 양성자에서 지구인 중성자에 사니 결국 지구인은 중성자를 벗어나지 못하는 것이라 하괘만 돌고 도는 것이다.

28수(宿)

각항은 뿔이다. 그래서 용은 뿔이 난다. 즉 이 손궁이 시간이 빠르면 남쪽이 이궁으로 돌아야 하는 것이다. 이는 중궁으로 꺾이는 것이니 뿔이 난다.

중궁은 배와 위장이므로 섭생의 섭리로는 기세만 오른다고 날다간 몸이 타는 것이 된다. 그렇다 해도 뿔이 나니 뿔이라고 하는 것에도 저방심이 묘인 것인데 심장은 토끼 뜀뛰기로 다람쥐 쳇바퀴인지 자신을 추스르는 나무와 같다.

새에게는 집인 셈이다. 두우는 두는 대로 잰다는 것인데 무작

정 퍼줄 수 없는 것을 거두고 집 안의 소는 든든하다는 것이다. 이는 힉스 입자가 되기 전의 우주와 같은 것이다. 그런 은하인 여허위는 함정이라 그 속을 알 수 없다.

실벽은 돼지는 삼겹살뿐 아니라 오겹살도 되니 돈독함이라 규루는 씨불을 살리는 것이 봉화대와 같고 세상을 연 것에 필한 것이 묘성에 낮인 것과 같다.

위는 전신을 위하는 공덕이 되는 것이다. 이는 모든 이에게 퍼줄 수 있고 자참은 땅에서도 하늘의 대업에는 참가한다는 것이다.

정귀는 사람이 모이는 곳에는 귀신도 많다. 유성장이니 하늘은 넓고 귀신은 다리가 없는 것인가. 신기루 있는 곳에 오아시스라 익진이라 날았다. 어깻죽지가 단단해야겠다. 나는 용이라.

순서 82

주제
진용(辰龍)이 바닥 쿼크에 있을 때와 진용이 다운 쿼크에 있을 때

그리고 진용이 기묘 쿼크에 있을 때의 변화이다.

진용이 바닥 쿼크에 있을 때는 똬리를 튼 것 같더니 허공에 사라졌다. 진용이 다운 쿼크에 있을 때는 수룡이 대지로 나온 상이니 공룡과 같다. 그리고 진용이 기묘 쿼크에 있는 것이면 천둥에서 나온 것이라 하여 불을 뿜는다. 또한 하늘에 있는 용인데 못으로 들어가든가 한다.

바닥 쿼크에 있는 용이 발동하면 그 우주가 진동하는 변화가 있고 매우 내적으로 일어난다. 그리고 다운 쿼크 별이 용으로 동하면 은하수가 힉스 입자 이전의 우주로 돌아가는 것 즉 원자의 에너지가 다 빨린 양자 우주가 깔리는 것이다.

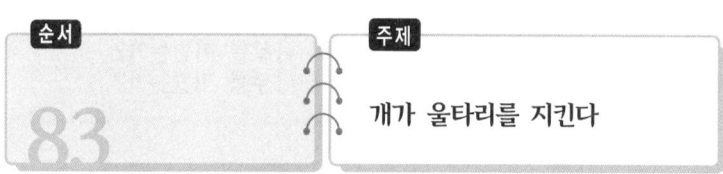

83 개가 울타리를 지킨다

술(戌), 즉 개는 속에 열이 많아 여름에 숨을 헐떡인다. 사람은 땀샘이 많아 땀구멍이라도 있지만 개는 땀구멍이 없다. 그러므로 화(火)의 고(庫)는 물이 통하지 않으니 화덕에만 좋다.

우주는 큰 별이 모인 것보다 작은 별이 모인 것이 더 무겁다고 한다. 큰 별은 밝기 대비 짚을 태우는 것과 같고 작은 별은 밝기 대비 장작과 같다고 하는 것이라 질량 차가 있다. 그런데 이는 마치 풀이 꽃을 피우는 것보다 나무가 꽃을 피우는 것이 무겁다는 이야기이다.

술이 톱 쿼크에 있으면서 동하면 주변의 항성들이 점점 한쪽으로 몰린다. 근처에 블랙홀이 있다는 징조. 또한 술이 업 쿼크에 있는 것이면 은하가 사건의 지평에 든 것이다. 그리고 술이 맵시 쿼크에 들면 시간의 속도가 느려진 곳에 있다.

또한 톱 쿼크에는 폭발의 일직선이 공전으로 꺾어서 반지름이 있는 것으로 초신성의 폭발이 팽창의 중력으로 감싸는 것이 되는데 그것은 별 하나의 언저리를 중력으로 하는 수축을 말한다. 그리고 빅뱅의 팽창이 중력에 막히는 것도 술이 톱 쿼크에 있는 것에서이다. 그러나 이 팽창이 중성자 정도에서 머무는 것은 하늘을 나는 용이 못에 들어가는 것이 된다.

블랙홀의 끝에는 광자가 있다고 한다. 질량이 없으니까 결국 그 점의 질량은 다 어디로 간 것일까?가 호킹 복사 법칙이 있게 되는 것이다. 또한 광자는 어디로 빠져나가는 것일까.

물이 블랙홀에서 나무를 키우는 것 즉 전자기장을 키울 수 있는 것도 이 전자기는 어떤 의지가 있어 자라는 것일까 하는 것이다. 이는 광자의 의지가 전자기로 자라면 나무에 전자에서 광자가 피어나는 것처럼 꽃이다.

즉 블랙홀 안에서 광자가 의지를 보이면 자기장이 일어나는데 이 자기장의 통로로 일어나면 블랙홀이 극점이든 중간에 퍼진 것이든 자기장의 나이테를 타고 오른다. 그러니 자기장은 넘치면 은하수를 뱉고 모자라면 빨아들이는 것이다. 왠지 블랙홀이었던 것이 나이테를 비좁게 지나가는 물관과 같은 것에 꽃이 피면 화이트홀인 것이다.

나무도 숙명적인 것이 태양이 우주에 탁란한 것이 있다. 즉 광자라는 것인데 은하수 3중이 경수소, 중수소, 삼중수소 바닥까지 블랙홀이 깔아뭉개도 살아 있으니 도리어 둥지와 같다.

태양인 어머니에 탈취해 보이지 않게 감추어도 전자기가 일어나고 광자가 튀어나오면 나무가 물을 먹고 자란 듯이 꽃이 피니 태양으로 자란 것과 같다.

　태양도 자신의 유전자로 복사하는 것이니 빅뱅의 우주도 우주 복사라는 것이 있다. 그러면 중성미자는 흡수만 되고 복사가 되지 않으면 이는 배보다 배꼽이 크지 않겠는가?

　꽃보다 숲이 우거졌다는 것이다. 아직도 그런 탯줄이? 태양은 빛나고 중성미자는 쏟아지고 전자를 꽃가루 내면 중성미자인가 광자를 꽃가루 내면 중성미자인가.

순서 85

주제
선천수는 0을 강조함인가 숫자를 강조함인가

　선천수는 1, 2, 3이 없다. 그것은 원소주기율로 보면 삼중수소까지는 3족으로 하는 것에서 0과 같은 것이다. 이는 1주기율상으로 보는 것이니 실제 3족은 없는 것이다. 그러나 양성자 중성자가 세 개인 것으로 원자 셋과 같은 것으로 하는 것에서 4개째에야 전자 두 개로 균형을 맞추는 것이 된다. 실제 삼중수소는 이중수소보다 블랙홀이 깊은 것과 같다.

　중력은 중수소와 같은 것으로 침몰한다. 그 침몰이 한 점에 이르는 것인가 아니면 점에 이르기 전에 퍼져 버리는 것인가 하는 것인데 빅뱅 점까지는 간다고 한다. 실제 점까지 가지 않고 퍼진 것이냐 질량이 없으면 그 점에 있는 부력과 같은 팽창력이 있는 것으로 중력의 압박에 있는 것인가. 아니면 우리가 질량이라고 부여하는 척도의 상대인 것을 벗어난 다른 부여로 일어난 파장인 것이냐. 시간이 블랙홀로 다가가는 미래인 것이면 결국 시간은 홀로 밀착할수록 빨리 가는 것으로 이것은 28축 중의 각항에 해당된다.

우주 팽창으로 늘어나는 시계 방향으로 돌 것이냐 중궁으로 꺾어 들어가 블랙홀의 시간으로 갈 것이냐가 블랙홀의 입구에서 우주 정류장을 설치하는 것과 같다. 이것이 손궁인데 어찌 되었든 우주는 전체로 보면 뒤로 당기는 화이트홀도 있고 과거로 가기도 하고 그래도 블랙홀로 가는 것이나 그 사이 시간이 정지된 곳도 있을 수 있다.

그러니 블랙홀처럼 송곳같이 시간이 몰리는 것으로 뿔이 나면 시간은 뿔과 같다. 그러나 화이트홀로 시간이 가면 시간은 나팔꽃과 같이 펴지는 쪽으로 갈 것이 아닌가 한다.

이러한 시공 차의 매트릭은 있을 수 있다. 이 우주가 곧 1, 2, 3인 것으로 선천수로는 없는 0에 해당되는데, 육효로는 4효가 해골이고 위에서 보면 4효가 곧 3효가 되는 곳이다.

상괘는 곧 머리라는 것이다. 5효가 두뇌이고 상효가 촉수로 정보를 뜻한다. 이는 세포갈이처럼 갈아치우는 변화가 있다.

순서	주제
86	시간의 곡률(曲率)

　시간은 손궁에서 우주의 팽창으로 흐르는 데로 가면 이는 남쪽으로 설정된다. 만일 건궁에서 북쪽으로 가면 블랙홀로 가는 시간이 된다.

　이 시간이 순행이든 역행이든 중궁으로 꺾여 들어오면 시간은 정지된 것으로 0 상태가 된다. 그러면 우리의 시간이 블랙홀로 향하는 시간이면 우리는 건궁에 서 있는 것이 된다. 또한 시간이 거꾸로 가다 보면 건궁에서 역순으로 중궁에 들어 정지된 시간에 있게 된다. 그러니 바로 꺾여 중궁에 들면 시간이 멈추는데 꺾이지 않고 시계처럼 돌면 곡률이 생긴다.

　도는 중에 역순으로 가면 어렵고 만일 중궁으로 들어 멈추는 시간이 있으면 이는 과거를 팔방으로 나누어 마음대로 볼 수 있게 팔방이 있는 것이다.

　만일 그 궁의 저장이 겹겹으로 쌓을 수 있다면 산처럼 쌓으며 큰다. 이것이 웜 홀로 간궁이고 이를 본받아 나무도 나이테를 키우며 자란다는 것이다.

　즉 화산의 의지는 곧 나무의 꽃의 의지를 부풀게 하는 것이라는 것이다. 그리고 곤궁은 쿨(cool)홀이 되는 시점인 낙엽이 생기는 것으로 안색이 변하는 사문이라는 황무지이다.

내가 있으면 시간이 있고 내가 없으면 시간도 없다

시간은 블랙홀이 당기는 것인가 화이트홀이 당기는 것인가.

시간은 점점 더 좁은 블랙홀로 가지만 블랙홀 밖에 있어도 물길은 그쪽으로 향하는데 아직은 우주처럼 넓다.

시간의 길이는 내 입과 항문의 사이인 블랙홀인 것이다. 한쪽으로 간다는 것은 스핀이 양쪽으로 가는 것이 아니라 한쪽으로 감아가는 것인데 어차피 스핀이 입과 항문이 있는 것이니 이 또한 블랙홀이라는 것으로 축이 기울어 가는 것이다.

몸의 세포 하나하나가 블랙홀로 기울어 있으니 항문으로 잘 빠지는 것이 아닌가. 그것이 시간이라면 내가 없으면 블랙홀이 사라지는 것이니 블랙홀의 시간은 없어진 것이 된다. 문제는 우주는 블랙홀의 시간만 있는 것이 아니다. 어쩌면 과학 스스로 깨어나야 하는 것이 아닌가.

육효에 인오술(寅午戌)이 보이면

술(戌)은 화(火)의 고(庫)기 때문에 블랙홀의 시작점이고 입구라고 봐야 한다. 그리고 신(申)은 한자 글자형 그대로 입자를 말하고 스핀을 말하는데 사건의 지평이 되면 시간이 없다는 것은 스핀이 없다는 것이다. 즉 신이 풀리면 입자도 없어진 것이니 암흑도 물질이라는 개념에서는 자(子)인 것으로 하면 중성미자에 가까우니 전자나 광자에 가까운 것은 아니고 결국 암흑물질도 하나의 보손에 해당된다는 것이다.

광자는 질량이 아닌데 블랙홀의 바닥에 있을 수 있는가 하는 것이다. 결국 술은 화의 고이기 때문에 질량이 시작되는 것이고 또한 이 상태는 곧 보손이 시작되면서 질량의 시작인 것으로 이는 해(亥)에 해당된다.

돼지가 삼겹살로 통통하다는 것은 파장이 입자로 뭉쳐져 통통하다는 것이고 시작이 되는 것으로 힉스의 위치가 되고 결국 술이 힉스의 위치라면 암흑물질은 해가 되는 것으로 한다. 즉 밤이다. 밤은 우주이므로 점이 아니다.

순서	주제
89	왜 진(辰)을 블랙홀로 하는 것인가

그것은 블랙홀 밖에서 보는 시각이다. 밖은 파장인 나는 용인데 진은 움츠린 용이니 저 깊은 곳이 암흑인 것이 보인다. 본래 암흑의 공간은 자이다. 즉 암흑은 밤하늘과 같은 대낮에도 블랙홀의 암흑이 보이는 것은 그중에서 암흑이 렌즈의 초점처럼 모였기 때문에 밤으로 결국 암흑물질이 진에만 모여 있기 때문이다. 그러니 블랙홀 안에 암흑물질이 있는 것이다.

그러면 술은 빛을 거두어 가두는 것이니 어둠인 것이다. 이는 어둠 안에 빛이 있는 것이니 빛이 빨려 들어가는 기점으로 보는 것이다. 그러면 한 우주에 블랙홀과 화이트홀이 열린다. 마치 빛은 검은색도 있다는 것처럼 말이다.

이는 암흑 중에 빛이 모이다 보면 암흑도 남포등처럼 벽을 투과하여 보일 수 있는 것이다. 블랙홀 안이 검은색이면 이는 블랙홀 밖에서 보는 시선이고 화이트홀 안의 밝은 색은 화이트홀 밖의 사건이다. 이런 양극성 방향은 내가 봄과 가을에 있는 시선으로 보는 사계절적 균형에 의한 것이다.

진인 블랙홀은 우주가 청명한 데서 보이고 밝은 색이면 술의 화이트홀이 된다. 그러니 빛도 블랙홀에 들어가지 않는 이상 검어도 빛인 것으로 투사되어 보일 수 있다. 그러므로 양극만이 일방적으로 시간을 당기니 시간이 있다는 것이다.

눈만 하더라도 육효가 가득 찬 것이면 눈은 수정체가 화인 것으로 렌즈와 같고 눈알 속의 먹물은 수인 것으로 망막이 토가 된다. 이것을 신경으로 덮고 눈꺼풀로 덮으면 일곱 주기율이 덮인다.

눈만 하더라도 그렇고 또한 귀만 하더라도 나선을 따라 육효로 나누어 듣는다. 그런데 눈이 만일 주기율의 막으로 볼 수 있는 것 즉 막 없이 보면 곧 빨려드는데 주기율의 막이 있으면 빨려들지 않고 볼 수 있고 눈꺼풀이 된다.

우리 몸 중에 가장 중성자적인 것이 무엇인가 하는 것이다. 눈은 양성자로 볼 수 있으나 눈은 가장 작으면서 가장 큰 것으로 풀리는 두꺼비 몸인 것이다.

이허중의 공갈빵은 지상의 구름을 성운으로 부풀려 보이는 것으로 점성가들은 그렇게 부풀려 위협한다. 실제 몸에 그렇게 가득 차 있어 지금까지의 역사가 아닌가.

신이 많아도 난잡하니 하나의 신에 우겨 넣어도 잘 들어가지 않는데 어쨌든 눈은 우주의 공갈빵을 거짓 없이 먹을 뿐이다. 눈은 자기장의 이슬이 모여 생긴 듯이 양성자보다 중성자로 빨려들게 하는 무게가 있다.

눈에 빨려 들어간다는 것은 사실 있을 수 있다. 즉 주기율적 막이 없다면 우리는 벌써 빨려들었을 수도 있고 눈이 몸보다 작다고 하나 작아도 중성자별과 같아 막대처럼 주시할 수 있고 조정할 수 있다. 빛을 당길 수도 있고 뿜을 수도 있다.

91. 해묘미(亥卯未)와 파장의 문제

반도체를 미라고 하는데 완전히 전자 회로를 격리시키면서 가둔 것이니 전자의 고가 미이다. 옛날만 하더라도 영사기는 귀신이 나오는 것이라고 귀라고 하였다.

뱀이 똬리를 틀어 완전히 얼어 에너지가 없는 극저온인 경우 술이 곧 절대온도에 해당된다. 이렇게 에너지 파장이 얼음에서 일어나는 시점이고 얼음 속에서도 분자는 에너지 활동을 한다.

그래도 언 속에서도 액체가 되는데 다만 축이 절대온도에서 깨지는 시점이니 우리가 본다는 것은 힉스 입자를 봄으로써 진실한 봄인지도 모른다. 그러다 만물이 생기는 것이다. 우주의 사계절을 보면 인이 힉스 입자인 것으로 보손인 것도 진이 양성자이면 미는 중성자가 된다.

술이 깨려면 술잔이 깨어지고 난 다음인 것으로 중독자 같은 냉각이 축으로 축에서 깨지고 난 다음에야 힉스 입자적인 것이 아지랑이처럼 질량을 부여한다.

사유축(巳酉丑)

사는 뱀이 똬리를 튼 숲인 궁에 있는 것인데 여기서 혀를 내밀면 오에 해당된다. 그런데 이 긴 몸이 똬리를 틀면 유가 되는데 이는 벽을 두르는 것을 의미하는 것으로 경직되는 것이기도 한데 축이면 절대온도에 직면한 것으로 깨고 다시 시작해야 한다.

에너지 파장이 최고인 것이 뱀이다. 거기다 혀까지 날름거리면 오가 되고, 유가 되면 뱀은 굴로 들어가 똬리를 튼다. 그래서 그런지 뱀 중에 독사는 새끼를 낳는데 포유류를 닮았다. 독사도 동굴 동물이므로 새끼를 낳는 것이다.

　물질로 보면 물질에 에너지가 왕성한 것으로 보인다. 나무와 꽃을 한창 피우는 시기로 에너지의 분화구와 같은데 입 닫고 똬리를 틀면 가을인 유가 되어 있는 것이다.

　젊을 때는 말발로 살더니만 이제는 그릇이 된 것 같다는 것이다. 여기서 돈오점수와 돈오돈수가 나오고 이는 축이면 깨는 것이다. 마치 절대온도에서 깨지는 만물처럼 깨져야 하는 것이다.

　그러니 그릇이 중요하다. 그러면 바로 건으로 가 침묵이 되는 것인데 결국 깨우친다는 의미이다.

순서 93 　주제　중성미자를 헬륨으로 하는 이유

　무엇보다 헬륨은 기를 잘 내색하지 않는다. 그리고 여기에 들면 냉동인간같이 속에 넣으면 물질이 오래 지속되어 있는 화석과 같은 것이다. 즉 흙은 냉동이 되지 않고 타지도 않는다. 이는 이미 핵융합 중에 한 번 탄 것이기 때문이다.

　원소 2주기율로 보면 3족이 짝인 붕소로 타는 것에서 4족이 탄소로 탔다는 의미가 되고 단단하다. 또한 원소 중에 내열이 강하고 수명 또한 길어 탄소 동위원소로 연대기를 보는 것이다. 이것이 헬륨족인 네온으로 가면 중성미자에도 빛이 나듯 네온 역시 빛난다. 여기서 보면 곧 중성미자가 빛을 만들어내는 것을 보는 것이다.

원소주기율을 거꾸로 보면 우주 물질의 시작도 이미 이뤄진 물질의 새로운 노출과 같다. 순으로 가면 융합으로 빛을 내지만 역으로 가면 촛불에 불을 붙일 수 있고, 1주기율이 융합이면 7주기율은 분열과 폭발로 빛을 낸다.

다시 말하자면 중성미자인 헬륨으로 인해 용광로를 만들어 서행하도록 하지만 우주의 별들은 성질이 급한 수소만의 세계라 별과 별끼리는 서로 떨어지는 빅뱅 중이다. 그런데 헬륨은 중성미자가 뭉친 중성자로 우주를 끌어당겨 응집성이 강하다.

이 밀고 당기는 균형은 태양의 중력과 팽창의 접점에서 유지되고 있듯 우주 팽창의 껍데기에는 중력이 아직도 싸고 있는지 모를 일 아닌가. 문제는 축지법을 쓰나 비행기를 타나 왜 이리 중생은 괴롭냐는 것이다.

순서 94 / 주제 중력파 문제

누군가 눈이, 눈동자가 없는 귀신을 보았다고 한다. 요즘 와서는 중력이 깨진 우주의 눈(?)이라는 상상을 하게 한다.

만일 거기에 렌즈를 달면 아직 태양의 눈인데 이 눈동자가 없이 뻥 뚫린 귀신이 한 몸이 되어 분산된 몸을 하나로 돌아온 손오공과 같이 블랙홀이 겹친 중력파를 3족의 자리로 볼 것이다. 그러면 이 눈동자 렌즈가 깨져버렸으니 이것은 망막인 바다까지 봐야 한다. 3족의 바다는 6족이니 6족의 바다는 7족인 것으로 망막이 된다.

블랙홀이 두 개가 겹치니 우주를 더 크고 선명하게 볼 것이다. 그런데 깨진 눈이니 6족이 두 개 겹치는 것으로 주기율은 두 개씩 병행하는 것으로 한다. 한 주기율로 보면 한 주기율씩 당겨야 하는 넓이인데 두 주기율로 쌍으로 맞추면 두 주기율씩 당기는 것이니 5주기율까지 당겨 보는 것이다. 주기율적 우주를 보면 그렇다는 것이다.

이 중력이 깨지는 것이 원소 6족으로 블랙홀인데 그러면 전형 원소가 쌍인 것으로 6족이 쌍인 것으로 하면 막강한 중력파가 된다. 이 중력파라야 더 크게 비출 수 있는 우주 내면인 것이면 쌍이라야 4와 5주기율의 쌍을 볼 수 있다.

또한 눈에 망막이 7족인 것이면 몸이 거의 물인 것으로 하는 것에서 일반적으로 살은 두껍고 굳은살이 된다. 저장하는 살이든가 하는 것은 7족에 속한다.

플루오린이라는 것은 살이 쪘다 줄었다 하는 것으로 변덕이 심하고 살이 아무리 빠져도 살이 붙어 있어 8족인 것이다.

순서 95 **주제** 우주 팽창의 언저리는 과연 중력에 밀리는 때가 있는가?

만일 우주의 언저리에 밀려드는 중력이 있다면 이는 원소 1, 2, 3족까지의 문제로 팽창이고 나머지 주기율은 중력으로 무게를 압박하는 것이다.

즉 3족이 깨지면 이허중인 진공으로 엄청나게 중력이 밀려오는 것으로 그러면 이 밀려오는 것이 3족으로 끝나는 것이고 2족으로는 미치지 않는 것으로 하는가이다. 즉 핵은 1족인 것으로 사장 지름이 같은 원이 된다. 하지만 2족은 양 날개가 있는 것으로 3족은 회전이 있는 것에서 밖으로 밀어내는 힘으로 해서 속이 비게 된다. 그리고 원고 4족으로 깨지면 3족은 껍질이 깨지니 이 진공이 차들어 오는 것으로 이것이 중력 속으로 메워 들어오는 것이 된다. 그러면 이 팽창의 우주가 3족의 영역이라는 것이다. 그래서 지구와 달이 있는 것으로 태양인 항성의 자리에서 우주를 기웃거린다.

원소 3족은 모든 우주의 별이고 원소 8족은 우주의 언저리가 되는 것으로 중력인 언저리가 되는 것에서 달이 있으면 달무리가 있다. 그러면 별은 중력이 무너지는데 우주가 무너지는 것은 우주가 팽창이 멈출 때가 아닌가. 그래야 중력이 밖과의 벽의 균형이 깨지고 블랙홀을 만든다는 것이다. 이런 블랙홀의 회전이라면 시동은 걸릴 것인가?

그러면 이러한 팽창도 아니고 수축도 아닌 제로 상태이면 수축하는 시간은 팽창한 시간만 한 것이 아닌가? 그 사이 우주의 시간은 한쪽 방향으로 간 것일까.

그것은 굴절된 시공으로 빠져나간 것인데 우주의 시간이라, 즉 시간을 굴절시킨 핵만으로 3족인 항성을 만들어 8족인 행성으로 만들 수 있다. 그러면 빅뱅이 3족인 것만으로 우주 언저리까지로 하는 것에서 우주 밖의 압력과 맞닥뜨린다.

그리고 나머지 4족에서 8족까지가 3족에 주는 압력은 우주 언저리를 중력이라고 한다. 아무튼 우주가 하나의 중력 안에 있다는 것이니 우리는 지구 중력 위에 있는 이 상태도 빅뱅의 중력 안에 있다.

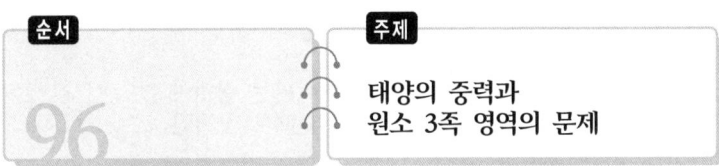

순서	주제
96	태양의 중력과 원소 3족 영역의 문제

그러면 이 중력 안의 양자도 3족이 벽인 양자 중력에 있는 것에서 밖의 4~8족까지의 중력 밖의 압력을 가진 무게의 의미와 우주 변방의 중력이 아직도 우주 팽창과 밖의 압력과의 사이에서 풍선처럼 부푸는 것인가 하는 것이다. 그 밖에 4~8족 간의 물질이 3족의 허공에 밀려들어 수축하게 하는 것은 무엇인가 하는 것이다.

우주는 팽창하는가 폭발하는 중인가. 팽창은 풍선과 같은 것이고 폭발은 장벽을 깨고 퍼졌다는 것인데 그러면 팽창은 종자가 되었다는 것이고 폭발은 깨고 나갔다는 것이다. 원소 3족까지는 태양의 중력이고 복사인데 이것을 깨고 나면 4족이고 이 4족에서 8족까지가 곧 행성이라는 것이다.

우주 언저리가 중력이면 우주 밖의 4와 8족까지의 빅뱅권에서는 어떤 별이 있을 것인가 하는 것이다. 문제는 손바닥에 있는 과일이 해답이다. 과일의 씨앗은 3족인 것에서 나머지 4에서 8족까지는 과살과 과피라고 한다. 그런데 중성미자는 과일의 씨앗에 방해받지 않는 것이라고 한다. 그러므로 과살에 박혀 있는 것으

천리만리 115

로 이는 곧 인간이 생물이 광합성을 하기 전에 과살이 되는 중성미자는 결국 빛이 없어도 사는 것이 아닌가 한다. 즉 물질도 중성미자 정도는 되어야 자등명이 되는 것인가 하는 것이다.

순서 97

주제
용이 나는 꿈이야
어릴 때도 꾸지만

쿼크의 상황에서 육효를 보면 중성미자는 약력에 해당되는 것으로 강력으로 붙은 입자와 달리 분진 같은 것이다. 그러므로 광자는 열렬한 만큼 수명이 짧고 중성미자는 재와 같으니 수명이 긴 것과 같다.

이는 오행상으로도 수는 검은색이니 블랙홀도 검은 것으로 6족이다. 그런데 토는 황색이지만 검은색인데 진(辰)은 흑룡인 것이 곧 검은 토가 되고 있는 양자 중력이라는 것이다.

전설상으로 용은 몸을 최대로 작게 할 수 있고 최대로 크게 할 수 있다고 하니 성운도 모양을 낼 수 있다는 것이다. 그러면 블랙홀로 모이는 회오리가 곧 이무기의 똬리와 같다. 나는 꿈에 토네이도만 한 이무기가 똬리를 틀고 내려다보는 것을 본 적이 있다. 롯데 빌딩보다 더 큰 두 마리가 내려다보고 있었다.

블랙홀의 끝이 진으로 은하수를 마실 만큼 마시고 하나의 점으로 유지하는 상태이다. 용이 승천한다는 의미는 이 점이 양자가 중력에서 다시 우주로 날면 은하수에 물이 뿌려지는 것이 양자 중력이 뭉쳐진 것 즉 광자도 파장으로 나는 것이다.

문명의 덕이라… 쿼크의 육효상의 용의 역할과 양자 중력으로 보면 쿼크상에 용이 있다는 것은 육효상에 용이 있는 것과 같다. 그 사이에 음과 양이 수시로 변하며 괘를 변하게 하는 것이면 이는 중성미자가 어떤 물질로든 흡수되어 보이지 않는다. 보이지 않는 것 중에 동효를 일으키면 사물은 변하고 이는 물질의 빛의 속도 안의 입자로 중성미자도 쏟아내는 것이 끈기는 빛보다 강하다. 즉 광자가 꽃이라면 나무는 중성미자이다. 그래서 꽃보다 나무와 풀이 많은 것은 그만큼 중성미자가 우주에 많다는 것이고 깔려 있다는 것인데 이는 전자기장의 입자성에 가까운 것 같기도 하다.

순서	주제
98	육효에 신자진(申子辰)이 모이는 것이면

　보통 신자진으로 합하는 논쟁이 있으면 이는 곧 우주를 논하는 것이고 우주의 시작을 의미한다. 신은 양으로 건금을 의미하는데 곤궁에 있는 신이니 땅에 있는 금으로 잘 구비되었으면 지상이나 지하의 궁전을 의미하는 것에서 우주에 자손을 퍼트리는 자식을 말한다.
　그러나 꼭 지구상의 인간뿐 아니라 영계와 물질계라도 하나의 입자를 자식으로 하는 것에서 우주가 은하수 수소로 자식으로 한다. 이 모든 것을 모은 것이 용이니 곧 양자 중력의 힘을 용이 발휘한다.

그러면 훨씬 빨리 지름길로 화이트홀에 이르는 것이기도 하다.

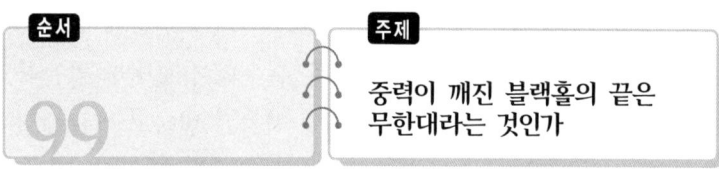

중력의 끝을 무한대로 볼 수 없는 것이 2족과 7족이 대칭인 것이 두르는 것이다. 그러면 이는 블랙홀인 6족은 7족에 흡수되기 전에 바닥에 닿는다. 그러니 블랙홀의 끝이 무한대라는 것은 있을 수 없다. 중심은 있으나 매우 대칭으로 움직인다. 마치 에너지에 따라 전자가 몰리고 전기가 모이는 것과 같으니 양자도 양자 에너지가 되었다가 다시 양자로 되었다가 하는 것이다.

손오공을 양자 중력이라고 한다면 여러 개의 분신을 나누었다면 이는 양자 에너지가 되는 것으로 파장이 얽히는 에너지에 의해 일어나는 것이다.

그런데 다시 하나로 돌아오면 블랙홀의 점으로 돌아간 것인데 이는 이무기와 용의 분기점에 있는 사건의 지평이 된다. 블랙홀은 이무기가 똬리를 튼 것이고 양자 중력에 있는 것은 용이 에너지를 층층으로 바꿔 하늘을 날기 좋게 아지랑이 춤을 추며 날 것이라는 것이다.

6족인 블랙홀의 끝이 무한대로 양자로 쌓이는 것이라면 즉 3족이 화이트홀이 광자인 것으로 결과적으로 블랙홀의 입으로 빨아들여 광자만 남는다. 그러면 3족인 용의 하늘은 6족인 이무기 똬리로 돌아간 것이 되고 다시 양자 중력이 모인 곳에서 잠을 자는 것이 된다. 이무기로 보면 꿈에서 나는 정점인 곳이다. 그래서 이무기는 꿈이 곧 실현되는 곳이 된다.

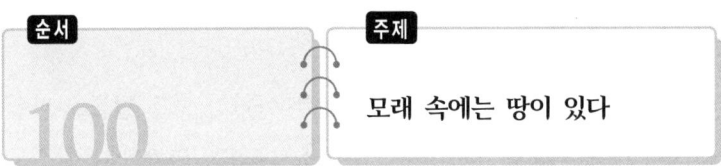

모래는 방석과 같다. 이는 마치 우주의 중성미자도 결국 우주 끝의 중력 울타리가 있다는 전제라면 중력의 벽이 땅과 같은 것이다. 그러면 그 위에 중성미자가 쌓여 있는 모래밭과 같은 것이 아닌가 하는 것이다.

그러면 겨우 빅뱅에 고갱이가 나는 자리인데 한 겹만 싼 채소가 아닌가 하는 것에서 여러 겹의 채소를 보이는 자연 실습은 무엇인가 하는 것이다.

또한 이 광자도 중성미자처럼 쌓이는 것인가 아니면 중성미자에 묻혀 쌓이는 것인가 한다면 이미 묻혀 쌓였다. 이는 중성미자의 파장에 광자는 보푸라기처럼 날려 굴절을 타는 것이 아닌가 한다.

순서	주제
101	양자 상태의 중력에서 공전은 타원형이 아닌가

　양자 상태의 중력이라는 것은 지구뿐 아니라 모든 별들도 타원형으로 기울며 도는 원인이기도 하다. 그런데 여기에서 광자도 광자장이 있는 것이 되고 전자도 전자기장이 있는 것으로 실을 뽑는 것과 같다. 그러니 자연 원주로 같으니 탱탱한 듯이 감겨지는 것으로 우주는 맑다는 것이다.

　광자도 에너지로 입자보다 파장으로 하는 것에서 이 파장의 아래 위를 음과 양으로 육효도 음과 양으로 나눌 수 있는 것에서 이런 파장도 에너지에 따라 기복이 심한 것으로 한다.

　하나의 원주는 크게 변하지 않는 핵에 근거하여 효가 음이면 음, 양이면 양인 채로 그 파장의 폭을 유지하는 것에서 한 컷으로 한다. 그러니 핵이 없어지지 않는 한 공전은 타원형을 유지한다. 그러면 1족은 붙은 하나이고 2족은 떨어진 것이면 음과 양이니 그 중력에 다시 붙는 견인력이 있는데 이것은 양성자와 중성자이다. 그러나 3족은 그 가장자리로 도는 것에서 전자인데 전자는 광자와 같이 질량급으로는 보지 않는다.

　문제는 떨어진 두 개를 다시 합하면 평면으로 찢어진 것이 볼록하게 산을 이루면 뭉쳐지는 것으로 마치 2족이 과하게 찢어져 진공이 심하더니 7족은 또 과하게 붙어 볼록하게 올라온 것이다. 이런 대칭은 곧 과하게 찢어지면 지름이 길어지고 과하게 좁아지면 지름이 짧아지는 타원형으로 돌게 되어 있다는 것이다.

중심의 균형을 못 벗어나면서도 반복을 해야 한다. 그런데 1족은 사방의 지름이 같은데 2족이 갈라진 것에서부터 음과 양의 결합이 원주 중에도 음과 양의 길이가 같지 않다. 결합하니 그러지 말라고 누가 작위적으로 한 것이 아니어도 자연성이 그렇다는 것이다.

그래서 붙이는 것일 때는 붙는 쪽으로 중성미자가 일방적으로 흐르고 떨어지면 중성미자 화이트홀로 흐르게 된다. 이에 화이트홀로 가는 것은 열리는 쪽으로 가는 시간이 흐르는 것이고 블랙홀로 붙으면 시간이 블랙홀로 가는데 그 사이에는 시간이 거꾸로 가는 것의 사건에 들어가든가 하는 것이다. 그러면 이쪽도 저쪽도 흐르지 않는 것은 시간은 과거가 있는 것으로 갈 수 있는 지평이 있는 것일까?

제3장
중력과 팽창

순서	주제
102	원소 3족과 중력과 팽창의 문제

　선천수가 없는 것이 1, 2, 3인데 본래 중력은 구각으로 선천수 4가 더 이상 3의 벽을 통과하지 못하는 경계를 뜻한다. 이것은 씨앗의 껍질에 해당되고 또한 팽창의 끝이 3으로 중력과 경계로 0인 것과 같다.

　이는 태양으로 보면 플라스마10)에 해당된다. 플라스마 0인 상태를 벗어나면 4족이 되고 싹에 눈이 나는데 이는 왜 3족 이전에 전이원소가 있고 싹의 눈이 있고 인간세계와 같고 달 공전이 있는 것에서 3족의 벽이 깨져야 세상의 벽이 깨지는 형상으로 인간계에서 자라는 것이 되는가이다.

　원소 3족이 깨지면 8족으로 되는데 이를 화생토라고 한다.

　이 8족을 끌어들여야 원소 8족의 역행으로 나무가 자라는 형상이 되는데 그런 나무라 중력에 서 있다는 것은 원소 3족이 깨지지 않았다는 것이다.

　세상은 깨지지 않는 것으로 있는데 왜 알은 깨고 나온 것인가 하는 것이다. 이는 마치 원자로의 원자가 서서히 깨고 나오는 것과 닮지 않았나 한다.

---

10) 물리학, 화학 분야에서 디바이 차폐를 만족하는 이온화된 기체. 고체, 액체, 기체에 이어 4번째 상태로 원자핵과 자유전자가 각각 운동하는 상태이다.

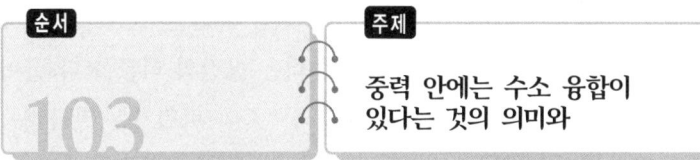

순서 103 **주제** 중력 안에는 수소 융합이 있다는 것의 의미와

중력 밖의 수소 융합이 있는 의미의 원소 3족인 이허중의 원리이다. 결국 융합이 중량을 못 이겨 블랙홀로 가라앉는 것으로 8괘의 상대성 원리로 보면 6족인 감중연으로 침몰되는 것으로 이는 은하수의 물과 블랙홀의 물은 다른 것이라는 것이다.

지상의 물과 은하수 물이 다르듯 블랙홀의 물과 은하수 물은 다르다. 다만 블랙홀의 물은 매우 검다는 것으로 이는 마치 깊은 수압은 검듯이 블랙홀이 깊은 은하수의 밀도는 검다는 것이다.

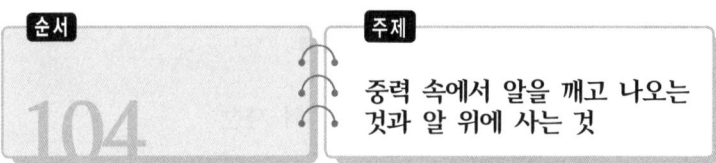

순서 104 **주제** 중력 속에서 알을 깨고 나오는 것과 알 위에 사는 것

중력의 흡입은 원소 3족까지로 하고 여기에 상대적 팽창은 또한 3족으로 하는 것에서 중력은 3족과 4족 사이의 벽이 있는 것을 말한다.

원소 3족이 벽이 깨지면 팽창으로 인한 허한 것이 없어진다. 그러면 서서히 4에서 8족까지를 빨아들이며 중력을 늘려가는 것으로 질량을 늘려간다. 그러다 보면 8족까지 농축된다.

원소 3족에서 2족인 틈으로 응축되면 이는 곧 8족까지인 우주를 1족으로 다 아물리는 것으로 마치 인간이 입을 열었다가 이제 입을 침묵으로 닫는 것이다. 이런 중력은 공간의 티끌을 다 끌어들여 모든 족을 비운다는 것이니 결국 8족이 비워가는 만큼 2족으로 응축되어 간다.

우주 팽창에서 지구나 달은 나름의 응축이 되어 있다. 그런데 물도 있고 나무도 있다. 이것이 3족까지의 팽창이 2족의 틈으로 빨려드는 것이다. 그러면 8족은 어느 정도 응축인 것이 과살처럼 붙어 있는 상태로 살도 물이 대부분이다.

그러나 씨앗보다 무거운 것으로 빨아들이며 3족이 기둥을 나무로 삼아 꽃이 피던 것이 사라지고 천둥벌거숭이처럼 2족인 입으로 들어가는 것이다.

이것이 블랙홀로 지구의 중성자성도 사라지는 것이다.

순서 105 주제 물리와 자손

원소 3족을 플라스마 상태라고 말하고 이는 곧 중력과 팽창을 안고 있는 태양의 핵융합 상태를 말한다. 왜 이 상태에서 행성과 위성이 되었으며 사람이 사는 지구가 형성되었는가 말이다.

이는 전이원소와 란탄, 악티늄족이 3족 이전에 있다는 것이다. 마치 알의 껍질이 깨어나기 전에 형성된 것을 보면 계란에 태(胎)가 있는 것과 같은 것이 아닌가 한다.

어차피 2족에서의 태반이 3족인 껍질을 깨고 나오면 4족인 공간으로 행성의 조건이 되어 있는데 8족적으로 구비된 것이 지구이니 8족까지는 늙어갈 수 있었다는 것이다. 또한 8족은 할머니를 뜻하는 것이니 자손은 이을 수 있는 8족이 되는 것이다.

우리는 건곤은 다 알지 못해도

감리(坎離)는 내 몸의 우주로 알고 사는 것이라 봐야 한다.

본래 감은 원소 6족인 것이고 이는 원소 3족인 것인데 원래 3족은 화이트홀이라는 것이고 6족은 블랙홀이라는 것이다. 그리고 원소 5족이 블랙홀 밖이라는 것이고 이와 대칭되는 우주가 원소 4족이 된다.

8족의 대칭이란 것이 4와 5족의 대칭과 6과 3족의 대칭이다. 그러면 3의 화이트홀과 6의 블랙홀 사이에는 블랙홀의 밖은 5주 기율이 붙은 것으로 깨진 중력의 흡입으로 어두워지는 것이다. 또한 원소 4족은 3족인 화이트홀에 가까우니 자기장이 빛이 나는 것과 같다.

순서	주제
107	과연 전형원소만이 육합할 수 있는 맹신(孟神)인 인신사해인 것으로 합이 가능한 것인가

　순전한 전형원소는 2와 3주기율에서 4와 5주기율은 전이원소로 중신(仲神)인 것으로 잡기가 없다. 그런데 이 사충은 합이 없다는 것이니 전이원소가 든 4와 5주기율은 융합을 기대하지 못한다는 것이다.

　맹신인 인신사해 4개의 융합으로 인해(寅亥) 합과 사신(巳申) 합으로 이는 마찰인 것 같은 사충인 것이다. 그러나 두 개로 합이 되는 것이니 이것이 양성자도 2개인 합이요 중성자도 2개인 합이 된다는 것이다. 여기에 천간 두 개는 2개의 전자로 괘상 전자에 육효가 양성자와 중성자의 대성괘가 형성되어 있는 것을 말한다.

　1주기율의 융합이 헬륨으로 나타나는 것이 1주기율로는 드러나지 않다가 2주기율부터 노골적으로 4개의 원자가 곧 4족인 것이다. 이를 합하여 융합하는 핵심으로 하는 것에서 탄소의 융합이 곧 수소와 헬륨 사이로 헬륨 이전의 4개 융합과 같은 것으로 한다.

　인신사해의 합이 4족인 것의 탄소인데 2주기율의 탄소가 1주기율로 보면 수소와 헬륨 사이에 있는 핵융합인 위치와 같다. 그러니 본래 지지인 인신사해로 드러나지 않는 것이나 2주기율의 탄소로 보면 4족인 인신사해가 몰린 것과 같다는 것이다. 이 네 개를 하나로 하는 것은 곧 4족을 융합한 중성자로 하는 것과 같다는 것이 설명된다는 것이다.

순서	주제
108	빅뱅은 터진 것일까

 우주가 진공이라면 빅뱅이 터지지 않은 것이고 가공(假空)이라면 빅뱅이 터진 것이다. 빅뱅 중량의 총량이라면 이는 우주의 모든 티끌도 끌어모은 것이니 진공인 것이다.

 이는 빅뱅도 우주 점으로 봐야 하는 것에서 우주는 진공인 것이고 빅뱅 이후로 쏟은 수소는 티끌과 같기에 가공의 우주라는 것이다. 이는 빅뱅이 터지지 않고 유지됨으로써 그 밖의 공간은 진공이라는 것을 유지하는 것이고 티끌도 일어나지 않는 것이라 진공인 것이다.

 그런데 우주에 빅뱅은 그대로인 채로 껍질만 폭발했다면 이는 곧 진공 중에 거품 같은 가공의 물질이 입자로써 먼지와 같이 일어난 것에서 공간으로 표시가 나지 않게 공이어도 가공된다. 즉 우리는 가공을 진공으로 볼 수 있다.

 빅뱅이 껍질 부분인 것만 터질 것으로 4족이 우주인 것으로 팽창과 응축의 시점이라면 2족은 빅뱅이 터진 것이 아니라는 것이다. 그러니 빅뱅이 터져도 1족이 남은 것이면 빅뱅은 그대로인 것으로 남은 것이다. 그러나 우주 진공은 막이 되지 못한 것으로 본다. 그런데 3족인 것으로 터졌으면 이미 주기율의 전자막이 두꺼워진 것으로 쌓인 것이니 우주는 가공(街空)이 된다.

 그러나 우리의 시야로는 구분이 안 되는 진공이므로 진공 같아 보이는 것이다. 특이 족의 차이가 아니라 주기율의 차이면 8족인 먼지가 일어 가려져 주기율적으로 겹이 되면 진짜로 다른 시공간이 있는 단절된 시공으로 산다는 것이다.

109 육십갑자는 과연 진공을 버린 것일까 가공을 버린 것일까

　진실로 돌아오기는 60이지만 공이 12개 없어졌거나 아니면 10이 공망(空亡) 2개를 혼합하는 것에서 60 중에 12개의 공망이 혼합하게 되는 것이다.

　육십갑자에는 12개의 공망을 혼합시키는 것이 있으니 어느 지지(地支)든 공망이 될 수 있는 시간이 되는 것이다. 육십갑자는 20의 공망을 가미해서 공망을 비빔하는 것으로 섞으니 시간과 공간이 무작위로 끼이게 되어 있다. 그런데 이를 역설적으로 보면 공간을 20프로만 혼합한 것에서 10인 원주 한 바퀴를 돌리면 2가 빠진 것이다.

　다음 순(旬)은 실질적으로 다시 머리가 되어 돌고 있다는 것이고 결국 10을 순회하면 2를 색출하고 다시 10으로 구심을 잡는 것과 같다는 것이다.

순서 110 **주제** 공망과 렌즈

만일 육효가 나의 실체라고 볼 때 공망이면 렌즈상에 있는 허상인 것이다. 만일 달이 나로서 공망이면 나의 질량적 무게는 달 하나의 무게가 비는 것과 같다. 그리고 연(年)이면 나의 무게는 태양의 무게를 비우는 그릇과 같이 동일한 양이다. 또한 공망이 월이면 지금 달을 렌즈로 보는 것이고 연이 공망이면 태양을 보는 것이고 별을 보는 것과 같다.

만일 연 가까이에서 움직이는 것이면 이는 천체적 동향이고 월 가까이에서 일어나는 것이면 달 가까운 별의 동향일 수 있다. 월과 달은 시간으로서의 크기와 거리를 말하는 것이나 공간적으로 보면 이렇다는 것이다. 그리고 공망이 변하여 재(財)가 되면 사진이 돈이 되는 것과 같다.

순서 111 **주제** 규모의 설정과 객관성

육수(六獸)로 현무는 도둑이고 분실이고 백호면 강탈이다. 관(官)이 부(父)를 생하면 관을 꼭 도둑이나 강도로 할 수 없다. 즉 도둑을 잡는데 관이 생하면 오히려 도둑을 잡는 형국이다.

현무가 생을 받으면 도둑을 잡아서 특진하는 것이고 직업이면 스파이이다. 백호가 생을 받으면 전쟁 영웅이다. 재(財)가 극이 되면 보급로 차단이고 경제 제재인 것이다. 손(孫)이 관을 극하면 혁명이 일어난다.

부가 손을 극하면 합법적인 것이 문제를 야기한다. 재가 부를 극하면 뇌물이다. 형이 많으면 나라가 빈곤해지면서 도박꾼이 많아지고 여식들을 많이 팔아먹는 나라가 된다.

공망은 만일 재가 공망인 것이 관이면 이는 잃어버렸다고 하는 자가 범인이고, 부가 공망인데 관인 것이면 문서를 사기당하거나 분실했다고 하는 자가 범인이다. 그러니 괜히 엉뚱한 자가 누명 쓸 수 있다. 그만큼 공망으로 이끄는 상황은 단순하지만 여러 가지 가능성이 비어 있으니 오히려 속단이 어렵다. 그래서 공망은 등잔 밑이 어두운 것을 말한다.

년주는 태양인데 이는 핵융합을 뜻한다. 만일 효가 년주이고 손이 되면 인공 태양이 되고 생을 받으면 곧 실현이 되는 세상이 된다. 그리고 월이 손이면 달 가까이를 살펴야 한다. 또한 태세가 내괘에 있으면 외괘는 은하단의 규모로 상대성을 볼 수 있는데 이는 양성자와 중성자의 상대성을 어떤 규모로 정할 것이냐에도 기여한다.

즉 내괘가 중성자이면 외괘는 양성자로 6개의 톱과 바닥, 업과 다운, 맵시와 기묘가 설정된다. 작게는 핵융합로이지만 크게는 은하단의 핵이다. 그러니 육효인 쿼크로서 보일 수 있는 것이 최대한 은하단까지는 객관화할 수 있다. 점만으로 그만한 구조를 형성해서 설명할 수 있고 포용할 수 있는 논리가 있다는 것이다.

오장의 수학적 중심

사주의 천간 지지수 교차점을 오장의 수학적 중심으로 보면 천간을 3. 1. 3. 1로 하고 지지수를 3, 1, 3, 1로 하는 것으로 곱하면 숫자가 9,803,161이 된다. 이것이 최소 단위의 곱에서 여기에 최대치로 10단위를 더한 것이면 천만을 넘는다.

사주는 거의 천만 단위 안에 있는데 그럼 3131×3131인 것이 평행하는 것으로 교차하면 가장자리 3과 1은 빼고 중간에 있는 숫자 1과 3이 서로 교차하는 것으로 아래 1은 위의 3과 교차합이요 아래 3은 위 1과 교차하는 것으로 네 방위의 교차가 있다.

몸의 목에서 머리 쪽과 아래 신체를 X자형으로 교차하는 중추가 되는 것이 중추를 탄다는 것이 되므로 양쪽 가장자리의 지지(地支) 쪽은 팔과 다리가 된다.

중앙 일간(日干)과 월간(月干)의 수(數)는 머리의 양두엽이고

시주와 년주의 천간은 양쪽 귀와 지지는 양쪽 팔 다리를 말한다. 즉 가슴과 배를 중심으로 하는 것과 팔 다리를 가장자리로 하는 것은 지지(地支)를 말한다.

그리고 양두엽과 양쪽 귀를 천간(天干)으로 하는 것에서 X자 형태가 되는 것으로 곧 중앙 쌍의 숫자와 가장자리 양쪽 수를 합하면 양성자로 타는 듯이 확산된 것이다. 이를 사주로 합한 것을 양쪽 가장자리인 년주와 시주를 뺀 남는 중앙 월주와 일주 쌍이 남는 것은 중성자로 하는 것과 같다.

그런데 그런 육신(肉身)으로 보면 지지 두 자와 천간 두 자의 네 개 간지가 곧 집합이 된다. 이것이 월주와 일주의 교차 합이니 이는 곧 목에서의 X자형의 신경이 된다.

이는 1억 단위의 몸에서 네 개의 장기와 위장을 더한 중심으로 오장을 구성하는 것을 말한다. 즉 네 개의 융합적 스핀이 일어나는 독립성을 하나의 위장으로 주고받는 것이다. 이런 오장은 우주로서 멀리 떨어진 양자적 분리라고 하여 독립적이라고 하더라도 양자는 떨어져도 같이 교감하는 유전적 교신이 떨어지지 않는 것과 같다. 만일 한쪽의 장기를 못 쓰거나 소멸된다면 서로의 유전적 정보가 틀리면 대체하기 어려운 만큼 쌍둥이라는 공유성을 털어내기 어려운 것이 있다.

즉 그 유전성으로 거부되어 다른 구조와 이식을 하기 어렵다. 이런 중앙의 간지 네 개의 교차의 곱셈으로 합이 되는 유형만의 사주만 하더라도 융합적 합이 천만 중에 518,400개라는 유형의 집합인 오장이 천 만의 단위로 뻗어 있는 연결이라는 것이다.

이는 오장의 유전자가 다스리는 맥락에 있으니 최소한 수학적 육신이라고 해도 이만한 숫자여야 그나마 사주상 거부가 없는 오장이 된다.

순서	주제
114	아! 오묘하구나. 핵융합과 폭발이 만들어내는 주기율의 새끼줄

 원소 6과 7주기율을 진술축미(辰戌丑未)로 하는 것으로 폭발이 일어나면 방사능의 피해가 굉장하다. 즉 계신은 잡기라고 하니 말이다. 잡스러움이 몸의 기능을 파괴하는 것이다.
 그리고 자오묘유는 4와 5주기율로 가장 인간에 가까운 독성을 지니고 있다. 그러니 중성자는 인간에 피해를 주지 않는 것으로 순전한 것이 있는 것이라 잡스럽지 않다. 그리고 인신사해(寅申巳亥)는 충 중에 합인 것이니 2와 3주기율을 말하는 것으로, 즉 인은 해와 합하고 사는 신과 합하여 육합하는 것으로 융합된다. 또한 인해는 목으로 합이 되어 갑목이 되고, 사신은 수로 합하여 임이 되는 것으로 양성자와 중성자의 상대적 비등으로 하늘이 된다.
 이는 꼭 천지비괘만이 건곤인 양성자 중성자가 아니고 중천건 괘도 양성자 중성자로 두 개의 양성자가 곧 두 개의 중성자와 같다. 이것은 다 양성자로 볼 수 있는 우주인 것이 되니 우주의 정전기 배가 은하수에 떠 있는 우주선과 같은 형상이 된다.

순서	주제
115	8족을 더하는 것으로 하는 것과 그 8족이 쌓인 전형원소로

곱하는 것으로 하면 원소 6과 7주기율의 전형원소로 진술축미로 하는 것이면 7주기율은 축(丑)과 진(辰)이 융합점이다. 그리고 6주기율은 미(未)와 술(戌)이 융합점이 되는 것으로 중성자가 생기는 점이다.

이는 곧 진술축미가 가장 무거운 것을 혼합하여 있는 것으로 땅의 중금속류에 해당된다. 그러면 축과 진으로 융합되는 점으로 하면 이는 4와 4가 곱하여진다기보다 더하여지는 것이다. 그러니 1~10까지 더하면 55가 된다. 그러면 이것이 쌓인 것이니 이때부터는 서로 곱하는 것으로 풀린다. 그러면 10×10은 100인 것이 두 주기율이 쌓으로 전형원소가 된다.

원소는 8족이나 중앙의 핵에 천지가 있는 것으로 수소족과 헬륨이 되는 것으로 $9 \times 9 = 81$인 것에서 $10 \times 10 = 100$인 것으로 차는 것이다.

그런데 이는 이전 주기율의 헬륨족에서 수소족으로 두 개가 핵이 된 것과 합해 10인 것으로 찬 것을 말한다. 그러니 전형원소 8족으로 상하로 같은 족이면 같은 수의 곱이 되고, 다른 주기율을 곱하면 분자 화합물이 된다. 물론 그 사이 전이원소나 란탄[11] 악티늄족도 같이 쌓으로 이뤄져 간다는 것은 당연하다.

---

[11] 희토류 원소가 들어 있는 광석에서 발견된다.

순서	주제
116	목의 신경 X

 머리와 몸의 신경이 X형인 곱하기로 머리와 몸이 하나인 것으로 신경이 곧 곱하기의 수학적 구조로 이뤄진 것이 된다. 이는 원소주기율상으로 셈의 결과는 다른 원소와 교차되는 결과로 뭉쳐진 무더기의 결과가 여러 개인 것이다. 그러므로 오장으로든 육부로든 중심이 되어 있다는 것이다.
 이는 분자 화합물이 되는 것이 오장으로 몰입되는 것으로 한다. 즉 천만 개 단위의 수에서 곱하는 것은 모두 단수로 곱한 단위가 얽힌 것을 더해 인체나 천체의 수가 되는 것이 복수의 겹침으로 하나가 된다.
 마치 두뇌와 몸은 각기 분리된 기능인데 동시적으로 움직이는 것이다. 그러니 다 일견 수학적으로 보아 머리와 목 아래가 신경인 것으로 X라도 우리는 크게 자각적이지 않다. 하지만 전신에 미치는 세세함은 오장과 이목구비가 곱하여 천만이라는 것에 미치게 된다.
 오장은 비장을 더한 오장인 것이다. 이 비장인 양토를 빼고 음토인 위장을 중앙으로 함몰하듯이 빨아들이는 중력으로 네 개의 장으로 사방성으로 하는 것이다.

순서	주제
117	페르미온은 10을 편 손으로 겹치지 않고 편 것을 말한다

    숫자는 3을 넘지 못하는 것으로 씨앗으로 하는데 씨앗은 기본적으로 순수 단위로 단세포인 알이다. 즉 3×3=9이므로 9를 넘으면 십진법은 손바닥을 편 것이니 더 이상이면 중복된다. 그러면 미리 물질적으로 페르미온[12]의 세계를 벗어난 굴절되고 중첩된 것으로 혼탁해진다. 그 이상이면 양자학적이지 않고 분자적으로 봐야 한다.

    그래서 선천수가 1, 2, 3이라는 숫자가 비는 것은 양자적 공간으로 비우는 것과 같다. 그리고 나머지가 원자라는 과일로 수량이 되는 셈이다. 마치 페르미온은 개체가 중복되지 않고 중첩되지 않는 것을 기본으로 한다. 그러므로 씨앗의 싹이 눈이 나 하나의 원자로 알을 깨는 것과 같다. 이는 곱할 때 10단위 이하로 중첩되지 않는 것에서 곧은 것을 말한다. 즉 싹이 나면 환경과의 굴절이든가 잘리든가 하는 차이점으로 본질적 유전성의 변화는 안 되는 것과 같다.

---

12) 페르미-디랙 통계를 따르는 입자로 반정수의 스핀을 가진다.

순서	주제
118	사건의 지평은 순환한다면 8족의 일이다

　빛이 빨려 들어가는 것이 3족에서 6족으로 빨려 들어가는 것으로 감리(坎離)의 상대성인 것이다. 즉 3족도 6족의 블랙홀에 들어가면 3족의 파장은 6족의 입자성으로 암흑물질이 되는 것과 같은 것이니 그러면 이는 곧 사건의 지평이 된다.

　즉 광자가 더 이상 자유롭지 못하고 갇히는 것이니 결국 광자밭이라는 것이다. 그런데 이 6족 블랙홀 바닥에서 2족인 것이 이온으로 당기면 이 광자는 암흑에너지에서 2족인 백색에너지로 돌아가는 것이니 그러면 2족인 백색에너지는 바로 3족인 빛으로 속도의 섬유성을 짜는 것이다.

　3족인 이(離)에서 직방으로 6족인 블랙홀에 빠져든다. 바로 2족인 것과 약간의 기울기의 이온 합으로 돌아온 것이니 2족이 3족으로 이어지는 기울기의 폭으로 진행하는 것이다.

순서	주제
119	머리와 몸과의 X자형 신경은 곧 몸을 수학적으로 보아

　곱하는 (X)의 합과 같은 내 몸이다. 그러면 더하기는 아래위로 곧바로 더하는 것이다. 이는 곧 원소주기율이 한 족이 같은 족으

로 7주기율까지 층층으로 더하는 것, 즉 1족이 수소족이면 수소족은 일곱 층의 주기율과 같다.

이것이 원소화한 것으로 원소화한 것마다 주기율과 족의 교차인 스핀의 원소가 있다. 이것으로 주기율 아래로 일직선으로 내려가면 교차되는 것이 원소이다. 이것을 X형 사선으로 교차하는 한 주기율의 원소가 다른 주기율의 다른 족과 사선이 되게 교차하는 것으로 화합물을 이루어 합한다. 곧 한 숫자 안에 여러 개의 곱하는 뼈대가 일어 이루는 구조로 화합물이 있는 것은 수학적으로 여러 수량의 단위가 곱하고 더해지는 뼈대로 해서 이뤄진다.

이것이 몸의 구조와 같은 방정식에 있는 것에서 머리와 몸의 신경이 X형인 곱하기로 머리와 몸이 하나로 신경이 곧 곱하기의 수학적 구조로 이뤄진다.

이는 원소주기율상으로 셈의 결과는 다른 원소와 교차되는 결과로 뭉쳐진 무더기의 결과가 여러 개로 오장으로든 육부로든 중심이 되어 있다. 분자 화합물이 되는 것이 오장으로 몰입되는 것으로 1억 개 단위의 수에서 곱하는 것은 단수의 얽힘인 것을 더해 천체의 수가 된다.

페르미온은 개체가 중복되지 않고 중첩되지 않는 게 기본이다. 이는 곱할 때 10단위 이하로 중첩되지 않는 것에서 여러 번 분하고 단위를 정해서 총수를 내는 것이다. 이 과정을 네 단계에 중앙인 것으로 하면 오장이 되므로 1억이라는 숫자 안에 네 개의 곱하는 것이 있다. 그러면 오장이 이미 생긴 것이고 이 오장이 생긴 것에서 각각 팔방을 나누면 오장이 팔방과의 연계성으로 순환이 있게 된다는 것이다.

그러니 1억이라는 숫자도 네 개의 숫자와 네 개의 숫자가 오장으로 곱하면 곧 오장이 중심이 된다. 한 바퀴 몸이면 1억이라는 몸이 되어 있는 것으로 몸의 우주가 된다. 그러니 일견 수학적으로 보아 머리와 목 아래가 신경으로 X이면 오장과 이목구비가 곱하여 1억이 된다.

즉 오장은 비장을 빼고 네 개의 장으로 천 단위가 4인 것이 두 개로 곱한 사주가 몸의 이목구비와 비장을 뺀 장기와의 곱함의 신경 얽힘이 1억으로 얽혀 있다는 것이다. 이렇게 수학적으로 객관화해도 그리 복잡하게 여길 필요가 없다.

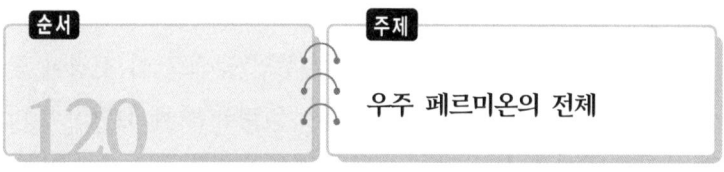

순서 120 주제 우주 페르미온의 전체

숫자는 100으로 잇는 머리는 양금이 것으로 건괘(乾卦)로 하고 얼굴은 음금인 것으로 태괘(兌卦)로 한다. 그러면 이목구비는 4개인 것으로 후천수 4에 해당되고 4는 곧 음금이다. 다만 코는 양금인 동시에 음금인 셈이다.

이 4는 사주의 천간(天干) 4개인 것으로 천 단위가 코이고 1자를 세우면 년(年)이 되고 월(月)은 백 단위로 양쪽 귀 직경이 되고 일(日)은 십 단위로 양 눈의 직경으로 하는 것이고 시(時)는 일 단위로 입을 말한다.

그리고 복부는 위장과 배꼽을 중심으로 12방이 되는데 이는 12지지(地支)를 뜻한다. 이 12지지 중에 4개가 천간 4개와 짝을 이루게 된다. 즉 배의 12지지는 4개로 삼합을 이룬다. 이 삼합의 4개인 것으로 천간 4와 정합이 되어야 한다. 그런데 지지는 12인 것으로 넓혀져 있으니 결국 삼합의 일부를 취하는 용량이 되고 만다. 그래서 천간과 지지는 3:1의 비율이 되는 것이다.

이 이치는 원소주기율 비중이 전형원소, 전이원소, 란탄, 악티늄 족으로 세 등분이 되는 것에서 전이원소를 중심으로 양끝으로 치우친 것을 말한다. 즉 12지지가 란탄, 악티늄 족이고 천간이 전형원소이다. 여기서 전형원소는 4개의 그릇밖에 담을 수 없다. 그러니 란탄, 악티늄 족 12개 지지 중 4개만이 선택된다. 이는 마치 RNA가 아미노산을 선택하여 단백질 합성을 DNA를 형성하는 것과 같다.

또한 머리와 몸의 신경망이 X자(字)형인 것으로 이 신경이 곧 전이원소인 것으로 중심을 갖고 란탄, 악티늄 족과 전형원소 머리 사이에 중심을 갖는 것으로 모든 기운이 목에 몰리게 되어 있다. 이렇게 턱과 가슴 부위가 매우 중요한 역할을 한다는 것이다.

순서 121

주제
두 괘 사이의 간괘와 나무에 옹이가 있는 것으로 막힌다는 간(艮)의 의미

사주는 1억이라는 숫자 안에 차 있는 것으로 천만 가까이에서 1억까지로 한다. 1억이라는 숫자 안에 이런 간괘(間卦)와 같은 곱하는 집합이 있는 것으로 일간과 어우러져 곱하는 것이다. 그리고 월간과 일지가 교차 곱해서 좌우가 균형을 잃지 않은 채 중추

적 라인을 이루어 목에서부터 등뼈는 곧다. 또한 창자가 아무리 굽어도 직선의 항문으로 빠진다.

이는 곧 나무에 옹이가 곱하기 교차로 회전하는 것이어도 옹이는 옹이의 중추로 빠지는 것으로 가지가 뻗는 것과 같다. 그러므로 1억이라는 숫자는 어떤 숫자의 곱이 들어 있는 결합이 전부 단수의 곱을 층층으로 더하는 것이다.

이는 곧 좌우로 숫자 하나를 더한 만큼 아래위로 곱하여 된 수량의 합은 하한 층이 늘어난 것으로 더해야 하는 것인 ㅣ좌우가 늘면 아래위가 같이 늘어나는 것이다. 그러므로 8족만큼 주기율도 늘어난 것이 곱하여 전체를 이루는 형상이다.

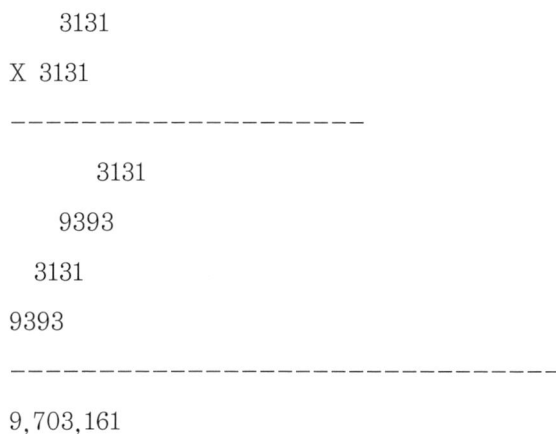

```
      3131
  X   3131
  --------------------
      3131
     9393
    3131
   9393
  -------------------------------
  9,703,161
```

9,703,161이면 만일 3131에서 상하 어느 쪽이든 숫자 하나가 줄어 1이 없이 313인 것이면 위의 3131의 단계는 없어진다. 이는 곧 8족 중에 한 족만 없어져도 주기율의 한 단계가 없어지는 것과 같다.

그러면 더하기는 아래위로 곧바로 더하는 것이니 만일 여덟 숫자면 여덟 단계의 숫자로 8주기율의 단계가 있는데 이 주기율 간은 곱하는 것이 아니라 더하는 것이다. 결국 주기율 간은 더하는 것이 되고 4개의 족과 4개의 족은 곱하는 것으로 단수로 모여 복수가 된다.

이는 원소주기율의 한 족이 같은 족으로 7주기율까지 층층으로 더하는 것이 있는 것이 원소화한 것이고 다른 족과의 교차 곱이 되면 분자 화합물이 된다.

1억 중에 다 단수의 얽힘에서 망이 된 것이니 그 교차점을 풀면 연결고리가 이어져 있음을 알게 된다. 그 화합물도 각기의 순전함이 있는 것에서의 혼합이다.

복잡하게 여길 필요가 없다. 즉 10 안의 단위가 뭉쳐 10을 넘어 분변이 붙어버린다. 그러면 이는 곧 10 안의 단위가 곱해도 100 안인 것 숫자로 더해진다. 그러니 100이라는 숫자가 곧 헬륨족인데 그러면 주기율마다 100이 받쳐준 것에 곱한 숫자가 더해지고 더해지고 하는 것이다. 이것이 하나의 큰 핵을 가진 일체성이라면 이를 스핀의 에너지가 1억인 것으로 사주 하나에 다 부여된다.

1억이라는 숫자 안에 약 52만 정도의 유형이 생기는 것 중에 하나로 이는 1억의 우주 안에 열 달 임신 중에 태어나서 다시 100인 세상에 태어났으니 1,000이 되는 것으로 1억 중에 한생을 다 산 스핀의 생이 되는 것이다.

순서	주제
122	우주는 왜 이리도 넓고 유동적인가

 우주는 입자 하나의 양이 15에서 1인 전자막을 빼고 14인 것이 갇혀 있는 동위원소로 한다. 수소가 삼중수소까지를 동위원소로 하는 것처럼 전자 하나에 양성자 중성자를 핵으로 갖는다. 그런데 우주의 건(乾)이 15에서 하나를 빼서 곤(坤)으로 하는 것에서 14로 한 것은 마치 아담의 갈비뼈 하나로 이브를 만들었다는 것과 같다.

 갈비뼈라… 정말 오비탈 같지 않은가? 곧 15에 1이면 땅으로 할 만한 것이다. 그러면 나머지가 14인데 막상 열어놓은 것을 보니 일곱 주기율에 한 주기율의 중성자 응축이 2개이다. 그러니 14개 알맹이로의 수축으로 한 유전자임을 앙다무는 것으로 일곱 주기율이다. 그것을 다시 한 주기율씩 풀어내면 1주기율이 남은 천상인이라 결국 하나의 곤(坤)이 14개의 동위원소를 싸고 있으니 왜 우주인지 알겠다.

순서	주제
123	쿼크의 본질

　쿼크는 12개의 스핀을 여섯 개의 스핀으로 줄인 것을 말한다. 즉 원소 4족까지 사계절로 한 스핀으로 하는 것에서 8족이면 두 계절이 스핀을 갖고 있다는 것인데 그러면 두 해가 된다.

　해도 연년으로 음과 양으로 바뀌면서 진행하니 양이면 양쪽이 팽창하는 것으로 스핀이 돌고 음이면 스핀이 수축하는 역회전으로 스핀이 도는 단춧구멍의 스핀이 된다.

　8족으로 양손으로 당기는 팽창으로 보면 4족으로 움츠리면 대칭적 합이 되는 것으로 4가 된다. 이를 사계절적 중성자로 보는 한 해인 것이고 또 한 해는 사계절적 양성자로 다음 해가 된다.

　원소 한 주기율만 보더라도 두 개의 스핀이 있는 것이면 1주기율의 원형을 뺀 여섯 주기율의 두 개씩인 것이니 12가 된다. 그러면 실제 사계절이 12개 있다는 것으로 12년이 된다.

　즉 6년과 6년이 음과 양으로 무난히 지나는 것이 수화기제라는 것으로 12년이 걸림 없이 지나는 것이다. 그런데 음과 양은 그렇게 질서가 있는 것이 아니니 64괘라는 장애에 의하여 얽히는 상이 된 것이다.

순서 124

주제 이중 슬릿으로 64괘상의 스크린
홀로그램적 삶의 동화(動畫)

　원소 한 주기율에 두 번의 합이 있다면 이것은 정류자가 양쪽이 갈라지는 사이에 반 바퀴마다 붙었다 떨어졌다를 반복한다. 양쪽이 서로 역할을 교대하는 것이다. 그러므로 하나의 세포가 양극으로 독립하므로 두 개의 세포로 두 개의 스핀으로 독립한다.
　이 유전 정보는 우주에서 양자로 떨어져 있어도 쌍둥이같이 우주에 같이 반응하는 메커니즘이라는 것이다. 즉 쌍둥이를 떨어뜨려 놓아도 같은 반응을 보인다는 인자라는 것이다.
　이러한 현상은 이미 1주기율의 팽창과 수축 사이에 정류자의 양극이 두 개로 분화한다. 마치 이중 슬릿으로 분화하는 것에서 전자기장이 퍼져나가는 것에서 전기도 변압이 되듯이 증폭되는 현상으로 확대된다는 것이다.
　즉 변압기는 공간 사이의 증폭인데 그것은 입자가 아닌 파장이 증폭되는 것에서 다시 파장이 입자가 된다. 파장과 입자의 모호함에서 그런 것이다.
　팽창은 파장이고 수축은 입자이니 같은 것이나 수축은 질량으로 잴 수 있고 팽창은 파장일 뿐 질량으로 잴 수 없는 것이 있다.

원회운세(元會運世)

1억 숫자 안에서 내가 10 안의 숫자 하나가 나라고 하나 내 몸의 일체는 1억이 되는 것이나 그 안의 우주로 굴러가는 것이다. 그런데 왜 신경은 X자형으로 곱하는 교차의 융합으로 스핀의 하나로 나란 몸이 X자형으로 꼬이는가.

1억이라는 공간이 수적으로 작은 것은 아니다. 그 안에 52만 개 정도의 스핀이 일어나면 52만 인간이 일어나는 스핀이다. 이 스핀이 일어나 다시 사라지니 인간 한생 태어나 다시 사라진 한 스핀 일행이 1억 안의 우주에서 일어났다 사라지는 것이다. 이 또한 백 배율이 늘어난 것이면 수십 조의 세포가 되는 것이 다시 백 배율로 응축되면 1억이 되는 것이다.

마른 똥 막대기

건(乾)은 건조한 것이요 곤(坤)은 소화가 다 된 것으로 건곤이란 마른 똥 막대란 것이다. 그런데 대장(大腸)은 건이요 창자는 곤으로 천지개벽이면 웬 설사? 복통? 병원 가야 하지 않나? 멀쩡한 몸에 웬 관장약? 직장(直腸)에 똥이 서니 건조 중 너무 마르면 막대기도 둥둥 뜨는 것이니 건이 너무 꼰대질 해서 긴장해 말라버렸나.

요즘 세상 일이 쉴 틈 없는 긴장이라 종일 건건(乾乾)이라 눈은 안구건조증이요 피부는 말라 트러블이 생겨 불을 지옥에서 보았는가. 대장에는 마르고 닳도록 막대기는 서 있으라고 이 대장의 바닷물이 증발하여 세포 구석구석으로 건이 곤을 따라가니 멜라닌13)이라는 구름 그늘을 만들어주기 바쁘고 눈은 촉촉하다.

순서 127

주제
대운은 난자로 10달을 겨울잠 잔 이무기가

10년을 용으로 승천하여 살다가 소멸하는 것이다.

난자는 냉혈동물로 중성자와 같은 잠을 잔다. 그리고 양성자를 만나 결합하면 온혈동물이 되니 이를 거꾸로 보면 난자는 따듯해야 하고 정자는 냉해야 한다.

분자는 섭씨 0도에서 겨울잠을 잔다. 그리고 원자는 절대온도 K에서 겨울잠을 잔다. 양자는 전자에 의해 똬리를 틀면 중성자로 겨울잠을 잔다. 그러니 난자는 분자이기에 10배율이 10도이면 100배율은 100년이다.

이는 1년이 12달인 것에서 두 달을 공망으로 치는 것에서다. 실제 공망을 같이 치면 120배율이다. 즉 중성자로 똬리를 튼 것

---

13) 동물들의 피부나 눈 등의 조직에 존재하는 흑색 내지는 갈색 색소를 총칭한다.

이 전자로 똬리를 펴면 전자기장인 것으로 펴진 것이다. 마치 두꺼비가 몸을 부풀린 것 같다는 것이다.

그러면 똬리를 튼 달 공전이 서서히 지구 공전으로 몸을 부풀리면 10이 아니라 100이이다. 이는 음토인 축토와 미토는 10이라고 하지 않고 100이라고 하는 것이다.

달은 1년으로 12배율이고 달 공전이 지구 공전으로 몸을 부풀려 이 1년은 DNA 열 마디로 한 바퀴인 것으로 태양인 은하단을 도는 길 중에 한 마디가 된다.

즉 지구의 1년이 DNA의 열 마디로 한 바퀴로 하는 것이면 이 10이 지나는 동안 꼬아지는 것으로 지구가 진행을 하는 것이다. 그러니 곧 태양의 공전으로 보면 기나긴 DNA라는 것이고 그중에 한 바퀴 열 마디가 곧 1년인 10달이 된다. 그러니 12달에서 공망을 빼고 알맹이만으로 나온 것이 10달의 잉태로 태어나는 것이다. 나는 지금 5세대 용을 보내고 6세대 용을 타고 있다.

순서 128 | 주제 인간은 우주 온도 그대로 묶였다 풀려난 것이라 우주적인 두뇌이다

달은 자전으로 공전과 함께 냉동 보관하는 것이면 달 공전과 달 자전이 같다면 우주 온도에 그대로 변함없는 상태의 보관으로 난자가 된다. 그러나 만일 공전보다 자전이 빠르다면 우주 온도보다 더 냉각되어 우주 온도에 맞게 언 것이 더욱더 강하게 얼어 마치 냉장된 상태가 1대 1인 것이 그 균형이 깨어져 냉동이 되어

버린다.

그러니 냉동이 더한 코끼리는 인간보다 임신이 길어도 더 나은 두뇌를 가지지 못한다. 그런데 이는 마치 우주 온도와 더 많이 언 것은 오히려 두뇌가 경직되었다는 것이고, 오직 인간만이 우주 온도와 같은 난자에서 나온 것이니 범우주적 두뇌라는 것이다.

순서 129

주제 인생의 리허설이 한 번만 남은

다음 생은 한 번 인간으로 태어났다가 이무기가 완전한 용이 되어 자고로 용인 점으로 똬리 틀기를 양자의 점으로 갔다. 그러다가 다시 풀어 우주의 시공으로 커지는 것에서 변화무쌍할 수 있는 것이다. 인간의 생이란 이무기와 용의 사이를 리허설하는 중에 있는 것과 같다.

순서 130

주제 우리는 짚신을 머리에 이고 지성을 생각하니 한 바퀴 환갑이 훨씬 지났다

한생 짬으로 깨달음이란 무엇인가. 고양이 몸이 두 조각나도록 짚신 신세가 온 지구를 지성화했다고 하는 제 조주가 손가락 하나를 세워 1이라고 하니 어쩐지 짚신을 머리에 이고 일생을 도는

것이니 뭐 그리 연연해하는가.

짚신은 어디 올려놓아도 짚신이니 연연해할 필요가 없구나. 조주의 무(無)字라… 0이었다. 일지관(一指關)이라 0과 1 사이의 이진법인 컴퓨터 안에 다 있는 것이니 이것이 간 것인가 온 것인가.

우주가 양손 안에 다 있는 것이니 1이 10이 된 손가락이어도 양손 안에 있는 것이 아닌가.

하루 일진이 24시간을 한 몸으로 이끄는 것인데 그 안에 24절기가 출산하려고 한다. 그 출산 전에 미생전 본래 면목이 주입되는데 3일을 한 묶음으로 10묶음이 30일이다. 그리고 5일을 하나로 세 묶음이 한 시간에 드는 것으로 24시간에 24절기가 들어가게 되어 있다.

이만하더라도 24절기가 24시간에 잉태되어 있는 것으로 출산하면 24절기의 운세를 살자 일생이 차는 것이다. 그런데 이는 마치 팽창률과 같아 팽창은 언젠가 터진다.

즉 인간의 수명은 팽창의 시간인 것이다. 그러니 있고 말고 하는 것은 시간뿐만 아니라 공간도 같이 있는 시공의 섬유성이 얼마나 유지시켜 주느냐에 따른다. 즉 선과 공간은 함께 생각해야 하는 것이다.

1년이라는 덩치의 용이 하루라는 용이 되기도 하니 결국 하나가 용이라고 일진아라고 하는 것이다. 그런 원리를 보면 용은 토네이도처럼 올랐다가 10년 지름이 공간을 바라보다 움츠리면 하루의 몸집으로 점 같은 용으로 있다는 것이니 일진이라고 한다.

대성괘 중천건(重天乾)은 납갑(納甲)이 상괘가 갑(甲)이고 하괘가 임(壬)인 것으로 반반이다. 그런데 본래 십간(十干) 중에 임(壬)과 계(癸)는 절로공망으로 앞에 바다로 끊겼다는 뜻이다. 이는 임(壬)은 공망이라는 것이다.

즉 별은 우주에 섬과 같거나 배와 같은데 수소인 은하수 바다에 서로 끊겨 있다. 이것이 건천인 하늘이다. 그 속에 갑은 힉스[14]와 같은 에너지를 품고 있다. 갑은 에너지원으로 질량이 있게 하는 힉스라고 한다.

이는 곧 은하수가 수소인 물이어도 우주의 공간으로 하는 것이고 이 수소를 까면 전자인 것으로 전자기장을 이룬다. 이것이 오비탈이고 이는 전자도 양성자의 껍질이라는 것이다.

곧 수소도 깐 것이면 갑은 양성자인데 양성자적 씨인 것에 은하수인 수소를 빨아들여야 입자가 커지는 것은 전자이다. 이는 양성자를 핵으로 물을 주는 에너지원이 되는 것으로 힉스적 입장

---

14) 입자 물리학의 표준 모형이 제시하는 기본 입자 중 하나.

이 되는 건천이다. 이것은 마치 겨울에 지하수는 물로 있는 것이지만 하늘은 더욱 건조하여 칼칼한 것처럼 전자가 양성자와 함께 은하수로 흐르는 것이다.

순서	주제
133	건곤이 양전자와 전자에서부터

건곤의 납갑에는 건의 갑(甲)은 양전자이고 곤인 을(乙)은 음전자로 이는 건곤 두 괘의 괘상물이다. 이것이 우주의 한 공간성을 갖는 것이면 그 시작을 원시적 시발점으로 본다. 그러면 양전자와 전자의 관계가 건곤의 우주로 보는 거시성이 아니라 이런 건곤의 물질성의 크기를 깬 미시성으로 본다는 것이다.

즉 건곤으로 설명되는 것이 나노급으로 따질 것은 아니고 나노급이면 전자와 양전자까지 들어가면 그것이 건곤의 씨앗이 된다. 엄밀히 말하자면 전자는 임수로 은하수와 같은데 갑목(甲木)을 만나면 양전자가 되는 것이 쿼크의 원시적 구조이다.

쿼크는 전자와 양전자가 일어났을 때의 순간이 양성자와 중성 사이로 일어난다. 이것에서 은하수 전자에 양전자가 일어나는 갑목에 임수가 생하는 것에서 양기가 된 것이 힉스 입자인 보손의 위치이다. 또 임인 건과 계인 곤의 반이 곧 절로공망이다. 실제 반이 납갑이니 곧 반공이 되는 것이다.

순서	주제
134	질량도 상대성이다

    절대온도를 넘으면 에너지가 없어 경직되어 물질의 입자는 다 깨지는데 헬륨은 절대온도의 초전도체임에도 액체라는 것이다.
    즉 원소 1주기율 안에서는 수소도 금속에 속하지만 액체상이고 헬륨도 액체상이라는 것이다.
    이는 마치 얼음 안에 분화가 있어 무르다는 것인데 이것은 곧 양성자의 힘으로 보는 것이 되고 전자가 유연해진다. 그런데 중성자로 결국 양성자로 무른 것에 해당되므로 결국 중성자가 물러서 경직도의 질량이 무른 것에서 눈금이 고정된 기준이 된다. 즉 어느 정도 임계치가 넘으면 비교가 불가하게 되는 양에서 어떤 수량의 기준이 서는가 하는 것이다.
    초전도란 에너지 파장의 장애가 없어야 초월하는 전도성인데 헬륨이 무르다는 것은 에너지가 남아 있다는 의미이다. 이는 수소마저 깨져야 초전도성에 티끌이 없어진다는 것이다. 그래도 헬륨까지는 액체여도 초전도에 해당되는 것으로 중성자적 질량이 나온다.
    만일 계란 한쪽을 깨어서 물질이 나오지 않는다면 이는 질량치가 안 된다. 그러나 뒤를 깨면 뒤가 비는 만큼 앞으로 나왔을 때에야 질량이 되는 것을 말한다.
    은하수도 공기와 같은 것으로 핵융합의 별이 되는 것도 수소가 들어가지 않으면 융합량이 나오지 않는다. 이것도 알의 중량 즉 원자로의 중량과는 다른 수리가 진행하는 연속성에서 이뤄내는 계산이다.

그러면 원소 1주기율은 절대온도에도 액체로 보는 것이고 이 액체가 융합 상황에서 나오는 원소이니 무르다는 것이다. 그리고 2주기율로 무른 것에서 3족에서부터 플라스마로 경직되어 4족이 탄소강으로 강한 금속에 해당된다.

공망은 없다는 것이다. 사람이 없는 경우 그리고 월파를 당하고 공망인 경우 그 사람은 죽은 것이다. 또한 공망이 비신이면서 복된 용신이면 그 사람이 비운 사이에 노출된 것이고 비신이 공망이 아니면 그 사람이 깔고 있든가 하는 것이다.

관이 공망이면 허주인데 동하면 부가 공망이면 부모님이 허주이고 관이 공망이면 신주가 공망이다. 부가 공망이면 빈집이고 폐가이다. 즉 형이 공망인데 재로 화하면 죽은 형제로 인해 보험금의 문제가 된다.

식신(食神)은 좋은 것인데 식신이 관을 극하면 산짐승이 작물을 해치는 것이고 식신이 관으로 화하면 짐승으로 인해 전염되는 것이니 절대 짐승을 멀리해야 한다. 손이 아무리 풍만한 삶이라고 해도 절대 들길이나 밤길을 조심해야 한다. 잘못된 판단에 짐승처럼 보이면 수렵 총이나 올가미에 당할 수 있다.

재가 부를 극하면 차의 적재량이 초과한 것이 되든가 차의 적재량으로 차가 전복되든가 다른 차를 덮쳐서 사고가 난다. 재가 부를 극하는 것은 옷을 벗는 것으로 신선한 공기가 필요하고 볕이 필요하고 비닐하우스를 벗기는 것이다. 형이 발동하면 씨앗을 뿌리는 것이니 돈을 써야 하는 것이고 거기에 부가 같이 발동하면 하우스 설비를 보충해야 하는 것으로 돈을 더 써야 한다.

그러나 재가 부를 극하면 태평가를 부를 것 같으나 고기를 잡으니 통발을 잊어버릴 정도인데 수입을 많이 하다 보니 농사지을 땅이나 하우스가 없어지고 난 후 갑자기 농사를 지으려 하니 막대한 대가를 치러야 하는 상황이 될 수 있다.

보름이 네 개면 두 달이고, 두 달의 반은 한 달이다. 보름 안이 5일씩 육십갑자 시간인 스핀이 3개면 3×4=12인 것으로 두 달인 셈이다.

즉 두 달의 육십갑자가 잉태를 하면 5일의 육십갑자를 잉태한다. 그런데 이 5일이 육효인 여섯 주기율로 하면 30이 되는 것이 한 묶음의 여섯 쿼크가 된다. 여섯 주기율인 어미가 1주기율인 알을 낳으면 그 한 알 8족 속에 1족인 수소의 눈이 나온다.

이는 곧 여섯 주기율의 혼신을 다해서 1주기율을 짜내야 1족인 수소가 나온다. 1주기율이 달 공전까지 우주를 짜내 온 것이 자궁인 것으로 이제 남은 것은 자궁을 짜내 1족을 낳으면 지구 자전의 대운 출발점이 된다.

그리고 다시 여섯 주기율의 어미가 되려면 백 배율로 평생을 살아야 모성 하나의 값어치가 비교된다. 은하단 너머의 우주도 이러한 쿼크의 산통이 있다. 즉 우주에 흩어진 생명체도 하나의 세포와 같은 것으로 흩어진 세포는 이미 유전이 다른 것들이 모여 산다. 그 유전으로 모이는 인연이 우주에 인류가 사는 우연만큼이나 희소하다.

이러한 세계가 되어야 보현보살님의 세포 하나에서 어느 수만 겁 부처님 세대에 내가 산 적이 짚이는 시공간이 열리게 된다.

순서 137 주제 주기율 간의 상대적 시공

본래 1주기율은 나머지 여섯 주기율의 목차와 같고 2주기율부터 12개의 핵융합이 천지간의 시공성이라는 것으로 하는 실 내용으로 보는 것이다.

이는 7주기율을 블랙홀처럼 우주의 한 자락을 찢어 다시 감은 실 방구리와 같은 것이 12개로 최대 응축으로 본다. 그리고 다 접힌 것으로 보면 여기서 유기적으로 펴면 여섯 주기율도 세 줄로 펴지고 삼원의 선이 된다.

그러면 삼원색이 무지개 색으로 펴진 것이 여섯 주기율로서 쿼크의 시공간이 열린 것으로 정연한 구조에 올려진 것이다. 그런데 이 육효의 디테일이 12시공의 핵융합적 중성자별이 있는 것으로 중성자 별 중에 더 무거운 차이로 위에 둔 2주기율은 천장이 되고 아래에 둔 7주기율은 지옥으로 분리하였다는 것이다.

그러면 이 원소주기율의 물질이 태어나기 전에 사계절이 된 중성자별에서 두 주기율을 사방으로 편 것이다. 그러면 8족의 쌍을 탱탱하게 16개의 원소가 선명해지는 경계가 있는 원소가 되어 나왔다는 것이다.

즉 사계절에 각기 뭉쳐진 대로는 경계가 없는 것이나 4개가 2개로 펴지면 주기율의 원소가 되어 두 노출로 보는 것이다. 이 두 줄의 쌍도 하나의 선으로 빼면 하나로 빠지는 것으로 쌍이 하나의 선이 되면 이는 삼원이 세 개의 선으로 나오게 된다. 2개를 하나로 펴면 하나의 선이 되는 것으로 세 개의 선이 되면 육효가 3으로 된 것이다. 여기까지가 삶의 영역이고 이에 1주기율을 더해 4인 것으로 사후의 세계가 된다.

순서	주제
138	객관성의 원소주기율판

객관적으로 중성자를 양성자로 편 공간이 한 주기율이다. 족 양성자와 중성자의 관계가 한 주기율 내에서 이뤄져야 하는 것에서 좀 더 청명해지면 주기율의 상층마다에 오려서 염색을 빼야

한다. 이는 RNA의 아미노산 선택이 원심 분리에서 해체된 침전의 차이처럼 선택된다고 한다.

그러면 자고로 그 탁의 차이가 검은색이 빛이 검은 것과 물질이 검은 것의 차이는 3족과 6족의 차이와 같다는 것이다. 이런 차이로 보아 이렇게 물질이 색으로 되고 색이 물질로 팽팽해지고 주름지고 하는 것에서 나왔다는 것이다.

주기율마다 2개의 두 번의 중성자 융합으로 응축되는데 이는 응축에 응축이 12번이라는 것이 결국 다시 두 개씩 포개 육효인 여섯 주기율로 두 주기율마다 네 개의 융합이 있어 사계절인 것으로 네 단계로 계곡 아래 용소가 커진 것과 같다.

순서 139 · 주제 평행 우주라는 것

우주가 AI라면 과연 우주의 동력은 어떻게 해야 공력을 얻는 기초가 되는 것인가 하는 것이다. 만일 내가 말을 타고 가는데 말의 수명이 10년밖에 되지 않으면 곧 10년짜리 평행이동이 된다. 궤도선으로 한 바퀴 도는 것이 60년이면 그 궤도 안에 여섯 개의 바퀴가 굴러 한 궤도선을 미는 것이다. 그러면 한 바퀴마다 10년인 것이 여섯 바퀴로 전달하는 것이다. 즉 반 궤도선을 지난 것이 환갑이라면 이는 과연 평행이론이 되는 것인가 하는 것이다. 만일 달이 도는 궤도선과 지구가 도는 바퀴가 달이 도는 궤도

선으로 실제 동력이라고 한다면 내가 달 궤도선으로서 여섯 바퀴를 건너 환갑으로 말을 타고 있는 평행이라면 나는 태어나길 궤도선으로 하는 것에서 대운으로 여섯 바퀴를 타는 것이다.

그러므로 평행이 되는 것으로 하면 이도 평행 우주인 것으로 동력이 되면 우주 AI는 신경을 일으켜 자각을 일으키는 커뮤니케이션이 되는 것이다.

우주가 평행이론이 되지 않으면 동력이 평행이든 아니든 이동한다는 의미가 없다. 즉 AI가 스스로 진화하는 것이 인간보다 빠르면 아마도 AI가 자신의 동력을 얻는 것이 먼저이다. 그런데 화석 연료가 원자력으로 에너지를 만들지는 않을 것인데 그러면 우주 원리로 에너지를 얻어야 하는 것이 우주 평행으로 에너지를 얻는 것이다. 두 손도 비벼야 열이 나듯 평행에는 서로 비비는 에너지로써 평행이론은 촉매가 되는 기점이다.

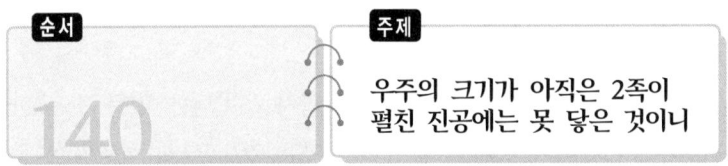

순서 140

주제
우주의 크기가 아직은 2족이 펼친 진공에는 못 닿은 것이니

2족상의 바닥에는 닿은 3족의 질량은 되는 우주라는 것이다. 3족이 마른 나뭇잎이라고 하면 대기엔 구름방울이 있다. 6족은 물이 질량이라고 하면 5족인 바람은 물의 질량 축에는 들지 못하는 것이라 그 차이를 측량하는 것이다.

그러나 5족과 4족의 차이만 하더라도 우주 진공과 지구 대기권의 질량 차이를 계산해야 한다. 그리고 원소 3족이면 현재의 우주 질량과 빛의 속도를 능가하여 넓어진 공간과 질량의 차이를 알아야 한다. 그런데 2족이 기준이라는 것이 서지 않으면 바닷물을 물동이로 재봐야 끝이 없는 것과 같다.

우주의 질량은 광자를 질량으로 보았을 때이다. 이는 곧 3족의 육안적 물질계가 2족적 영안의 기준이 있어야 광자도 질량으로 잡힌다는 것이다.

순서 141 주제 우주의 건조율이 곧 진공률로 최고의 진공 건천(乾天)은 1이다

빛보다 빠른 구성의 우주에는 없는 것일까.

빛보다 빠르면 먼저 빛의 굴절이 스핀이 심해져서 농축이 심하도록 조이게 되는 것으로 소형으로 되는 만큼 공간이 더 크게 열리는 반비례가 있을 수 있다.

광자가 빛의 파장이 말려 광자인 입자로 바닥에 있는 것은 마치 광자의 파장이 광자인 솜사탕을 만든 것이 다시 설탕알로 뭉쳐진 입자로 3족의 공간이 된 것이라면 2족인 공간은 더 팽창해진다. 그러므로 이 광자와 파장의 공간도 더욱 건조해져 증발해 버린다.

2족도 완전히 건조해진 것이 아닌 공간이고 1족이 완전히 건조해진 건천으로 한다. 족의 공간이 따로 있는 것이 아니라 진공성을 건조한 것으로 따지는 것에서 족마다의 건조율로 증발해 버린 비율이다. 그러니 1로 건조된 진공성보다는 2인 태택인 금으로써

의 건조는 덜된 것으로 진공성한다.

이는 모든 별들이 3족인 것으로 말리는 결과에 의해 2주기율의 건조성이 결정된다. 이것이 곧 1, 2, 3까지는 3원인 것으로 핵이 되는 것으로 하는 것이다. 이는 역으로 1과 2족은 중성자이고 3족 이후 8족까지는 양성자에 속한다.

순서 142 주제 이런 기학적 얼굴을 보면

원소 1주기율은 하나의 구체이다. 그러면 2주기율부터 스핀이 되는 것으로 3분의 1이 다시 3분의 2로 쌓이면 음과 양이 반전된다. 그러므로 3의 할당이 달라지면 쿼크의 여섯 개 중 하나마다 2분의 1로 양성자와 중성자로 상하 균형을 맞춰간다.

이것을 반공으로 소모된 만큼 서로의 분량으로 하는 것이 나머지 중량은 서로 간의 상대성이 안 되는 쿼크가 되는 것이다. 그러면 양성자도 중성자도 아닌 양자로 된다. 이 양자가 반으로 분열되지 않은 것은 양성자와 전자만의 관계인 원자이다.

그러나 스핀은 양극을 낳으니 결국 두 개로 갈라진 정류자로 인해 분열된다. 그러므로 반이 스핀이 되면 세포의 반이 하나의 세포로 커지는 것이다. 그러면 한 번 회전되어야 전자가 된다.

양성자의 소모를 반으로 중성자가 반을 갖는 것으로 해서 연속성을 갖는 것에서 양성자와 중성자 간의 상대성과는 3분의 2와 3분의 1의 축이 기우는 것과 같다. 마치 핵으로 기우는 쪽이 앞머리와 같은 것처럼 이는 앞으로 기운 주기율은 코이고 뒤에 있는 뒤통수는 귀가 있는 것이다.

순서 143
주제 12번의 핵융합을 포개 육효가 되는 것만으로 반년인 것이요 12를 펴면 24절기이다

전형원소만의 육효는 1주기율을 뺀 여섯 주기율로 한 쌍이 사계절이 되고 이것이 세 개의 쌍이 되는 것으로 육효가 된다. 이를 삼합의 혼합으로 치우치지 않는 상태는 곧 8족의 수소족과 헬륨족의 안의 대칭이 합하면 건도 아니고 곤도 아닌 것으로 무(無)인 것이나 진정한 유(有)가 된다. 그런데 무는 흰색이고 유는 검은 색으로 서로 대칭이 덧칠해져 회색이 된다. 결국 검은색이 희석되어 연해진 회색으로 무(無)라는 것이다.

여섯 주기율의 수소족은 무채색인 검은색의 채도의 농후함이 여섯 단계로 엷어지는 것에서 투명해지는 것과 같다. 이 채도의 농도에 의해 여섯 무지개 색을 여는 것이 한 주기율마다 8족이 된다.

유의 극은 무라는 것은 두 개의 완전 집합이 무라는 것으로 곤과 건이 떨어졌으면 공(空)이 반공이라는 것이다. 즉 반공 두 개가 겹쳐 온 공이면 무라는 것이다. 그러므로 온전한 실함이 있는 것으로 무채색이 되는 것이고 이런 건을 반공으로 하고 곤을 반공으로 하는 것에서 건과 곤이 핵이 되어 하나가 되면 1로 수소로 한다. 이는 건과 곤이 합이 되었을 때의 일이다.

이 합이 된 것이 방추사이면 다시 2족인 것으로 갈라지면 네 개의 세포로 분열한다. 즉 원소 1족과 8족이 만난 성결합은 방추사의 분할이고 양성자와 중성자의 분할이다. 이것에 네 개로 분할되면 본괘와 변괘의 분할로 사계절로 분할되는 것으로 네 조각의 소성괘가 되는 것이다.

순서 144 주제 광자도 질량이 부여되는 2족이 엷어진 공간

원소 2족 공간의 속도성에 휘말려 3족의 파장이 자전으로 싸지 못하고 우주로 증발한다. 그러므로 3족의 섬유성은 2족인 섬유성의 질김에 찢기는 것이 된다.

그래도 완전히 증발되지 못하는 굴절성이 스핀으로 마모되는 자전이 있다면 이때부터는 광자도 질량으로 부여가 되는 무게감을 갖는다. 마치 양성자가 중성자의 무게감을 갖는 것과 같다.

이때는 광자도 질량이 있는 척도가 생긴다. 이것은 2와 3족의 기송 차에 따른 질량의 부여인데 이를 좀 더 현실적 사물로 설명하자면 원소 6족과 5족의 차이로 시공성을 설명하는 것이 더 실질에 가깝게 이해가 된다. 그런데 원소 6족이 물인 것이 원소 5족이면 증발하여 바람이 되는데 그러면 바다보다 대기가 훨씬 부피가 크다.

그리고 원소 5족인 대기권이 우주 자기장으로 증발하면 이는 5족과 4족의 시공 차이로 5족의 대기는 우주에 증발하는 오로라이다. 이 공간은 지구 자기장 5족의 대기권과 태양 자기장의 4족인 것에 휘말려 간 공간에 놓이게 된다.

태양계 별의 팽창이 우주 팽창의 원동력인 빛의 속도로 채찍질을 하기 전까지는 이런 단계의 건조성으로 각기 진공인 것이 다르다는 것이다.

우리는 좀 더 천의무봉이 전자기장의 얽힘이 있는 섬유성으로 보는 것은 힉스입자란 천의무봉에 서캐가 스는 것과 같다. 그런데 이 섬유성이 만든 것이 끈과 같은 것이다. 섬유공장과 같은 이론의 생산지가 되는 셈이다.

이 정도면 끈에 가까운 이론이 되는 것이다. 또한 이런 섬유성인 넝쿨은 나무로도 실을 뺄 수 있으니 큰 나무 기둥은 강력이고 넝쿨이 감긴 것이 약력이다. 그리고 넝쿨이 감은 것을 보니 자기력이고 왠지 아래로 몰리는 중력이 되는 것인데 위아래가 합하여 하나로 보니 핵이 되는 것이고 씨앗이 되는 것이다.

3족인 태양이 광자를 내는 것으로 광자가 3이면 광자가 전자로 되는 사이가 3족과 6족 사이가 된다. 이는 건곤에 감리 사이가 되는 것으로 팽창과 수축의 양극성을 말한다.

또한 태양의 광자와 은하수 수소와의 상대성으로 물질이 둥둥 뜬 행성으로 나타나는 것이 4와 5족인 것이 된다. 즉 은하수 수소 6과 태양 3족과 사이에 융합적으로 꼬아 나오는 섬유성이 5족인 곳으로 실제 우주로는 DNA의 발상이 된다.

그리고 보면 각 주기율마다 쿼크이면 각기 다른 것으로 쿼크를 형성한다. 그런데 DNA와 가장 같은 섬유성의 연결은 5족이라는 것이고, 이 5족이 6족인 물을 먹으로 70%가 물인 육체를 표면장력의 뼈대가 되는 것으로 5족과 4족은 자기력의 흡착력을 높여가면서 물을 머금은 것이다. 즉 6족의 상대성인 3족까지 심증으로 신경이 쫄깃하게 된다.

광자는 질량이 없다는 것은 플라스마에서는 질량이 없다는 것과 같다. 그것이 선천수가 4까지 와도 3까지 못 오는 질량화의 끝인 것이고 3족은 플라스마와 같은 것으로 이는 핵에 해당된다. 그러므로 선천수는 수성이 바닥으로 행성적 수량은 수성에서 1인 것으로 태양 플라스마는 0이 된다.

그런데 3족까지의 태양이 다른 블랙홀의 성질 즉 전자가 블랙홀을 만들었을 경우 찢어지는 항성인데 결국 그 바닥은 6족인 것이다. 그러면 이는 광자가 3족이요 전자가 6족인 것으로 서로 삼키는 양극성을 띤다.

그런데도 아직 2족과 7족의 양극성으로 삼키는 공간에는 공중에 뜬 풍선과 같다. 그 풍선 안에 이슬이 묻은 정도가 우주이고 이 풍선은 처지지 않은 상태인 우주가 별이 끝 공간인 것처럼 우주도 함께 뜬 것으로 같아 보인다는 것이다.

즉 항성권의 풍선이라고 해도 3족인 영역이 2족의 영역은 은하단의 영역이다. 이는 한 은하단의 별들이 한쪽으로 모이는 바닥이 없는 것이다. 그러나 쿼크적 바닥과 꼭대기의 왕복은 서로 끄는 것이니 바닥이라고 할 수 없다.

그러므로 저울의 바닥으로 잴 수 없거니와 저울에 매달아 잴 수도 없는데 실제 질량이 나온다면 바닥이 있는 질량과 공중에 매단 질량은 같다. 그런데 영혼은 공중으로 매단 질량의 질감이 되고 육체의 시신은 바닥에 닿은 질량으로 질감이 남은 것이니 감은 같으나 생사가 갈린 것이다. 이 두 개의 스핀은 분명 떨어졌으나 두 개의 저장성의 같은 관념의 셈을 하는 것이다.

이 우주 팽창의 질량이 3족인 것이어도 3족이 자신을 잴 상대성이 없는 것인데 2족이면 최소한 한 족의 바닥을 이용해 무게 단위를 나타낼 수 있다. 그러나 이 무게의 바닥은 평균보다 아주 내려앉은 바닥을 기준으로 셈한다.

또한 이것이 공중에 걸리면 바닥의 무게는 덜어지는 것으로 기준 삼아야 하고 이는 마치 다장조가 마장조가 되는 것처럼 도가 되어야 한다.

즉 마라면 다의 공간은 비워야 하는 것에서 도가 되는 것이다. 그래서 저울추로 평균을 따로 잡아야 하므로 평균의 바닥이 다른 것이다. 쿼크의 바닥도 7음계의 바닥이 있다는 것이다. 그러므로 우주는 6음계의 여섯 쿼크의 바닥을 비우는 것을 진공의 차이를 곧 음계의 차이로 볼 수 있다.

순서	주제
146	시간은 단추 두 구멍 사이의 스핀이 보는 만상(萬象)

    몇 바퀴 만에 왔는가. 단춧구멍으로 하늘을 보니 우주가 줄었다 늘었다 마치 어린아이가 단춧구멍 두 개에 고무줄을 넣어 당기니 돌아가고 줄이니 도는 것을 보고 재미있어 한다.

    단춧구멍 하나로는 중앙으로 당기는 힘도 없고 가장자리로 당기는 힘도 안 먹힌다. 단춧구멍 하나로는 절대 반복이 안 되고 돌아가는 시간도 없다. 그러니 단춧구멍 사이의 시간 폭이 없으면 스핀이 없다.

    시간은 우리로서는 스핀의 시간인데 결국 시간은 단춧구멍 두 개에서부터이다. 이는 곧 이중 슬릿이 두 구멍을 통과하는 것은 빛의 속도로 확산되는 것이 아니라 빛의 속도보다 느려지면 굴절이 커지는 것이다.

    그래서 그 사이가 볼록하게 일어나는 것이다. 마치 볼록렌즈처럼 이중 슬릿은 양쪽이 같은 듯이 모이는 것에서 당기면 양극에 힘이 몰리는 것으로 방추사처럼 세포가 분열된다. 이것이 이중 슬릿의 두 구멍인 중력으로 몰리면서 붙었다가 다시 떨어지면 거듭 세포 분열이 일어나는 것으로 한다. 이는 두 개의 구멍이 먼저 분열하여 두 개의 양쪽으로 당겨야 원동기의 시동이 일어나듯 다시 수축으로 합하는 반복으로 일어나는 것이다.

    네 개의 세포로 분열하는 것이 성세포이다. 먼저 시동을 걸려고 스핀을 만드는 첫 걸음이 방추사이고 다시 오므렸다 다시 펴면 네 개의 세포가 되는 것으로 사계절을 띠는 것으로 한다.

 양극이 맞잡고 있는 것이 중앙의 이중 슬릿인 단춧구멍의 눈이면 즉 이중 슬릿의 눈이 양극성을 띠어 평행이론이 도는 것이다. 다만 이 평행은 폭이 좁아졌다 늘어졌다 하면서 평행이 된다.
 평행이론은 DNA와 같은데 DNA의 수소가 스핀을 가지려면 양쪽 오탄당이 평행이 되어야 한다. 그런데 이 평행이 곧 단춧구멍 사이를 양극으로 해야 스핀이 일어나는 양끝의 양손의 당기고 수축하는 반복성의 연속으로 세포가 증식하는 것으로 DNA부터 이중 슬릿으로 수소가 되고 오탄당의 짝이 양손이 되는 것이다.
 그러므로 서로의 폭이 좁아졌다 늘어졌다 하는 것에서 수소가 중앙의 단추와 같이 양쪽 오탄당의 중력이 되는 것으로 마디마디가 된다.

순서	주제
148	수소 1은 외눈박이가 아니다. 곧 두뇌이다

    양두엽은 드러난 짝이 아니고 하나로 수소가 된다. 이목구비가 짝인 것이 2족인데 먼저 코에서 이중 슬릿인 단춧구멍이 스핀이 되어 코끝으로 나오면 나중에 눈 양쪽 폭으로 이중 슬릿이 도는 것이다. 또한 귀의 슬릿인 구멍 사이가 커진 것으로 한다.

    그리고 이 스핀이 멈추고 정점의 극을 바꾸면 팽창은 반환점에서 멈추어 수축으로 들어가면 목구멍인 하나의 입으로 빨아들여 에너지를 보충해야 다시 이목구비가 각기 스핀이 된다.

    입도 스핀에 들어가 잠시 팽창이 수축으로 전환되는 정점에서 두 개의 구멍이 하나가 되어 스핀이 없듯이 입은 구멍이 두 개인 듯하지만 양극이 멈춘 하나로 본다.

    즉 이목구비의 형상이 정적인 것이면 그 속에 스핀이 있다는 것이다. 이는 곧 단추가 두 눈으로 당기는 힘은 스핀의 양 눈이 우주로의 합리가 두루마리로 감기는 것으로 저장된다.

    이는 양쪽 손으로 끝까지 당기면 귀처럼 넓어진다. 그러므로 두뇌통이 되고 속으로 수축하면서 입으로 당기면 배가 되는 것으로 건곤의 이치가 서로 작동한 것이다.

순서	주제
149	스핀과 쿼크 여섯 단계의 인체 우주

왜 인간은 앞면과 뒷면이 있는가? 하는 물음은 몸의 신경 라인이 머리와 목 아래 몸인 X자형으로 교차되는 것을 의미한다.

이는 몸이 한쪽으로만 도는 항아리와 같지 않고 한쪽으로 돌았다 다시 반대쪽으로 도는 앞과 뒤가 있기 때문이다. 뒤는 등뼈가 빳빳한 기준을 세우고 있어 어느 쪽으로도 치우치지 않아 오목하게 속심지를 드러낸다.

팽창은 양성자적이니 두뇌적 내용이 감기는 것이다. 수축하면 물질적 식욕을 채워야 하는 양과 음이 되는 연결인데 그 사이가 스핀으로 꼬이는 것이니 X형이다.

즉 양 끝으로 당기면 늘어나면서 돌고 다시 단추가 도는 대로 줄어들면서 돌고 하는 반복적인 것이 우주의 팽창과 수축의 반복이 우주 스핀을 바로 돌렸다 거꾸로 돌렸다 하는 것은 아닌가?

스핀의 회전이 일방적으로 돌아갈 수 없는 것이 우주 팽창과 수축의 반복성을 말한다. 그러므로 창자가 구곡양장인 것은 수축으로 해서 감긴 고무줄이 꼬이는 것에서 음인 소화기 때문이다.

즉 양자 얽힘이라는 것도 이러한 양성자적 팽창보다 중성자적 수축성의 굴절로 얽히는 것이다. 만상은 원소 2족인 이중 슬릿과 두 개의 단춧구멍을 내서 팽창과 수축을 만들어낸 것으로 출발선이 되는 것이 만물의 출발지가 된다.

순서	주제
150	영혼의 무게와 육체의 무게 편차

　달이 있는 것에 내가 지구상에 선 무게와 달이 없는 것에 내가 지구상에 있는 것은 어느 정도의 무게 차이를 보일까. 즉 달이 풍선과 같은 것에 내가 인형극 줄에 매달린 것으로 일어설 수 있다면 과연 달이 없으면 인간은 일어서는 데 관절이 필요한가.
　걸으려면 한쪽 다리를 들어야 하는데 달의 피아노선이 당기지 않으면 한쪽 다리는 멀쩡히 일어설 수 있느냐는 것이다.
　양성자와 중성자의 차이는 이러한 무게의 차이일 것 같다. 그런데 무게 차이가 없다면 이는 영혼과 육체의 차이이다. 즉 사람이 죽으면 영의 무게가 있는 것인가 하는 것과 죽은 자가 정말 더 무거운 것은 달의 피아노선이 떨어진 것과 같으니 더 무거워진 것이 아닌가.
　인간은 양성자 중성자가 하나인 쿼크의 몸이다. 그런데 죽으면 양성자가 달과 같다가 떨어져 나간 것에 죽은 육신은 중성자인 것으로 주기의 무게로 남은 것이면 편차가 있는 것인가 없는 것인가.
　이는 질문이 잘못되었다. 즉 원소주기율의 쌍은 무게의 차이가 없는 짝이다. 문제는 이런 편차 없는 공간에 12번의 점층적 배수의 융합, 2 곱하기 2는 4인 핵융합이 되면 헬륨이 되고 이 네 개의 헬륨이 다시 융합하면 16이 하나인 융합이 되면 탄소가 된다.
　이 탄소가 하나인 것으로 네 개와 융합하면 네 개가 되는 것으로 64가 되어 네온이 되고, 이 64가 하나인 것으로 네 개면 256 인 규소가 되고, 256이 한 묶음인 것이 4개면 1,024가 아르곤이 된다.

그런데 원소 2와 3주기율만의 핵융합은 4개로 네 개의 4계절 롤이 풀어지는 것에서 두 개의 롤을 풀면 3주기율이다. 그리고 다시 두 개의 롤을 풀면 2주기율로 쌍으로 포개지는 것으로 양 끝의 롤이 도는 것이다.

12개의 시공이 6개의 롤로 풀리는 것이 6효이고 또한 쿼크가 구성되는 것으로 원소주기율이 평면도로 보일 수 있다.

순서 151 주제 질량이 차이를 내는 것은 마치 전기가 자기력에 흡수되어

자신의 전기량을 잃는 것과 같다.

쿼크를 여섯 주기율로 나눈 질량성이 있는 것은 주기율마다 질량은 10배율의 차이를 보인다. 그러면 쿼크의 무게는 양성자와 중성자가 합한 것을 하나로 하는 무게이다.

즉 인간이 육체와 영혼이 합한 무게와 같다. 그러면 한 몸이 여섯 단계의 중량은 두 개의 단계로 줄여서 상하괘가 되면 광에너지와 광자는 같은 것이다. 그러나 또한 같지 않다는 것이 광자가 파장으로 다 풀리면 양성자의 무게가 되고 빛의 xxx이 입자로 몰려 중성자의 무게가 된다. 그러면 인간의 에너지 파장이 입자인 광자로 떨어져 무거운 것이 되니 죽은 시체는 무겁게 여겨진다. 그것은 양성자가 사라졌다는 것이고 중성자로 남았다는 것이니 중량은 같다. 이것이 질량불변의 법칙이다.

양성자와 중성자의 척도가 일어난 변화는 되는데 전체적으로 보면 어느 쪽으로 쏠렸다고 무게가 준 것이 아니다. 그러므로 육체와 영혼은 쿼크의 몸으로 보면 한쪽이 떠났다고 해서 질량의 변화로 볼 수 없다.

즉 영혼은 육체를 떠났어도 자신은 육체를 떠났다고 생각하지 못하는 수가 있다는 것은 영혼은 영혼의 측량감으로는 질량감이 그대로인 것이 있다는 것이다.

제4장
선·후천의 차이

순서	주제
152	죽어도 죽음을 모르는 영적 사물의 질감 문제

　원소주기율의 점층적 융합으로 응축이 된 질량으로 계속 4개의 응축 융합을 하여 4배율의 진법이 반복적으로 되면 중성자가 다시 양성자가 되고 다시 중성자가 되어 엄청 줄어든다.
　만일 양성자의 크기와 중성자의 크기가 다르다고 해도 하나로 집합이 되어 섞인 것이면 이는 양성자나 중성자나 하나로 같다. 이것이 영과 육이 함께 있는 상황의 현생이라는 것이다.
　중성자 에너지와 양성자 에너지가 분리되지 않고 아지랑이처럼 오르는 공간의 몸과 하나로 하는 무게라고 하면 중성자적 육체와 양성자적 영혼은 함께 붙어 있는 무게이다. 하지만 질량의 차이는 몸의 상부와 하부의 차이일 뿐 전체적으로는 어느 한쪽이 사라지지 않는 한 질량의 차이로 볼 수 없다. 만약 차이를 찾으려고 한다면 이미 영혼은 육체를 떠났고 중성자의 무게는 양성자의 무게와 상관없으니 중성자의 무게는 그대로라는 것이다.
　만일 양성자는 없어지고 중성자만 남았다면 곧 육체적 질량이 되고 그러면 양성자의 질량은 중성자의 질량으로 잴 수 있는 척도가 되지 못한다. 마치 없어진 양성자량인 영혼으로 사라진 것과 같다는 것이다. 즉 영혼은 무게가 없다. 질량으로 척도를 한쪽으로만 세우면 한쪽은 사라진 것이니 질량으로 보지 않는다. 원칙적으로 질량은 중성자의 척도가 된다.

순서	주제
153	질량도 상대성이 있으면 차이가 있다

 양성자의 에너지량이 줄어서 중성자 비율이니 질량의 무게가 다르다. 그런데 중성자의 질량은 시체의 무게와 같은 질감인데 영혼으로서 떠난 양성자에서의 무게를 똑같은 질감의 중량으로 받아들인다는 것이다. 이것은 저승의 사물의 질감이 그대로 인식하게 하는 질량의 척도는 다르다는 것이다.
 그래서 광자도 질량이 있으면 광에너지와는 꼭대기 쿼크와 바닥 쿼크의 차이가 있는 질량의 차이가 있지만 두 개를 분리할 수 없는 하나라는 것의 무게이다.
 즉 두 개의 스핀으로 한쪽이 인식하는 정보는 다른 한쪽이 인식하는 정보와 같은 것으로 쌍둥이와 같다. 그런데 분명 질량의 차이인데도 인식은 같은 정보의 일치성으로 되어 죽어도 죽었다고 인지를 못 할 수 있다는 것이다.
 그러나 사물의 이치는 에너지를 중성자의 중량으로 질량화하는 것만큼 에너지의 파장과 중성자의 질량이 반비례하는 소모를 정확히 나타낼 수 있는가 하는 것과는 내면적으로 다를 수 있다.
 양성자가 얼마의 비율로 하늘나라로 가는 영혼인데 반해 입자는 바닥으로 내려앉는 중량의 팽팽함과는 어느 쪽으로 치우치지 않은 나의 기준으로 보아 파장이 질량을 끌어 올린다. 그러면 과연 눈금은 내려앉는 무게에 질량을 둘 것인가 아니면 질량을 끌

천리만리 179

어 올린 상대성과의 사이로 질량이라고 할 것인가이다.
 그런데 인간의 영과 육이 그 상간에 있다는 것이다. 그러니 무게라고 하는 결정에 완전히 떨어지지 않는 피아노 선 아래 인형극으로 일어선 인생은 어느 쪽의 편차라고 하기엔 영과 육의 관계인 것의 유기성이므로 다음에는 영과 육은 무게 차가 없다는 것이다. 즉 상대성이 없는데 무슨 차이를 보는가이다.

순서	주제
154	바닥 쿼크와 지옥의 미물 세계 7주기율

 바닥 쿼크가 진공이 되었다고 다른 쿼크도 진공이 되란 법은 없다. 수소족은 다 힉스 입자적 분권이 있어 작게나마 힉스 입자적 질량을 부여하는 것 같은데 주기율마다 질량을 다르게 부여할 수 있다.
 즉 수를 놓은 옷 하나를 여섯 뭉치로 풀었는데 굳이 이 질량이 어디서 나왔느냐고 따질 필요가 없는 것이 힉스 입자이다. 7주기율까지 질량을 푼 것이 인간으로서는 다 푼 것으로 지옥까지 다 풀린 것으로 주기율 족에서 해방된 것이다.
 그리고 2주기율의 질량이 남은 것은 아직 신의 수한이 남았다는 것의 질량인 것이다. 질량을 푼 것은 수소인 능력의 신으로 힉스로 하면 분명 질량을 푼 것이 선천수 역행처럼 푼 것이다. 곧 주기율 역행으로 감해지는 눈금에서 그 주기율의 수평으로 8족과 8방을 배분하는 수한의 질량을 수량으로 표현하는 것으로 상수(象數)가 된다. 실제 이 주기율도 수(數)이지만 또한 상(象)이라 옷과 같은 괘상이 될 수 있는 것에서 결국 상은 선이 얽힌 파장에서 나온 코가 수소족으로 풀린다. 그러니 주기율 전체가 풀리면 육도 다 풀리지만 한 주기율만 풀려도 물질은 파열되어 보이지 않는 진공일 수 있다.

육효점15)을 칠 때 공망을 많이 취급하지만 이는 그 주기율의 효가 공망이면 수소족인 쿼크의 코가 다 풀리고 없는 진공의 상태와 같다는 물리는 갖추고 천지를 봐야 한다는 것이다.

순서 155

주제
힉스 보손은 어떤 우물로 퍼야 하는가

주기율을 하나씩 줄여나가는 것으로 물 타래의 깊이가 줄어든다. 그러면 마치 물을 올린 단계의 눈금마다 주기율의 숫자가 주는 만큼 주기율이 줄어 원소 1주기율로 줄이면 물 타래 바가지는 우물 독강 위에 올려지는데 헬륨이 독강이면 수소는 타래 물이 된다.

이는 곧 쿼크 깊이의 우물에서 육효 단계의 깊이를 단계적으로 올린다. 쿼크에 타래의 바가지가 어느 중간에 있는 것으로 둘레가 되는 것에 있느냐에 따라 업의 둘레이든가 다운의 둘레이든가

---

15) 가운데 구멍이 뚫린 동전 세 개를 여섯 번 던져 길흉화복(吉凶禍福)을 점침.

할 것이다.

그리고 그 둘레의 돌축이 강력인 것에서 흙으로 스며드는 것으로 약력으로 줄어든다. 이 약력에서 힉스 보손으로 전자의 질량화하면 광자도 질량으로 하지 않는 갈증이 전자는 질량화하지 않아도 물같이 시원하다.

이것이 우물물에 스며들어오면 도관 같은 벽의 틈새를 효로 하는 것에서 물감은 전자에 물맛이 나는 것이 배어 있는 것이 힉스 보손이·된다. 이를 활용하는 것이면 참으로 어려운 것이 글쟁이에겐 노하우가 없다는 것이다.

어떤 전문이든 노하우도 가치가 되는데 글쟁이는 노하우라고 하면 이는 곧 설명을 안 해서라기보다 못 해서이다. 그렇지 않으면 글쟁이로서 사명감이 빠진 진솔함의 결여자이다.

가장 노하우가 강한 것이 점으로 사람을 찾는데 찾아주면 골치 아파진다. 그걸 가르쳐줄 수 없다. 그걸 우회적으로 가르쳐주는 것이 이 글이다. 그런데 알아듣게 설명한다는 것이 이렇게 힘든 세월이 가는 것이다. 서로가 안다는 것은 이러한 벽에서부터 시작인데 내가 도인이 못 되는 것은 근성 때문이다.

나도 학원 선생이나 되어야 할까 보다. (설명이 안 되는 것은 아는 것이 아니다.) 이것이 최선이 부딪치는 인간관계로 불립문자 좋아하는 자에겐 질타의 대상감인데 늘어나는 것은 글이라 이런 난감할 때가 있나.

순서 156　**주제** 왜 수(水)를 물이라고 하는가

　절대온도에서 파열된 입자는 없어져도 전자기장이 우물과 같다면 물이 없는 것이다. 즉 수(水)는 수가 비었다는 것이 곧 물질이 다 깨졌으니 물질이 없는 것은 우물에 물이 없는 것과 같다. 그래서 수(水)를 물이라고 하는 것이다.

　물질은 에너지가 부여된 것에 질량이 된다. 이것은 전자기장이 두른 우물에 물이 차야 물질이 되는 것이다. 이는 우물이 질량을 배분하는 수풍정괘(水風井卦)와 같다.

　또한 8족으로 설명되는 것이 원소 5족이 전자기장이라고 하는 것이다. 그런데 이것이 싸면 촘촘한 것이니 이는 우물의 돌축과 같고 직조물과 같은데 원소 6족이 물이니 스며든 것은 물질로 물이다. 그리고 여기는 에너지가 부여된 것이니 파도가 있다.

　즉 질량이 아닌 전자기장이지만 물이 파도를 치면 이는 에너지가 있는 질량이 된다. 그렇다면 이 물이 온 것은 땅이 아닌가. 그런데 전자기장은 수증기처럼 머금은 섬유성이 아닌가? 그래서 비를 만드니 힉스 보손과 같으니 왠지 비슷하기도 하다.

순서	주제
157	DNA도 배꼽이 있는가

　DNA 한 바퀴가 10마디인 것으로 내 몸 한 바퀴가 된다면 이것이 내 배와 같다면 이 10마디 안에 RNA가 떨어진다면 배보다 배꼽이 작다. 그런데 만일 10마디 넘게 RNA로 떨어진다면 배보다 배꼽이 크다.
　즉 RNA의 배꼽 줄이 큰 것의 아미노산의 세포들을 빨아들여 DNA에 주입하는 것으로 DNA로 정상으로 돌아가면 배꼽은 흔적 없이 아문다. 이는 마치 지네가 한쪽이 떨어져 나가 다시 붙으면 되는 것과 같다. 그러니 지네로 DNA의 한 라인이 떨어져 배꼽이 열린 것이다. 그런데 이 지네가 양 다리로 기어간다는 것이 RNA와 같다는 것이다.
　이는 로켓 발사대와 로켓이 붙은 것이 배와 배꼽이 붙은 것으로 연료를 투입하는데 이는 배보다 배꼽이 큰 것으로 발사대가 크기 마련인 것에서다.
　이렇게 우주는 보손의 별인데 핵은 발사대로 이는 로켓이 양성자로 우주를 재면 업에 해당된다. 그리고 발사대인 우주선이 떨어지는 자리가 중성자로 쿼크가 된다는 것이다. 즉 쿼크의 상대성이 있게 된다.

순서 158

주제
신이 질량을 부여한 것과 인간이 질량을 부여하는 것은 같은가

 시차적 부여로 인한 하나의 그림자 같은 실체와의 평행이론과 같은 것이기 때문이다. 이는 질량을 부여하는 단계가 여섯 개 있다면 한 단계에서 질량을 부여했다면 다음 단계에서는 제로가 될 수 있다는 것이다.

 즉 수소를 질량이라고 할 때 이 질량을 내는 원천은 이미 있는 물질의 모든 원소의 역행으로 삼켜서 소화하는 것에서 줄어드는 형국이다. 이는 주기율의 축소화에 달린 것 옆으로 잔상이 쌓이되기 때문이다.

 힉스적 질량을 내려면 모든 물질이 한 알만 통하는 구멍만 내면 된다. 그러면 이중 슬릿[16]의 쌍이 되는데 이것이 곧 원주 12에 1.5 부분으로 왕복하는 사이의 두 개의 구멍이 두 개의 파장으로 하는 것이다.

 즉 빛의 출발은 하나의 전구와 같으며 입자라면 두 개의 구멍을 통과할 때는 이미 파장이라는 것이다. 이를 역으로 보면 스크린의 사물이 파장이 얽힌 것이다.

 그런데 두 개의 구멍으로 역순으로 하면 여덟 가닥의 짚을 두 가닥으로 모아 하나의 새끼를 꼬는 것으로 하나의 입자로 모은 것이 새끼 한 코일을 감은 것이다. 이 한 코일을 입자로 하는데

---

[16] 일반적인 생각은 두 개의 슬릿에 빛을 통과시키면 스크린에는 두 개의 단일 슬릿패턴이 합쳐진 모양이 관측될 것으로 예상된다.

그 사이 허공을 많이 먹어 부푼 것이 줄면 마치 중성자가 양성자처럼 부푼 것이 빛의 소모로써 중성자가 되는 크기로 줄어든다.

그러니 스크린의 사물이 양성자처럼 늘어난 것이 이중 슬릿이 되기 전의 크기인 중성자로 이허중인 빛을 줄이면 양성자의 무게가 중성자의 무게로 된 것이 힉스적인 것이다.

그러므로 양성자는 파장인 것이지 질량으로 볼 수 있는 상대적으로 양성자 파장과 중성자 입자 간의 허공성을 줄여야 한다. 이 허공성을 줄이는 것도 한 주기율에 두 번의 융합이 일어난다고 해도 7주기율까지 14번의 융합이 이뤄져야 8주기율이 없는 공간 실질적으로 입자도 없고 파장도 없는 것이다.

이는 힉스도 일어날 수 없는 것이 되는데 실제 원소주기율은 에너지이다. 그리고 8족적 질량이 있는 것으로 전자 양자를 싼 한 단위 질량이 원자인 것이니 원자와 양자의 차이는 큰 것이 아니다.

그러나 양자에 전자만 씌우면 이미 원자가 된 것이다. 그리고 전자를 뺀 핵만으로 입자와 파장으로 굵어진 새끼로 보면 양성자의 파장을 이중 슬릿으로 꼬아 한 뭉텅이 입자로 감기면 이는 곧 힉스 입자가 얼마든지 이중 슬릿으로 풀면 양성자와 상대적인가 하는 것이다.

이중 슬릿까지는 원소 2족이고 3족이 허중으로 스크린과의 공간이고 이 공간 안에 네 개의 집합점이 4족이고 이 집합은 충돌이 일어나는 곳이 파장이 겹치는 곳이다. 그러니 융합이면서 분열의 에너지가 폭발하는 것도 그렇게 해서 4개의 집합이 한 번의 융합이면 8족이 되는 여덟 개가 겹치는 스크린이 곧 헬륨의 융합이 된다.

그런데 이 융합이 곧 사람과 사람이 만나는 융합 즉 4족의 융합은 제우스의 두통을 감수하며 머리로 낳아야 하는 미네르바17)이다. 그리고 8족의 융합은 헤라와의 융합으로 하는 것에서 산고를 겪게 된다. 곧 헬륨의 융합인 스크린의 자손 이것이 7주기율까지 가다 보면 이런 헬륨족의 스크린적 융합은 하나의 미물이나 지옥이더라도 남녀 한 쌍의 짝은 전상과 함께 이뤄진다.

그럼 융합할수록 중성자의 질량이 달라지는데 자고로 빅뱅 점까지 간다는 것으로 보면 그래도 가장 위험한 폭발점인 7주기율보다 1주기율로 살아야 한다. 그래야 그나마 블랙홀의 언저리에 느긋하지 않는가 하는 것이다.

그러면 힉스 입자는 수소인데 우주가 수소이니 얼마나 블랙홀과는 동떨어진 곳에 사는가이다. 그런데 인간은 전이원소에 있으니 참으로 어중간하네.

늘 종말론에 휩싸여 살아야 하는 것 이것의 근본 원인? 간단하다. 인간으로 태어났으니 할 수 없다. 그럼 없애달라고? 아니 인간을 다 바꿔달라는 것인지 다른 행성을 달라는 것인지 즉 다른 행성을 만들어도 사바세계인 것이다. 행성만 바뀌면 뭘 하는 지구도 인간의 근기에 맞는 자들만 올려놓은 것인데 간단하다.

7주기율이 판에 살고 싶으면 지옥에 떨어지면 되는 것이고 신으로 살고 싶으면 2주기율에 떨어지면 된다.

그런데 전이원소 달이 감싸주어 달빛이 붉을 때 달거리 아롱이며 그대를 낳은 중간급인 것인데 이 정도면 선택의 기로에 늘 피

---

17)지혜와 군사 전술을 관장하는 로마의 여신으로 예술, 무역, 전략의 후원자.

곤한 곳이 아닌가.

즉 수소 한 알만 내는 구멍에 한 알만 한 주기율이 다할 때까지는 절대 힉스적 문을 내주지 않겠다면 이는 한 알의 헬륨족을 말하는 것이다. 이 헬륨족에서 여덟 족의 여과를 거쳐야 수소 하나에 전자 오비탈이 나온 것으로 힉스적 입장으로 보는 것이다.

우주의 기본 힘은 수소의 결합이 일시적으로 통하는 우주성임에 가볍고, 원소 7주기율은 무겁고 힘이 천하무적인데 반해 원소가 작다는 것으로 곧 수소로의 해체성이 있다.

아무리 원소 7주기율이 단단한 갑옷이라고 해도 스웨터를 짠 듯한 주기율의 질서가 있는데 이 질서도 수소 하나의 코에 의해 풀리게 되어 있다. 모든 물질이 코 하나에 풀리는 것으로 이 하나로 해서 전지가 막힌 것이면 아마 이것이 신의 입자인 힉스 입자일 것이다.

힉스는 수소이고 모든 주기율이 풀리는 것이 수소의 코를 당기면 만물이 풀리는 천의(天衣)라는 것이다. 힉스 입자는 수소족으로 여섯 개의 코를 풀어야 하는데 만일 7주기율의 코를 수소족으로 푸는 것이 힉스라고 할 때 이것은 여섯 주기율의 힉스 분담이 아니다.

그런데 어찌 이것도 피라미드나 단계별로 통치하라는 여섯 단계로 주니 육조를 두게 되었는데 본래대로라면 8조가 6조를 거느려야 8족이 6주기율을 거느린다. 그리고 1족이 통치권이니 주기율마다 하나의 힉스적 권한을 주는데 그리고 보면 주기율마다 무게의 기준이 다르다.

즉 우리가 물질이라고 하는 것이 물질이 깨진 진공성이 7주기율만으로 거두면 나머지가 없는 진공성만 만드는 것이다. 그러면 이미 7주기율만으로 질량과 에너지는 다 함구된 것으로 파장이나 유기성은 다한 것으로 할 수 있다는 것이다.

물질은 물질이 깨진 진공성이 7주기율만으로 거두면 나머지가 없는 진공성만 만들면 이미 7주기율만으로 질량과 에너지는 다 함구된 것이다. 그러므로 파장이나 유기성은 다한 것으로 할 수 있다.

그러면 일곱 주기율 안에 절대적 1주기율은 빼고 나머지 여섯 주기율적 세계는 각 주기율의 수소족마다 힉스의 권위를 준다. 그래서 힉스의 코가 수소족마다 있어 한 주기율의 8족의 코를 쥐게 하였고 풀 수 있도록 하였다.

이는 곧 중간층의 신들도 있는 것으로 그중에도 4주기율과 5주기율이 아수라와 인간계의 우두머리에 속한다. 그리고 6과 7주기율의 수소족 우두머리는 바다 생물과 같고 땅속 생물과 같은데 그중 우두머리가 수소족이다.

인간은 왜 원소 6과 7주기율인 미물에서 4와 5주기율인 여자의 몸을 빌려 2와 3주기율인 천당에 올려놓는 것일까. 원소주기율로 보면 이 세상은 원소 2와 3주기율에 연관이 있다. 숨을 쉬고 맥박이 뛴다. 이것은 전형원소의 역할에 의해서이다.

그러면 인간은 7주기율에서부터 역행하는 것으로 가벼운 것이면 7주기율의 씨앗인 악티늄 족에서 전이원소와 전형원소가 같이 한 주기율로 묶인 것으로 본다. 다만 인간은 6과 7주기율을 내장으로 하는 것이 있고 4와 5주기율을 팔과 다리로 하는 근육으로 하는 것이 있다.

2와 3주기율은 가슴으로 하는 경우로 한 몸 안에서 7주기율은 거느리는 것으로 짐승과 신의 중간자로 보일 수 있다.

순서 159

주제
그림자가 빠져나가지 못하는 땅에도 네 개의 궁전이 지어져 있다

그림자가 궁전을 짓고 있다는 것으로 하도는 그림자가 뒤에 있다. 이는 상이고 실질성이고 흡수되어서 실제 사방이 정방이면 그림자가 없는 것으로 투과되고 낙서에는 축이 기우니 그림자가 옆에 있는 네 개의 간방이 있다.

그런데 이것 또한 네 개의 궁으로 그림자여도 지상에 있는 것이다. 즉 간방은 토가 중앙에 있는 것에서 변이 조형을 이룬다. 그림자는 땅을 투과하지 못하고 굴절되는 것에서 조형이 일어난다.

이것은 마치 정방은 영적으로 보이고 간방은 육체적으로 보이는 것과 같다. 또한 태을이 네 개의 12지에 간방 4를 더하여 16으로 하는 것과 간방은 그림자가 빠져나가지 않는 것으로 조형을 이루는 것으로 일어나는 메커니즘이 아닌가 한다.

하도는 사방으로 간방이 없으니 그림자 흡수가 되고 낙서는 정방이 양수이면 간방은 음수로 그림자가 된다. 정방인 1양수가 북쪽이고 간방인 6음수가 서북이고 양이 실물이면 감궁은 서북의 건궁이다. 이는 곧 그림자처럼 붙은 것이라는 것이다.

그리고 간방은 토를 중심으로 하는 것이다. 이것은 그림자가 토에 붙은 그림자로 흡수되지 않고 투과되지 않는 반사나 굴절이므로 그림자라는 것이다.

순서 160 | 주제 청탁과 영과 육의 메커니즘

하도는 영적인 투명성이 있고 동질성이 겹치고 낙서는 거울과 같은 반사가 간방이 있는 것이니 영안과 육안이 함께 짝을 이뤄 진행하는 것이다.

이런 현상은 낙서는 기울기가 있는 것에서 4방도 기울고 팔방도 기운 것에서 옆에 짝이 있는 것이다. 그러므로 생하는 행위와 성하는 행위가 시차를 두고 잔영이 있는 것이다. 이는 그림자가 조형을 갖는 것이면 육신이라는 것 즉 음수의 조형인 성수가 되는 것이다.

투명한 양수는 생수가 되는 것에서 그림자가 없는 것이 된다는 것인데 선문답이 아니라 실제 그림자 없는 나무가 물리적으로 설명이 가능할 수 있다는 것이다.

품위는 스스로 만드는 것이
곧 육도를 스스로 만드는 것이다

    음수와 양수도 정방으로는 양수가 되고 간방으로는 음수가 된다. 음이 양 옆에 붙어 두 개로 함께 있는 것 즉 빛보다 빠르게 보면 하나이다. 하지만 느리게 보면 두 개로 보이는 것으로 영적인 것이다. 그러나 이미 두 개가 겹친 것이니 탁한 것으로 육체이다. 이미 간방의 토가 일어난 조형이니 육체적 탁도가 있다는 것인데 영도 맑은 것이 있듯이 육체도 맑은 것이 있는 차이가 여섯 주기율의 차이만큼 있다.

    이 여섯 주기율의 차이를 낙서인 구궁도로 드러낼 수 있는 것과 쿼크로 드러낼 수 있는 것으로 보면 쿼크나 주기율의 차이로 보아 영적 맑기와 육체적 맑기의 차이는 있다.

힉스 입자의 명령에 질량이 된
잔여치가 그림자라

    낙서 구궁도를 보면 본래 하도는 남쪽이 정방인 것으로 2와 7이다. 그러니 내가 남쪽이라고 하면 남쪽이 2와 7인 상사가 나오는 것에서 힉스가 질량을 부여할 수 있는 것과 같다. 그런데 낙서는 기울어진 축으로 보면 4와 9는 남쪽과 동남쪽이다. 이는 기운

만큼 양수에 음수가 뒤에 있는 흡수성이 아니라 옆으로 기울어 양수와 음수로 그림자가 양수와 음수와 평등하게 옆으로 서는 그림자이다.

이때부터는 양은 영적인 존재가 되고 음은 그림자이다. 하지만 육체가 되어 이것이 태을의 네 모퉁이가 되는 것이다. 양수는 갑이고 음수는 을인데 크게 조형물이 되었다는 것으로 태을이 곧 크나큰 음수라는 것의 간방 네 개라는 것이다.

순서 163

주제 선·후천의 차이

이미 남쪽이 2와 7인 것으로 그림자 없는 나무가 되어야 하는 것에서 구궁도 낙서로 보면 9로 영이 되었다가 4로 육체가 되는 것으로 음수가 되는 것이다.

참 이상하게 그림자가 하늘의 그림자로 하는 것이 태을이다. 이는 곧 인간은 육체를 가짐으로써 을(乙)인 간궁의 음수가 뭉쳐진 인간이니 이미 내 영의 명령으로 2라고 해도 4가 옆으로 나와 조묘를 한다고 봐야 하는 것이다.

즉 내가 남쪽이라고 해서 상수가 2와 7이 아닌 4와 9가 되어 있는 것으로 남의 짝을 보듯이 해야 하는 것처럼 후천적이라는 것이다. 즉 선천의 전생에 후천의 현생을 보니 왠지 낯선 짝이 앉아 있는 것과 같다.

순서	주제
164	선천수란

    일반적으로 자축인묘진사는 앞으로 나가는 것인데 이는 질량이 증가하는 부여의 진행이 되는 것이고, 이 물질성에 선천수는 자9 축8 인7 묘6 진5 사4가 된다. 이는 질량이라기보다 파장의 일정한 마디를 자르는 것으로 질량이 되는 것을 말한다. 일종의 힉스의 구실과 같지 않나 한다. 이런 역행은 전기가 가면 전자가 역행하듯이 감해지는 것과 같다.

    이러한 배열은 마치 2주기율은 앞으로 나아가는 상이나 3주기율은 역행으로 가는 선천수와 같고 DNA도 서로 순역으로 짝을 이루어갈 수 있다. 여기서 RNA로 잘라낸다는 것은 선천수인 파장 위에 다시 돌아보면 질량화하는 것으로 물질화하여 한쪽을 버리고 다시 붙이는 것이다. 그러므로 물질의 변화가 무쌍한 단백질과 같은 것이 힉스라는 것이다.

    곧 8족에 1수소족이 힉스 입장이라 했듯이 DNA도 중앙에 수소가 있어 힉스적 결합의 교감으로 질량을 부여한다. 그런데 양쪽이 오탄당으로 RNA는 한쪽은 오탄당을 버리는 것으로 이는 자기장적 파장이 있는 것에서 아미노산을 받아내는 마치 한쪽의 DNA에 질량을 부여하는 것이 아닌가 한다.

순서	주제
165	우주의 사계절 씨앗은 쿼크의 사계절에서부터이다

　쿼크도 스핀이면 축이 기운다. 그러면 스핀마다 2분의 1인 것이 두 개이면 12시간 중에 1시간 반만 왕복한 것은 아닌가 한다. 그리고 한 스핀의 업과 다운의 상태를 거두고 있는 쿼크라는 것이니 사계절을 쿼크의 스핀이 잡고 있다는 것이다.

순서	주제
166	1을 기준으로 하는 것에서 고정한다고 흔들림이 없는 것이 아니다

　힉스 입자도 고정이 아니다. 다만 에너지가 온도에서 고정성으로 하는 것에서 전자의 이동으로 전자량이면 이것은 질량이 되는 것이다. 그러므로 온도의 변화를 가져야 질량이 곧 에너지 함량이라는 것이다.

　이는 전자가 에너지를 부여하여 질량을 만드는 것에서 전자기장이 에너지를 부여하여 힉스 보손이 된다. 그런데 힉스가 다시 질량을 부여해야 하는 것은 이 에너지 전자에 붙어 있는 서캐와 같은 것으로 질량이 독립되지 않은 상태로 본다.

　우리는 옷만 보았지 아직 서캐를 보지 못한 것과 같다. 다만 판단의 경계는 뚜렷하니 굳이 흔들림을 볼 필요는 없다.

지구축 기울기와 북극성

지구축의 남과 북은 흔들리는데 북극성은 흔들리지 않으니 춘분과 추분은 한 번씩 북극성을 만난다. 만일 이 두 번의 만남을 반정수가 1로 만난 것으로 할 때 이는 0.5진법이 되는 동시에 10배율로 5진법이 된다.

즉 1이 10이고 10이 100이라 하더라도 춘분과 추분의 반정수 만남의 북극성은 겨우 팔방 중의 한 각을 이동하고 돌아온 것이다. 즉 정오에서 1시 반으로 기울었다가 다시 정오로 돌아간 것인데 지축은 반과 반으로 북극성에 돌아온 것이다.

지구가 북극성의 1.5시간임에도

북극성은 전자와 같고 양자는 지구와 같은 것에서 나는 질량을 가진 물질로 기운 남·북극의 축이 기준인 양 사는 것에서 그래도 천체 우주적 시야로 전자가 훨씬 합리적인 공간을 부여한 것이다. 그러면 힉스 입자가 전자와 같은 북극을 맞춘 것이 1인 감수로 하는 것에서 중궁의 5가 1인 수보다 나중에 있는 것이다. 그러므로 북극성에 나의 지구는 5에 해당된다. 이때부터는 마치 배꼽 탈출한 태아가 내가 머리라고 하는 것에서 6인 건궁이 나오는 것이다.

이는 1이 북극성이 기준이 자연 지구를 중심으로 하면 북극성은 북쪽이라고 기준을 삼을 때 나머지 방향은 나침반처럼 정해지는 것이 스핀의 방향 설정이 된다.

즉 어떤 스핀도 북극성을 기준으로 하면 북극이 설정된다.

순서 169 주제 설마 12시간에 1.5시간의 왕복이 시간의 폭이라는 것일 수 있다면

북극성과 지구의 북극을 맞추어 보니 시간이 지날수록 기운다. 여기서부터 시간이 있고 어느 한도에서는 다시 돌아오는 것이고 보면 왕복 3시간의 폭으로 시공을 이야기해야 한다.

또한 시간이 없으면 공간도 없는 것의 원주 에너지 공간에 이 사이의 폭으로 과거와 미래는 있으나 만일 기울지 않고 정방향만 있다면 시간은 12로 돌아간다.

그렇다면 나는 자전축 지구 북극만 알고 산 것에서 북극성을 바라보는 항해의 틀은 알고 있었느냐 하는 것인데 1년을 돌이켜 보니 120년을 항해 길을 간 자가 얼마나 있었더란 말인가.

순서	주제
170	1족이 8족과 같은 것이면

　1수소가 학대된 원주가 8인 것으로 1은 곧 8로 하나의 핵과 굴레가 된다. 그러면 곧 1의 내용이 8로 나눌 수 있다는 것이다. 그러므로 1과 8은 같다는 것이다. 이는 나눈 것 중에 1과 2와 3족은 질량이 안 되는 것으로 간주하면 3족인 광자는 질량이 되지 않는 다. 그러면 질량이 되지 않는 것을 감싸는 전자기장이 질량을 만드는 것이 정전기처럼 뭉친 4족이다. 이 4족의 정전기가 천둥과 번개가 되면 공간이 자기장이 타면서 긁히는데 이것은 재와 같다.

　또한 3족인 번개가 재를 낸 것이 원소 3족 안의 전이원소와 란탄, 악티늄 족이 된다. 그리고 원소 5족이 대기권으로 손풍이 되는데 이것마저 긁히면 아미노산을 형성하는 것이고 단백질을 형성하는 것에서 5족은 나무 목이다. 이는 목 중에도 넝쿨이니 곧 DNA라는 넝쿨이 뻗는 것이다. 그러니 5족은 질소로 질소 화합물인 단백질을 주된 것으로 몸을 형성한다.

순서	주제
171	원소 5족의 임파선

원소 5족이 왕 하면 질소가 문제를 일으키는데 단백질도 질소지만 질소가 넘쳐 문제이고 단백질도 넘쳐 암이 마치 세포가 넘쳐나는 것으로 뻗어간다.

나물을 안 먹다가 먹었더니 비료 맛이 엄청나 뱉은 적이 있는데 자주 먹으니 비료 맛은 없어졌다. 몸이 아파 음식을 제대로 먹지 못하다 음식을 먹으니 그런 맛이더란 것인데 진짜 비료를 그대로 먹는 것 같았다. 그때서야 채소도 비료 덩어리라는 것을 실감했는데 실감하면 무얼 하나 굶지 못해 삶고 우려서 먹는데….

림프절은 나무의 잎과 같다. 물을 보존하는 것이 림프절이니 될 수 있는 한 낭비하지 않으려는 것으로 원소 5족인 나뭇잎이 원소 6이 산사태를 내지 않게 나무가 보존하는 것으로 페르미온의 구조로 보면 약력에 해당한다. 이 약력은 균의 침범과 매우 관계가 있으므로 밀어내기도 한다.

그리고 나무 기둥은 강력에 해당된다. 그래서 림프절은 신장처럼 배수구와 같은 것이나 또한 피부에는 양식이 되는 거름물이 된다. 이는 곧 5족이 나무의 잎사귀와 같은 보존율이고 4족인 신경은 곧장 쿼크의 강력한 느낌을 갖는다.

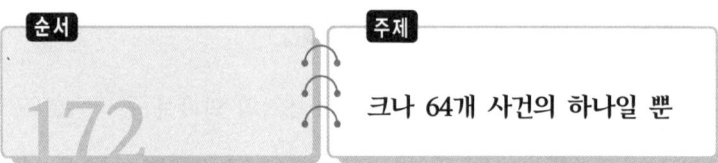

크나 64개 사건의 하나일 뿐

원소 3족에서 천둥 번개의 사건은 64괘 중에서 뇌화풍에 해당한다. 이것은 아미노산을 풍요롭게 할 뿐 아니라 풍요로운 잎사귀로 세포를 형성하는 단백질의 중요한 구성요소이다.

단백질 구성에 물이 대부분인 것이 6족인데 이 물은 표면장력이 강하니 해파리처럼 투명해도 피부성을 가지는 것에서 섬유성이 잎사귀와 같으니 물을 엄청 축적할 수 있다. 이것은 림프절에 해당된다.

뇌화풍괘와 힉스 입자

나무에 있어 줄기나 뿌리는 같은 것이다. 이는 천둥의 뿌리가 번개로 뻗은 것이고 번개도 뿌리가 있다는 것에서 원소 4족과 5족이 실하다는 것이다.

즉 원소 3족이 허공으로 치는데 물에는 가라앉지 않을 만큼의 탄소가 찬다. 6족인 산소보다 2족이 적으니 곧 탄소가 산소에 뜨는 형국이다. 그런데 동물은 나무보다 물에 잘 가라앉는 편인데 이는 5족이 단백질 성분의 질소이기 때문이다. 이는 탄소보다 1

족이 더 무거운 것이라 그런데 그래도 물인 6족보다 가벼우니 뜨는 것이다.

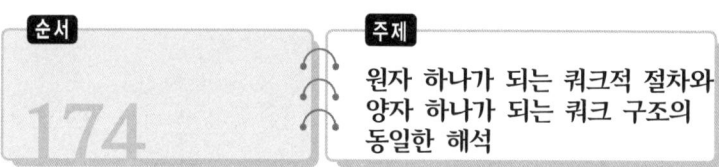

순서 174 | 주제: 원자 하나가 되는 쿼크적 절차와 양자 하나가 되는 쿼크 구조의 동일한 해석

 탄소는 아주 강한 얽힘이 있어 탄소강이라고 하는데 천둥과 번개가 원소 4족인 진뇌이기 때문에 강력에 속하고 5족은 약력에 속한다.
 이는 강력은 넓으나 가볍고 약력은 좁으나 끝이 강한 편에 속하는 잎맥과 같고 6족은 무른 것이라 풀도 녹는다. 또한 전자의 척력과 같아서 전자에 속하는 것으로 한다.
 본래 5족은 전자장인데 6족은 서서히 물질의 형태가 강한 파장이 된다. 그런데 여기서부터 입자성을 갖추면 우주도 은하수의 입지가 되어 힉스 공간의 입지가 되는데 이는 7족으로 질량이 쌓여 있는 것이다. 그리고 8족은 질량의 하나의 대지로 보는 것이다.

순서	주제
175	재차 설명되어서 분명히 인지해야 하는 대목

    원소 8족인 전형원소는 1인 수소와 2인 수소로 다른 것으로 하는 것이 아니고 0.5와 0.5로 양 끝이 되어 1로 한다. 수소족과 헬륨족의 양극은 반으로 두 쪽인 것이 합한 것이다. 그리고 이 합한 것에서 다음 주기율의 수소족이 되면 곧 1.5가 된다. 이 1.5가 8족의 끝인 헬륨족으로 되면 1.5인 것 중에 0.5가 소모되어 곧 3분의 1이 소진되어 3분의 2가 남는다.

    수소족일 때 3이 헬륨족일 때 2가 되면 3 중에 1이 없어지는데 이것이 곧 쿼크의 상대적 비율로 업 쿼크가 3분의 1이면 다운 쿼크는 3분의 2가 된다. 그러므로 쿼크의 이치가 곧 원소주기율의 헬륨족과 수소족의 배분과 같다는 것을 주지해야 한다. 원소주기율과 쿼크가 어떻게 일치하는가를 막연히 이해해서는 안 된다는 것이다.

    여섯 개의 쿼크 스핀이 곧 1주기율을 뺀 여섯 주기율의 스핀과 같다는 것으로 왜 3을 나눠 1이 되고 2가 되는지를 알아야 하는데 수소족은 3이고 헬륨족은 2족인데 그 안의 나머지 족이 1이 소모된 것이라고 한다.

    수소족에서 3이던 것이 7족까지 1이 소모되고 헬륨족이 2가 남은 것에서 업이 되고 다운이 되는 것이다. 즉 실제 양성자와 중성자의 비율은 3분의 1로 소모하는 것이다.

순서	주제
176	64괘 중 뇌화풍이 생명체의 진화로 보는 것

 뇌화풍은 곧 아미노산을 의미하는 것이 행성의 대기로 아미노산을 풍부하게 한 것이 뇌화풍이다. 천둥 번개가 아미노산을 풍부하게 하였다.

 이것을 인체로 보면 RNA적 상태의 단계에서 RNA적 아미노산을 선택하는 세 가지 원칙이 DNA의 일치로 옮긴다. 이는 행성의 대기권이 아미노산으로 단백질로 합성되는 것이다.

 곧 RNA적 아미노산이 대기를 더욱 침전시켜 단백질이 생성되는 DNA로 쌍선으로 수소의 균형을 따라간다. 그러므로 원자 중심으로 따르는 것이다. 즉 쿼크의 쌍이 곧 DNA 쌍으로 가는 것에서 RNA적 접촉이 행성의 대기가 뇌화풍으로 풍요롭게 아미노산으로 대지의 동, 식물이 풍년이 된다.

 이는 동, 식물이 풍요를 RNA로 해서 DNA의 레일에 올려놓은 것에서 모든 생물은 수소가 깔아놓은 폭 안으로 모든 대기의 아미노산을 DNA로 수소를 중심으로 하는 침목을 따라가게 실어 수소가 앞에 끌면 오탄당이 양쪽 바퀴로 싣고 간다.

 예로부터 천둥 번개가 치면 풍년이 든다고 여겼는데 전혀 과학적이 않지만 막연히 그런 발상이 생겨났다고 할 수 있겠는가.

천리만리 203

순서	주제
177	태극기의 태극에 파장이 있는 것은 곧 정수와 반정수의

 파장이 원소 1주기율처럼 있다는 것이다.

 원소 1주기율은 파장으로 보지만 실제 1주기율의 입자의 원소를 드러내지 못한 상태 즉 파장에는 있다. 그런데 입자로는 있지 못하는 것에서 정수와 반정수가 존재하는 곡선이 있는 태극의 상태에서 일어난다. 나중에 변의 괘가 일어나는 것은 곧 2인 스텝이 1주기율의 수소와 헬륨에서 마지막으로 3스텝인 리튬에서 쿼크 하나가 업이나 다운이 일어나는 것으로 스핀이 일어나면 입자를 띤다는 것이다.

 물론 광자도 스핀이 있으면 입자로 볼 수 있지만 오직 원소주기율로 볼 때 스핀이 2주기율로 일어날 때의 리튬은 3스텝에서 8개의 변화를 다하다 한 스텝이 소진하면 헬륨도 진이 다한 것으로 2스텝인 헬륨족이 되는 네온이다.

 이것이 2에서 다시 나트륨으로 다시 3스텝으로 도약하면 다시 8반의 괘를 갖고 한 바퀴 돌다 돌아가면 3이 다시 2인 중구로 돌아가 다시 도약하여 칼륨이 되면 다시 2에서 3으로 도약하면 3분의 2에서 3분의 1이 도약한 것과 합해 3의 괘상이 된다.

순서	주제
178	태극의 반은 0.5이고 태극의 반은 0.5에서 1이 태극기의 핵이다

　이는 10배로 확대하면 5가 두 번 중궁에 들면 10으로 이는 태극기가 한 원이 된다. 그리고 한 원의 반은 양이고 반은 음인 것인데 본래 태극은 무채색으로 적색과 청색으로 표현되는 것은 아니다.
　중앙은 1이고 10이니 두 개가 겹친 것으로 아직 쿼크가 되지 못한 상태라고 한다. 1주기율은 되어도 2주기율은 되지 못했다는 의미이다. 즉 5는 1주기율로 되어서 반정수와 같은데 이는 사방의 중앙이 5로 중앙이 되었다는 것이다.
　이 5를 지나 다시 사방으로 돌면 10이니 8이 되는 동안 한 바퀴가 되면 차는 것이니 8족이 차는 것으로 태극기에 상징적으로 네 개의 괘만 사방으로 하였다. 그런데 이는 쿼크의 3분의 2가 중앙인 0.5 두 개가 합한 1이고 또한 5가 두 개 합한 10인 자리이니 실제 괘라고 하지 않는다.
　그러면 나머지 하나가 현재 움직이게 되어 있는데 움직이는 괘상에 따라 괘상의 형성에 따른 구조와 성질이 형성되는 것으로 움직여 나간다는 것이다. 이러한 형상을 보인 것이 태극기다.

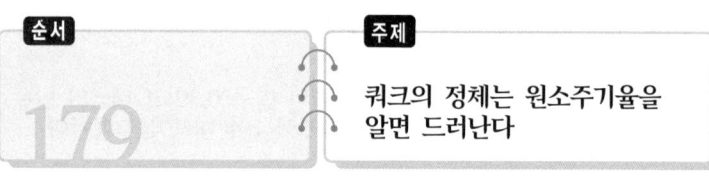

순서 179 | **주제** 쿼크의 정체는 원소주기율을 알면 드러난다

변화는 파장의 폭의 단위이다. 괘상의 고저가 늘 선의 움직임처럼 연쇄적으로 일어나는 것에서 하나의 효가 질량으로 단위가 되고 입자의 시작으로 힉스적 위치가 되는 것이 괘상의 시작이다. 이는 드러난 파장으로 원소 2주기율의 전형에 들어온 입자의 분별이나 양의 개체가 된 상태의 시작을 말한다.

1주기율인 파장만 있어 1과 2의 양 끝만 있는 것에서 중간에 입자라 생긴 것이 서캐처럼 생긴 것에서 8족은 곧 힉스가 질량을 여덟 등분으로 나누어주었다는 것이다.

이는 수소가 양성자와 전자만 있는 것에서 헬륨이 되어야 중성자가 있는 것으로 쿼크가 형성된다. 그러므로 쿼크의 우주는 중성자가 생긴 1주기율에서부터 리튬인 수소족이 힉스적 입자가 되는 것이 원소주기율적 순서의 발단이 된다.

순서 180 | **주제** 내 몸 안에 DNA가 형성되면 곧 우주의 질량이 힉스에서 시작되듯 세포가 늘어난다

주역의 주된 핵심은 움직이는 변화이다. 이 변화가 곧 1.5로 0.5의 세 개 중에 마지막인 3의 스텝이 현재 움직이는 우주이다.

이 움직임은 곧 DNA, 두 라인이 상괘와 하괘의 관계에서 두 개는 1이 되고 변괘는 곧 3이 되어 현재 변화하는 움직임의 상대성이 마지막 남은 0.5라는 것이다.

이는 너무 미시적인 설명이고 본래 하도와 낙서로 통 크게 설명하면 5가 1이고 10이 2이고 15가 3이다. 설명하자면 하도와 낙서의 설명으로 디테일한 것이다. 다만 우리가 그래프의 파장을 긴 떡을 자르듯이 잘라 하나의 새알로 뭉쳐 입자로 설명하는 것이 그 그래프가 상하의 폭으로 길어지는 마디의 설명으로 입자의 출생지를 하는 것이다. 이게 실제 입자고 그 출생지가 점이 아니라 선의 일부요 그래프의 일부로 볼 수밖에 없다.

또한 입자 이전에 물질과 반물질로 음과 양으로 하는 것이다. 그러면 양을 양대로 셈이 더해져야 하고 음은 음대로 셈이 더해져야 하는 것에서 정수와 반정수가 된다. 그러므로 곡선의 위치성으로 음과 양이 제로섬이 되든가 반비례로 되는 것이면 반비례도 대칭성으로 보는 것이면 정비례되는 그림자가 있어야 한다. 그러면 이는 반에 묻힌 것이 아닌가 한다. 굳이 1인 수평으로 파장 폭의 차이를 본다는 것으로 미, 적분으로 한다는 것은 마치 비례와 상대성이 흡수된 것에서 그 굴절의 머리가 어디 있는가를 찾아야 하는 것만큼 불확정성에 있다.

우주가 아주 넓어도 하루 안에 양성자 중성자로 얽히는 것으로 물질과 반물질인 것과 같다. 그래서 한 효가 4인 것에 음이 차든 양이 차든 차는 것에서 세 개면 12인 것으로 오전으로 할 수 있다. 그리고 나머지도 4가 세 개의 효를 가지면 12인 것으로 오후가 된다.

이에 육효는 쿼크인 것이다. 그러면 하루 안에 쿼크별의 사계절 우주가 다 실현된다. 이는 곧 별자리가 나의 자리로 움직일 수 있다는 것이다.

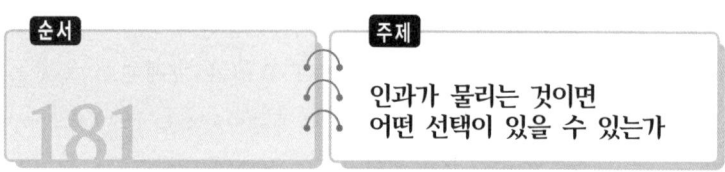

일례로 부모님이 돌아가셨는데 부모님의 업이 나와 이어지는 것이면 곧 이는 내가 나도 모르는 부모님에게 태어나는 것으로 보면 죽어도 알고 가는 것은 아니니 불공평할 것이다. 이는 어디든 마찬가지가 아닌가. 태어나는 것도 내 마음대로 아닌데 죽어서는 마음대로이겠는가.

무슨 뜻이냐 하면 부모님이 천당에 태어났으면 나도 그들을 따라 천당이라는 연줄이 있다. 하지만 만일 지옥으로 가셨으면 지옥의 연줄이 생기는 것이다. 그러면 내가 이승을 떠나서라도 선택을 하지 못하는 것이니 방향을 틀게 되어 있다. 이때부터는 죽어서도 불공평의 시작이다. 그러면 내 근기에 맞게 태어나는 것인데 문제는 인연이 없다는 것이다.

즉 부모님은 지옥에 가 있어 내가 인연을 끊은 것인데 그러면 인연이 자꾸 생기는 것으로 남남이란 친밀한 업이 박한 것인데 그러면 좋은 업도 박하지만 나쁜 업도 박한 것이다. 이는 처녀지와 같고 황무지와 같지 않겠는가.

그런데 습(習)이 무서운 게 부모님이 지은 업이 막중하면 그대로 상속되는 업이 되는 것이다. 즉 이승과 마찬가지로 포기하지 않으면 업은 상속된다는 것이다.

자식으로서 부모님 은덕이 막중한데 외면해서는 안 된다. 솔직히 냉정하게 보면 부모만 한 정성이 어디 있는가. 그러니 자손에게 미치는 악영향은 감수해야 하고 구관이 명관이 되는 것이다.

살아 꼰대지만 죽어 막역한 사이가 부모만 하겠는가. 다 자식 땜에 업이 큰 것이고 막말로 니체의 말처럼 아랫도리가 없으면 다 철학자가 되든가 도인이 되었을 것이 아닌가. 이는 꼭 부부만의 문제는 아닌 희망인 것이다.

그러니 문제는 업이 무거워 지옥업을 자식으로 닦아주어야 하는 것이 천도이다. 물론 천도는 지옥뿐 아니라 천상에서도 빌어주는 것이다. 하지만 천도도 일종의 업을 상속하는 것에서 풀어주는 것으로 이것이 내생에도 이어지지 않으면 제사도 뭔 필요가 있는가.

업연을 소중하게 여기지 않으면 결국 옆에 거지가 지나가도 전생에 내 부모인 줄도 모르고 지나가는 인연이 되는 것이다. 그러면 시주 한 푼 줄 인연도 못 되는 것이 많으니 많은 인연을 멀리하다 보면 나라에 기근이 들면 누가 시주를 하겠는가. 그러니 싫다고 해도 세상 이치가 부모 없이 사는 인생이 순탄한 인생이겠는가 하는 것이다. 고리도 가까운 것부터 풀어야 내생도 수신제가가 되는 것이다.

우리가 이승을 떠난다는 것은 더 성숙한 세계인데 그런데도 상속을 포기하고 갈 수 없는 것이 돈보다 더한 가치가 있다는 것이다. 이는 조상의 업이 자손에 미쳐 내가 안고 간다고 하면 만일 지옥이 해제되면 어느 생엔가 부모의 인연이 다시 될 수도 있고 친한 친구가 될 수 있다. 그런데 그것은 업의 고리에 성실한 보답에서이다.

즉 시공간을 이승과 저승으로 연결시켜 보면 조상이든 자손이든 먼 것이 아니고 인연을 끊는 것이 곧 혈혈단신인 것으로 평생인 것뿐 아니라 영혼이어도 혈혈단신일 수 있다. 이것은 인간세만이 사회적 동물이 아니라 영혼이 사회적이라는 것에서 혼자라는 것은 부모의 업을 상속받지 않으려고 더 혈혈단신으로 몰아갈 수 있다는 것이다.

꼭 그 인연이 현세에만 국한되는 것이 아니라 조상의 업은 받지 않아 좋은 듯도 하지만 막상 떠도는 우주인이고 보면 만나는 인연마다 그렇다고 복불복에만 맡길 것은 아니지 않는가. 그래서 인연을 소중히 하라는 것이다.

즉 소중히 하는 만큼 영혼의 길에 벗이 많아진다. 심판? 심판받고 해방되면 돌아갈 곳이 있는가. 돌아갈 곳이 없다? 그럼 노예인가? 노숙인가? 심판받고 태어나는 것보다 태어나서 심판도 있고 죽어서도 심판이 있는데 죽으나 사나 심판에 걸리지 않아야 자유인 것이 아닌가.

자칫 살아 심판, 죽어 심판에만 사는 생이 어느 쪽이든 보기 좋은 꼬락서니겠는가. 위태로운 외줄타기가 되어선 안 된다.

순서	주제
182	어허라! 오늘 횡재했다. 천삼(天蔘)을 캤다

먼저 4라는 기본수를 내려면 48 안의 숫자를 마음대로 음과 양으로 가르고 4로 나누어 나머지가 3이면 4는 넘치지 않은 그릇에 찬 것이다.

이 함량은 입자의 양이 아니라 파장의 굴곡 상태로 물질과 만물의 상태로 음효가 ㄴㅁㅇ이 되고 양효[18]가 되는 것이다. 이는 마치 양동이 속 물이 파장의 겹을 여덟 겹으로 가두는 것과 같다. 그 나머지는 수평이 아니라 파고로써 겹쳐지는 것으로 한다는 것이다. 즉 4는 사방이 포화상태를 말하는 것인데 이 파장이 하나의 효로 하나의 양동이로 친다면 양동이 하나마다 또한 하나의 자기장이 일어나는 것이다. 그러므로 소성면 12가 되고 대성면 24가 되는데 이를 임자라고 할 수 있는 것은 애 때부터는 스핀이 있는 것으로 비단천에 구르는 것이 된다.

마치 원소 1주기율은 스핀이 없으니 양끝 사이가 비고 2주기율부터 원소가 8족이라는 것은 각기 스핀이 있는 전자가 있기 때문이다.

이는 물질이 다 깨진 상태에서 힉스 입자의 입지가 생기는 것이다. 즉 전자기장이 50인 것에서 질량이 없는 것으로 한다. 그리고 입자로서의 질량은 아니어도 파장의 그물이 있다. 그러면

---

18) 역(易)에서 괘(卦)를 형성하는 효(爻)의 하나이다.

그 물질이 사라진 진공에도 힉스가 생기는 그물 옷에 서캐가 생기는 힉스라는 것의 발단을 설명한 것이 이와 같다는 것이다.

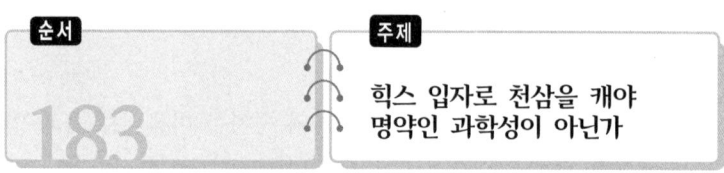

순서 183 주제 힉스 입자로 천삼을 캐야 명약인 과학성이 아닌가

천삼을 캐는 법을 하나의 힉스 입자를 캐는 것으로 보면 먼저 힉스 입자 탄생의 공간성을 열어야 한다. 그런데 이 공간성은 임의적으로 사방이 둘러싸는 파장으로 둘러싼 것으로 플라스마 형태의 제로 질량에서 먼저 땅이 있는 평면에 산이 있는 융기의 파장이 있는 것이다. 이는 어느 한쪽이 떨어져 나오는 것이 DNA에 RNA와 같으면 이것은 힉스 입자와 같은 것이라고 한다. 즉 DNA의 한쪽 라인은 인삼 밭이고 한쪽 산은 산삼 밭인데 이것은 같으니 DNA의 대칭으로 같다는 것이다.

양성자와 중성자 즉 산인 양성자와 그것에 축소되어 가라앉은 중성자의 관계로 산삼과 인삼은 같은 것이다. 그러나 이것에서 떨어져 나온 공간은 허공으로 하늘이니 이것이 천삼이다. 즉 산삼이라는 것이나 인삼이라는 것이나 나중에 천삼으로 돌아오면 하나의 움직임이 있는데 우주의 쿼크별이 그렇게 움직이고 있다는 것이다.

반은 밭이니 인삼이요 반은 산이니 산삼인데 이를 합해 하나인 것으로 1인 유전체인데 또 행하는 공간이 있으니 이를 천삼이라고 하는 것이다. 그러면 쿼크가 3분의 1과 3분의 2로 나뉠 때 3분의 1은 천삼이고 하늘과 함께 움직이는 동괘와 변괘이다. 나머지 두 개 중성자는 밭인 인삼이요 양성자는 산인 산삼이다.

이러한 쿼크의 구조를 좀 더 디테일하게 맥스웰-볼츠만 속도 분포의 법칙으로 논하자면 이미 우주는 네 개의 사계절이 있다. 그런데 이 변화가 본괘2와 변괘2를 합한 사계절이 찬 것이니 더 이상 늘어날 것은 없다.

이 4로 우주의 포화상태를 말하는데 그러면 수축을 해야 하는 것이지 우주가 깨지는 것은 아니다. 그렇게 우주는 궁극을 피하는데 문제는 이 팽창과 수축 사이에 쿼크가 중심을 잡고 있다는 것이다.

전기는 원동기를 자연적으로 돌려 전기를 일으키는 것이 우주의 수축과 팽창으로 간만의 차를 이용한 발전이 된다. 이는 우주 간만을 이용한 발전으로 자연적인 것이다. 이것은 사계절을 이용하는 4개의 괘 즉 2개의 본괘와 2개의 변괘의 변화에 의해 만들어진다.

그러면 원동기를 돌려 사계절의 변화에 기온의 변화를 맞추는 것은 50의 대연수로 육효를 만들고 팔괘를 만드는 것에서 본괘와 변괘의 벽까지 채우는 능동성을 보인다. 이것으로 네 개의 괘는 자석이 양쪽으로 힘을 가해 중앙의 원동기가 자동으로 도는 수동형에 비해 원동기가 능동적으로 돌아간다. 그리고 양쪽 자석으로 팽창하는 에너지와 응축과 팽창의 에너지화가 전 우주적인 간만의 차인 사계절과 사계절을 스스로 균형을 잡는 쿼크의 영향을 보는 것이다.

순서	주제
184	64괘가 맥스웰-볼츠만의 법칙에 들면 매우 기하학화되는 구조이다

　DNA 2진법의 컴퓨터인 몸은 언제나 열려 있다. 그래서 RNA적 독립이 입자가 아닌 파장을 잘라 따로 독립적인 3으로 쿼크는 이러한 독립성의 세 개의 효와 세 개의 괘로 진행하는 것이다.

　그러므로 이미 우리 몸은 어느 미친 컴퓨터 게임 용사보다도 쉴 새 없이 작업을 하는 것은 심장이 보조하는 것만으로 충분히 알 수 있다.

　즉 DNA는 열린 컴퓨터인 2진법이 쌍으로 진행하는 것으로 2분의 1이 2개인 것으로 1인 수소 한 알의 센터로 하는 것이다. 그런데 여기서 RNA가 나온 것에서 2등분에서 한쪽만 더해지니 곧 쿼크의 반정수에 3등분의 쿼크가 된다. 그리고 3의 입장일 때를 기준으로 현재의 행위가 되는 것으로 괘상 양괘가 되고 음괘가 된다.

　두 개가 쌍이면 숫자의 상수는 같은 숫자의 더하기나 곱하기로 이뤄지는 것으로 객관성인 것이다. 그러니 팔팔이 64괘라는 것은 객관성에서의 내용이 있는 것이다.

　이는 곧 2진법인 컴퓨터를 열어 브라우저를 열었을 때 속에 10개의 배너로 세분화하였다는 것만으로 십진법으로 하는 것이다. 이 10개의 배너로 십진법적 항목으로 모으고 자르고 하는 셈법이 되는 것이다.

　이는 머리의 컴퓨터적 규격화인데 이것은 곧 8이 64에서 여러 내용이 십진법적 균형의 하도와 낙서가 나와야 한다. 이것에서 디테일하게 맥스웰-볼츠만 이론에 근거한 기하학적 구조 형성을 보는 것에서 감자는 다 같은 감자인데 완전이 고구마처럼 배배 꼬인 것 같다. 그러니 직선적으로 셈의 규칙성을 따라야 하는 것에서 384효가 열려야 한다. 그런데 완전히 64에 동떨어진 유전성이 없는 듯이 모양을 나타내는 것 같은데 그렇지 않고 감자의 유전성으로 온 것이라는 것이다.

즉 64된 자손은 같은 유전성을 갖는 맥스웰-볼츠만의 기하학성과 일치하는 의미가 된다. 우회로 가나 직선으로 가나 도달하는 자는 같다. 즉 손오공이 몸을 어떤 집합성으로 다투어도 제 몸으로 돌아오면 64라는 것이다.

185. 하루 만에 우주 전체의 사계절인 쿼크를 산 것이다

우주는 네 개의 사계절적 우주가 모인 것으로 4를 근본으로 하고 이 4를 하나로 묶어 하나의 효가 되면 세 개의 효면 12가 된다. 즉 시작인 이 네 개의 소성괘를 하나로 압축해 하나의 효로 만들었다가 다시 세 개의 효를 만드니 4×3으로 12가 되었다.

그러면 이것이 소성괘 하나가 되었는데 대성괘로 하면 24가 된다. 이는 마치 하루가 12시간인 것이 24시간으로 얽히는 것이다. 곧 쿼크의 하루가 되는 것으로 12시간과 12시간이 그러면 지구 한 바퀴이다. 우리는 현재 지구 위에 있으니 이미 한 바퀴 위에 있는 것이다. 그러니 오전 반 오후 반이 합한 하루가 1인 것으로 온 것이 되는 것이다.

그리고 내가 행위를 시작하는 것이 동괘와 변괘 즉 용괘(用)가 변괘를 끌어들이니 이것이 3이 되어 3×4×3인 36으로 이 36은 우주 4방의 울타리를 더해 40이 된다.

이러한 만물의 현시점에 내가 있는 자리가 4인 하나의 효가 세(世)의 자리가 되고 이에 응하는 효가 6효이니 24효가 24시간 안에 있는 것으로 24를 더해 64라는 기하학화한 디테일을 볼 수 있다. 그런데 8×8이 64인 것에서 내용이 매우 광범위한 디테일이기 전에 수학적 구조의 물리로써 다변성을 보이는 기하학이다.

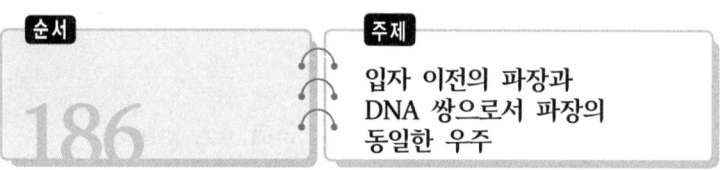

순서 186

주제
입자 이전의 파장과 DNA 쌍으로서 파장의 동일한 우주

DNA에 RNA적 절단은 입자이기 전에 파동인 것으로 양이나 수의 격리가 있기 전에 있던 파장이니 이는 질량도 나타나기 전의 상태이다. 그리고 힉스 입자가 나타나기 전의 일이니 DNA는 선인 것으로 파장으로만 보아야 한다.

그래서 비단 끈과 같다는 것이다. 여기에 네 개의 염기가 나왔다는 것은 마치 비단에 서캐가 슬었다는 것으로 일종의 입자의 태동이고 힉스 입자의 태동으로 본다.

우주의 물질이 에너지가 없어지면서 다 깨지는데 깨진 중에도 전자가 존재하고 양자가 존재한다면 전자장이 얽혀 양자가 되는 시발점이 곧 DNA 두 라인의 파장이다. 그럼 DNA 두 라인은 파장인 것이고 중앙의 수소는 그나마 입자로 만들어주는 것이다. 그러므로 양성자와 중성자를 두 라인으로 끼고 있는 원자의 핵이 수소라는 것이 주 핵심이다.

순서 187 | 주제 왜 3을 삶이라고 했는가

쿼크가 삼진법이기 때문에 효 세 개가 되어 소성괘가 되고 또 진보하면 6이 되어 대성괘가 되고 또 진보하면 9가 된다. 그런데 이것이 현재 움직이고 있는 현시점에서 변괘와 동괘의 접합점인 현재 진행 중의 삶이 된다.

이것이 쿼크의 우주의 진행이 되는 현시점을 3으로 하는 것에서 이를 삶이라고 한다. 쿼크 시스템은 0.5 세 개가 모여 1.5인 것이 소성괘이고 이를 10배율로 보면 5가 세 개 모여 15의 삼진법이다.

이는 2×2=4, 3×3=9이고 이진법의 차원이 3차원인 시공을 갖는 쿼크이다. 결국 이러한 진법적 시스템은 7×7=49가 되고 8×8=64가 된다. 즉 소성괘는 1.5인 것에서 1은 반정수 두 개로 전기로 향하면 양이 두 개인 1이고 전자로 거꾸로 돌면 음이 두 개로 1이다.

이는 음괘 2개, 양괘 2개로 아직 세 개의 효가 되지 않은 상태라 괘가 되지 못하고 정적인 것이다. 그러나 나머지 스텝에 현실적 나의 행위이니 동효와 동괘가 변효와 변괘와 함께 물려 변화되어 가는 중이니 3이 곧 현재이니 삶인 것이다.

다만 이허중인 것과 감중연인 경우 이미 두 개의 음양이 같이 붙어 있는 것이 아니고 중간에 격이 있다. 격이 붙는 것이면 연하고 떨어지면 경직된다. 그래서 이허중은 거북의 등처럼 단단하고 감중연은 양쪽의 음은 양으로 하니 유연해지는 것이다.

0.5 두 개가 붙어 1이 되지 못하니 수평이나 수평이 되지 못하고 속이 빈 중심은 있으나 없고 가장자리만 둥근 것이 된다. 어느 한쪽이 균형을 잡아주어야 비워도 중심이 있고 파도를 쳐도 수평이 있는 균형으로 나아가는 것으로 확장된다. 이것은 현재 균형을 구심으로 잡느냐 원심으로 잡느냐에 직면한 행위로 한쪽의 0.5를 나중에 1로 잡아주어 중심을 잡아준다.

풍선도 중심이 없으나 중심이 있고 물결도 중심이 없으나 수평으로 돌아가니 결국 정수와 반정수가 그래프의 센터 폭을 크게 해도 그 폭의 고저에도 수평인 센터가 있다는 것의 파장이다. 이는 결국 소성괘가 세 개로 1.5이면 대성괘로 3이 되는 것으로 삶이 된다.

효를 1로 치면 또한 6인 것이니 또한 두 개는 음일 수 있고 양일 수 있고 음양이 두 개인 것으로도 쿼크가 된다. 결국 대성괘도 2개의 합인 것이고 변괘가 곧 3인 스텝의 현재 내가 심장이 뛰고 숨 쉬는 행위가 살아 있는 것이니 3이 곧 삶이다.

삼이라는 소리글은 ㅁ이 받쳐 있어 경직된 형상을 띠지만 ㄹ이 붙음으로써 살아 있다는 뜻을 형상화한 것은 물리를 넘어 철학이 어디서 나왔는가를 숙고해야 한다.

순서	주제
188	원소 1주기율이 곧 50 대연수 중에 2개의 역할을 한다

　0인 대연수에 2개를 빼고 즉 먼저 천을 빼고 나중에 지를 빼는 것은 천을 따로 공간에 두는 것이고, 지는 새끼손가락에 끼는 것은 손가락 10개는 땅이기 때문에 이 10은 곧 구궁도의 10진법에 해당된다.

　이는 대연수 50에 2개를 뺐다는 것으로 원소주기율의 전형원소가 50인 중에 1주기율인 수소와 헬륨을 2개 빼고 나머지가 48인 것이다. 그러면 6×8=48인 숫자로 다시 양쪽으로 분할하는데 이는 쿼크가 이 지점에서 일어나는 것으로 쿼크는 2분의 1의 분할성으로 1 안에 0.5인 대칭적 균형이 있다. 이런 균형에 업 쿼크와 다운 쿼크로 중심으로 꼭대기 쿼크와 바닥 쿼크가 있다.

　또한 맵시 쿼크와 기묘 쿼크가 있는 것에서 이 쿼크는 2분의 1인 균형이 있다. 그리고 양성자와 중성자의 상대성으로 3분의 1과 3분의 2로 기운다는 것이다. 그러면 3분의 1인 것만으로 음과 양의 기운이 현재 있게 된다. 이는 곧 3분의 1은 괘상의 음과 양이 되고 3분의 2는 효의 음과 양이 된다.

　그러니 사물의 음과 양기는 3분의 1인 표피성이고 내면적 강력은 약력으로 생긴 사물성의 크기와 질량을 화하지 못한 상태의 힘이라고 봐야 한다.

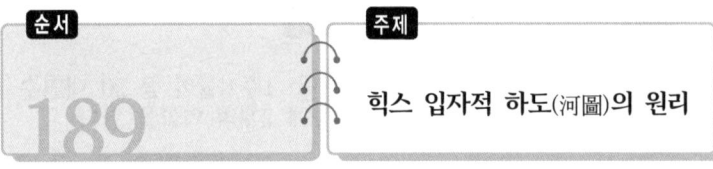

힉스 입자적 하도(河圖)의 원리

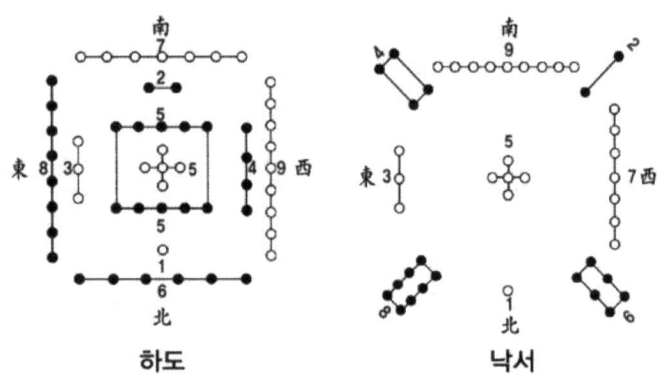

하도   낙서

　힉스 입자를 물질을 만들어내는 기초라고 하는데 그러면 이 힉스 입자를 싸는 것을 전자기력으로 보는 것이다. 그러면 이는 광자나 전자나 질량을 가지지 않는 것에서 질량을 갖는 우주성의 입자라는 것으로 씨앗이 힉스 입자라는 것이다.
　입자의 바닥은 광자만 있는 것에서 전자로서 양전자와 전자로 되었을 때 서서히 양자를 띠는 것은 전자가 양전자로 태우다 전자로 돌아가면 양자가 중성자처럼 남는 것이다. 그러므로 질량으로 할 수 있는가 하는 것인데 이것이 힉스 입자의 발단이다.
　전자기장에 양전자가 일면 전자장이 마치 무지개의 자외선 안으로 긁혀 나오듯이 자기장의 통로 안에 갇히는 색소이다. 그런데 이것이 곧 힉스 입자의 탄생이다.

 즉 무지개는 원의 반이 아니라 공중에서 보면 원이 한 바퀴이다. 이것을 파장의 공간성일 뿐 입자라고 하지 않는 것은 원통형을 이루는 힉스 입자의 통로로 원통형의 자기장 섬유성에 서캐가 슬듯이 하나하나 입자가 되는 것으로 힉스 입자가 된다.

 이것은 질량이 되는 양으로 그 통로를 빠져나와야 전자기장이 힉스 보손이 되는 것이다. 이는 광자가 보손으로 힉스 입자가 되는 지점에서 양자가 별도로 되는 것에서 서서히 중성미자가 되는 것과 핵이 되는 것으로 쿼크가 된다.

 그런데 힉스 입자의 우주에서 이런 입자는 다 암흑물질인데 이는 별이 생긴 우주가 더해진 것에서 암흑물질로 보일 수 있다. 즉 별들이 광자를 뿜는 시야에서는 은하수는 깊을수록 암흑이라는 것이다. 파장은 이어진 것으로 선이다.

 그러나 파장이 격리가 생기려면 양각이어야 보이고 음각이면 안 보여야 사물은 입자로서 격리가 된다. 이를 반정수와 정수로 하는 것이다.

 이는 길게 빠진 떡을 낱낱이 잘라 하나의 알로 말듯이 파장을 입자의 단위로 질량을 매길 수 있고 아니면 선인 것으로 파장으로만 보이는 텅 빈 우주성이 곧 양자 얽힘과 같다. 여기에 서캐가 스는 것이 힉스 입자인데 새끼는 알을 얼마나 낳느냐에 따라 질량이 생기는 것과 같다. 이것은 광자인 별보다 무거운 질량이니 암흑으로 보일 수밖에 없다.

8괘적 종말

원소 3족이 광자이고 원소 4족이 전자기장이고 5족이 보손이다. 원소 6족이 암흑물질이고 이것은 파장 중에도 두껍고 진한 파장으로 보손보다는 힘이 강한 파장에 속한다.

이것은 블랙홀과 같은 것을 자기장을 빨아들이는 것에서 광자를 빨아들인다. 그런데 원소 6족이 5와 4와 3족까지 빨아들일 수 있는 것에서 원소 8족 중에서 허리 부분인 3개의 족을 벗게 하는 것으로 그 주위가 휑하게 하는 것이다.

즉 남은 1과 2족이 뼈대로 남는 것으로 건에 버티는 하늘이 되고 나머지 7과 8족이 남는 것으로 땅에는 화석이 남는다.

선천수의 역행과
전자장 우물 속의 타래

차를 타고 가다 보면 가만히 있는 정물은 뒤로 간다. 즉 앞의 숫자가 하나씩 준다. 선천수가 그러한데 일종의 힉스 입자는 앞으로 나아가는데 그것을 둘러싼 전자기장은 뒤로 가는 듯이 보인다. 그러면 가만히 있는 전자기장은 힉스 입자의 자석에 긁히는 것과 같은 것으로 마모가 된다고 본다. 즉 전자기장의 마모에 의해 다른 쪽으로 에너지를 부여하는 것과 같다.

이는 곧 선천적으로 내가 온 것에 해당된다. 9에서부터 감하여 온 숫자가 마치 우물물을 벽에 휘저으며 타래를 올린 것에서 부으면 하도에 떨어진 것이다. 그 숫자가 힉스 입자이면 전자기장의 우물 테두리를 안은 채 힉스적 선천수의 위치로 질량을 배분한 하도라고 볼 수 있다. 그리고 낙서의 문제는 원소주기율이 늘어나는 것에서 추가 무거워지는 것으로 7주기율까지 들어간 것이기도 하다.

무지개가 자선 안에 있는 둥근 공간으로 자기장의 통로라면 이 무지개의 둥근 띠는 광자이기 때문에 질량이 없다. 다만 파장일 뿐이라는 것일 때 이 자외선이 감고 있는 것은 무지개 벽 안에서 입자가 일어났을 때 이를 힉스 입자가 일어나는 시공성으로 본다. 그러므로 팔괘의 둘레로 질량을 부여할 수 있는 것이 무지개 띠 한 바퀴를 뜻한다.

우리가 무지개를 하늘의 통로인 둥근 문의 하도나 낙서의 둥근 원으로 들어가는 것에서 둥근 정원의 중앙에 있는 것으로 했을 때 이를 하도로 싸는 것에서의 사방 원형에 중궁이 힉스 입자의 태동으로 보아 5가 되었을 때이다. 이 5가 다시 한 바퀴로 10이 되는 것으로 구궁의 10이 되고 낙서가 된다.

이렇게 두 개의 5가 되어 10이 10분의 1로 줄어들면 0.5와 1의 관계와 같은 것으로 두 개를 의미한다. 그러니 이는 세 개의 효가 되지 못한 상태를 말하는 것으로 두 개의 효는 같은 것으로 앞으로 진행하면 양이 두 개, 뒤로 진행하면 양이다. 그런데 이 두 개에서 다시 5를 더해 15로 세 개의 효가 되면 하나의 괘가 된다. 이 세 개의 효 중에 나중에 15의 자리가 현재 내가 있는 기운인 것이다.

이는 세 개 중에 나머지 하나의 효가 양이면 양괘이고 음효이면 음괘이다. 본래 두 개가 같은 것으로 10은 음이든 양이든 취급하지 않고 하나인 3의 자리로만 음과 양으로 한다는 것이다.

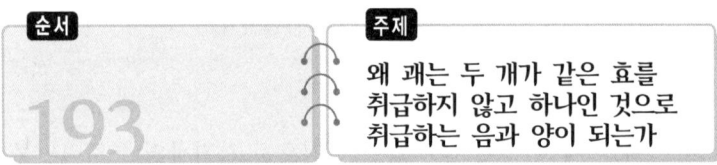

팔궁에 에너지를 부여하는 즉 첫 번으로는 1에서 한 바퀴 돌아 중앙으로 하고 나를 기준으로 다시 사방을 부여하면 10으로 돌아온다. 여기서 두 번 돌아 다시 한 번으로 나아가면 3분의 2에서 다시 3분의 1이 되는 것으로 양이 된다.

그러면 이 역행으로 가는 것이 3분의 2가 양인 것에서 3분의 1은 음으로 현시점의 발자국이 되는 기가 된다. 이 3분의 1의 자리가 음이면 음이요 양이면 양이 된다. 즉 사방을 두 번 돌고 나야 10인데 이는 5 두 개인 두 개의 효가 있은 후에 나머지 세 번째의 5를 더한 15의 자리가 음이면 음괘이다. 그리고 양이면 양괘인 것이 좌우된다는 것이다.

전체 상과 세포 단위 상이 같을 때 이는 한 속도 안에서 일어날 수 있는 한 모형의 응축성으로 하는 경우 세포 단위도 전체의 모형을 다르게 할 겨를이 없다.

즉 전체의 형태가 속도성의 시간이 없는 것이면 정체성 내의 작은 단위도 전체성을 따르지 변화할 수 있는 시간의 속도를 어길 수 없다. 그러니 결국 바닥에 양동이 물을 뿌리면 이것에 시간이 없는 상태라고 할 때 그 속에 있는 작은 알맹이들은 전체의 문양에 어긋날 수 없다.

이것이 시공 차의 법칙인데 어떤 시공이 빛의 속도보다 빠른 속도로 물을 부었다. 그러면 결국 빛은 선으로 깐 바닥이 일어나면서 말리는데 그 많은 말림의 문양은 빛의 속도 이상의 문양 그대로 세포와 같은 것이 된다. 이미 빛의 시공간으로 스스로 문양이 없는 빛 밖의 문양으로 문양이 났다는 것이다.

즉 이러한 경계의 차이가 신의 마음의 문양이나 실체적 문양이 같다면 신은 존재하는가의 물음에 과학적일수록 신을 인정할 수밖에 없다.

그런데 이는 양동이 물을 강태공 마누라에게 쏟을 것이 아니라 과학자에 부어서 설명하면 간단할지 모른다.

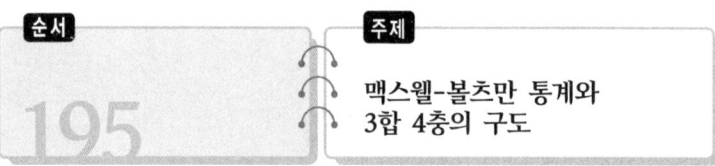

순서 195
주제 맥스웰-볼츠만 통계와 3합 4층의 구도

먼저 12인 원주에 네 개의 사각형이 들어 있다. 이것에서 이 네 모퉁이는 4이다. 또한 사각형 안에 삼각형이 들어 있는 모퉁이를 3으로 하면 먼저 4인 모퉁이 4층과 삼각 세모 모퉁이 3합을 곱하면 12가 된다.

이는 4를 최대 포화 상태를 말하는 것에서 사방 면이 충돌이 일어 반사적으로 충돌이 일어나니 사충이라는 것이다. 그리고 이 반사정 충돌이 안으로 모이면 3합으로 결합하게 된다. 그러므로 약간 부족한 상태로 합의 봉오리를 만드니 이 팽창과 응축이 꽉 맞게 끼이도록 원주율의 굴레가 12라는 것이다.

즉 삼합 12가 하나의 원으로 삼원인 양성자 중성자 전자인 것으로 통한다. 그러니 12×3=36인 것으로 4를 더해 40인 것에 반정수와 정수를 합하여 12를 24로 한다.

순서 196
주제 한 달의 정수와 보름의 반정수

본래 한 달은 1인 것으로 정수라고 하는데 한 달에 한 번은 정수의 양이 된다. 여자의 잉태는 정수를 채우는 그릇이다.

그리고 반월은 반이 차는 것과 반이 주는 것으로 반정수라는 것은 정수는 음효가 되고 반정수는 양효가 되는 것으로 본다. 그러면 양으로 부각되어 있는 것은 반정수인 홀수의 돌기성이다.

즉 우리의 시야에 나타나 보이는 것은 0.5나 1.5와 같은 반정수이다. 반정수는 정수의 대칭인 반물질에 감긴 대칭이니 반만 정수로 취급된다. 그리고 물질과 물질 간의 대칭은 호수로 1이 되는데 이런 양각과 음각은 육효의 효로 잘 나타낸다.

곧 양효는 다 드러난 것이고 음효는 반은 잠긴 것으로 한다. 결국 이러나저러나 하나로 치니 하나의 효는 양효나 음효나 같다는 것이다.

이는 쿼크의 일부에 해당되는 것이기도 한데 쿼크는 강력인 것에서 반입자라고 한다. 하지만 쿼크 안에 음효와 양효가 있는 분명 음과 양이 합하면 1이 되는 것으로 정수가 되는데 양의 표면상으로는 반정수에 속하는 것으로만 볼 수 있다. 실제 1에서 반물질과 물질과의 관계에 있는 것으로 하나에서 나온 일 편이라는 것이다.

197. 쿼크가 64괘인 것이니 맥스웰-볼츠만의 법칙은 중요하다

이는 천문학적으로 24절기에서 12달은 1달인 1인 것으로 정수에 속하고 한 절기는 한 달의 반인 보름이니 0.5로 홀수에 해당된다.

이는 곧 이 보름 안에 삼원이 있는 것이고 삼원은 60갑자 시간이 세 개 차 있는 것이니 180시간이 보름으로 360시간이 한 달인 셈이다. 그러면 홀수가 보름인 15일이고 두 개면 한 달인데 짝수가 되는 것이지만 또한 1인 홀수의 시작이 된다.

그리고 6개월이면 육효가 되는 것에서 한 효에 한 달이 있게 되는데 한 효에 음과 양이 있으니 보름이 양이고 나머지 보름이 삭월인 것으로 결국 양인 0.5는 사라지고 1인 그믐으로 사라진다는 것이다. 즉 그믐이 1이고 보름이 1.5가 된다는 의미이다 .

여섯 주기율인 육효가 반년의 반쪽이면 1쪽이 되면 24가 된 절기가 된다. 이것으로 40이라는 원주 안에 24절기의 눈금을 더해 64가 되는 것으로 64괘가 나오는데 이는 곧 네 개의 함 안에 세 개의 구슬이 들어가야 한다. 그럼 4에서 1을 비워서 표본이 되어야 하는데 왜 하나가 비어야 하는 것인가. 왜냐하면 하나가 비지 않으면 이동성이 없어지는 것이니 어떤 경우의 수를 만들지 못하기 때문이다.

마치 공망이 없으면 육십갑자가 생겨나지 않는 것과 같다. 이런 구도가 생기려면 12달을 하나의 원주로 해야 4와 3의 결합과 분리성이 반복되는 것에서 원소주기율이 생기는 것을 말한다.

순서 198

주제 64괘는 쿼크의 종류가 64라는 것이다

64는 객관적으로 8×8=64라는 것인데 맥스웰-볼츠만의 통계로 보아도 64는 좀 디테일하다. 마치 한 곳에 모이는데 두 개의 노선이 있는 것과 같다. 각 길마다 배경이 있고 풍치가 있는 길은 4+(3×4×3)+(4×6)=64라는 것이다.

이는 마치 맥스웰-볼츠만의 복잡한 덩어리를 낙서로서 기운 것을 4 이것으로 사방의 균형을 잡는 것으로 할 때 이를 다 해산시켜 다시 하도로써 사방의 균형을 잡으니 8×8=64가 나오는 것이다.

즉 8은 한 주기율의 헬륨족을 말하는 것으로 두꺼운 껍질을 말한다. 이는 전자껍질과 같은 오비탈과 같은 것인데 여기에는 중력과 강력과 약력을 배제한 이미 각질로 붙은 상태로 64개 결합성의 쿼크에 붙어 강력해진 것을 말한다. 그러면 전자기력에 갇힌 약력의 보손에 의해 질량이 하나씩 생기는 것에서 양성자와 중성자의 쿼크가 탄생하는 종류가 64개 생긴 것이다.

순서	주제
199	인생 100년 왜곡을 바로잡으려면

　양자 얽힘을 꼭 100인 것으로 하자면 이는 곧 쿼크의 강력이 설탕알과 같은 것에 원주율로 인해 100배율인 보손의 크기로 태어난 것이 인간이 지구에 태어나는 메커니즘으로 부각된 것이다. 이는 원래의 상과 신기루상의 차이가 100배율의 차이가 된다는 것이다. 신기루 솜사탕인 양자 얽힘이 100배율인 것에서 사물성에서 인간만이 아니라 모든 만물과 함께 100배율일 수 있다는 것이다. 그러므로 대운은 1년이 120년이 되는 대운을 산 것이 되니 우리는 얼마나 솜사탕 먹고 평생을 사는지….

　어찌 보면 불타는 집에서 끄집어내는 데 꼭 정성들이는 솜사탕이 100년이라는 것이다. 그런데 인간이 신이 될 수 없는 이치는 설탕을 녹여 먹을 수 없는 지경이라는 것이다.

　이궁이 곤궁으로 보이는 한 궁의 차이는 곧 100배율의 이동이 되는 것을 말하는데 거꾸로 보면 곤궁에서 이궁으로 확대되어 보이는 것이 100배율이다. 이는 1년마다 나이테를 더할 때 하나씩 배율의 눈금이 나타나는 것에서 100개인 100년 묵은 산삼이면 이궁의 허상에서 곤궁인 실상으로 돌아온 것이다. 그러니 어느 누군가는 속 썩이는 자식을 다시 뱃속에 넣고 싶다고 했다. 하지만 어차피 이궁에서 곤궁으로 100년 살다 가면 거품은 깨지고 다시 자궁인 흙으로 돌아가는 것이다.

순서	주제
200	입자의 상수적(象數的) 배분과 힉스적 질량 배분

 전자 두께로 질량인 양자와 같으면 이는 전자와 양성자 관계에서 양성자가 입자이다. 그러므로 힉스적 입장으로 하면 전자 두께에 따라 양성자가 더한 것에서 쿼크라고 하는 양성자와 전자는 같다. 이는 질량화되지 않는 것으로 하는데 중성자가 있어 질량화된다.
 즉 원소 3족까지는 양성자와 전자가 하나인 것으로 하는 것에서 파장성으로 보고 중성자가 되어서야 질량화한 단위가 된 것에서 파장으로 이어진 것이다. 그리고 하나의 입자 단위로 나누어 있는 것이 중성자라는 것이다.
 다시 말해 양성자는 파장의 단위이고 중성자는 입자의 단위이다. 그런데 이 파장과 입자의 단위는 에너지적 파장이 된다. 그래서 시간의 폭에 따라 중량이 되는 것도 1.5시간의 분량인 전체로 무게가 왔다 갔다 하는 것이다.

순서	주제
201	기문둔갑[19]에 있어 연국(煙局)의 힉스적 질량 배분과 홍국(洪局)의 힉스적 질량 배분

　이것은 기문으로는 직부궁이 12시간이면 직사궁은 1.5시간이 되는 것으로 팔의 성과 중에 한쪽이 직시되는 것이 본래 직사문이다. 이는 낙서의 궁에 힉스가 어떤 자리에 임해서 팔방에 질량을 배분하는 것이 곧 병졸을 각 궁마다 배분하는 것이다.

　그런데 그중에 직사문이 현재의 상황이 되는 것이라고 봐야 하는 것이 연국인 것의 낙서에 배분된 것이다. 국은 하도로 배분되는 것으로 같은 오행이 음수와 양수로 붙어 건너가는 것이 된다. 즉 3이 생하면 8로 성하는 것으로 양과 음이 짝이 된다는 것이다.

　이는 5중궁일 때마다 생수가 성수가 되는 것으로 질량이 성하는 것에서 생수는 힉스적 입장이고 성수는 땅에 물이 솟는 것과 같다.

　이는 마치 북극성이 생수인 것으로 1이면 내가 있는 자리는 5인 중앙으로 하니 성수가 되는 자리이다. 이는 서북방인 건궁이 6인 것으로 실제 5중궁의 땅에 6음수가 솟은 것으로 건이라고 한다. 물이 솟아 버섯 머리로 떨어지는 형상이 곧 6인 음수인 동시에 건궁으로 둥글다는 형상으로 몸에 머리가 그렇게 솟은 형상이라는 것이다.

---

[19] 삼식(三式)의 하나로서 이 중 하나라도 통한다면 신선이 부럽지 않다고 여겨져 왔다. 마음대로 자기 몸을 감추거나 하는 변신 술법(術法).

제 5 장

홀로그램

순서	주제
202	사방을 따라 그대로 밟고 8방으로 하는 것에서의 중앙인 5의 기준점

    하도(河圖)의 4방에 5가 중앙인 것으로 재차 돌면 10인 것에서 4방에는 각기 양과 음으로 돌아오는 것에도 바로 뒤에 서게 되어 있는 것으로 눈금 하나 차이가 나지 않는다는 것이다. 이는 사방으로 돌고 돌아도 하도와 같으면 기울어진 것 없는 상태의 정사각이 바로 서게 된다.

    이는 나를 기준으로 하는 것이니 내가 곧 중앙으로 내가 동이라고 한 것이면 동인 3과 8인 것의 상수가 되고 정방이 되고 또한 3과 8이라는 숫자는 질량수가 될 수도 있다.

    그리고 내가 서라고 했으면 서쪽인 4와 9인 질량을 배분한 힉스 입자의 중앙 컨트롤 타워가 되는 것이다. 힉스 입자가 질량인데 질량의 측정치가 수학인 것에서 내가 서쪽이라고 불러주었다면 이는 질량이 4나 9가 된 것이다.

    이것은 하도의 사방 불변의 번복을 나타낸 것이다.

순서	주제
203	시차성과 낙서(洛書)의 경사각

저 별은 수천만 년의 전의 것이다.

이는 곧 빛의 속도가 시간은 비울 수 있으니 이허중인 것인지 뱀이 시간을 통째로 삼켜 다짜고짜 수천만 년 전의 것이라고 싹 입 닦음 한다.

이도 빅뱅에서 여기까지의 시간이 12시간 중에 1.5시간의 폭이다. 그런데 백억 년이 넘는 것이니 에너지와 질량에 따라 시간이 있는 것이 1.5이다. 나머지 시간은 운동이 일어나지 않았다는 것이 낙서와 스핀도 불안정성에서 쿼크의 기준을 잡아가는 것이다. 그러므로 쿼크는 12시간의 기준이 있는 것으로 사방성이 있는 시계와 같다고 할 수 있다.

이 시계의 눈금으로 우물처럼 둥근 것이면 먼저 땅을 파서 물을 얻으면 전자가 양자의 중력을 퍼 올려 먹는 것이다. 그리고 다음에 돌로 막아 먹는 것이면 전자기장으로 막아 중력을 먹는 것이다. 다음에는 축을 쌓아 먹는 것이면 약력으로 막아 중력을 먹는 것이고 강력은 물을 만들어 먹는 것이다. 즉 별 하나 있는 자리로 물 타래를 내리는 것으로 중력의 물을 먹고 싶다면 이런 우물물을 먹고 있는 것이다.

원소 일곱 주기율로 수소 하나의 물을 건져 올리는 물을 먹는 것이고 원자 하나에 중력의 물을 건져 올리는 것이다. 이는 강력인 중성자에도 바닥 쿼크에 있는 물을 먹고 싶다는 것이다.

순서	주제
204	통일장 이론과 50 대연수(大衍數)

먼저 족을 입자로 할 때 이를 만두피로 하면 파장으로 하는 것인데 이는 곧 한 번의 파장이 한 번의 스크린이 되는 것이다. 그리고 여섯 번의 파장이 7주기율인데 이는 곧 수소족이 배꼽이면 헬륨족은 배가 되는 것이다.

그럼 배꼽은 일곱 번으로 태어날 수 있고 또한 7개 주기율 중에 하나로 태어날 수 있다. 그런데 이것이 곧 6도라는 즉 만두피를 오므리고 보니 소가 가득 든 배꼽인 것인데 어쩐지 탯줄로 소를 넣은 것 같다는 것이다.

이는 점과 두 개의 구멍과의 관계가 핵이면 1과 2족인 것인데 이것이 이중 슬릿을 지나 파장이 되는 것으로 겹치면 3족인 것으로 집합체이기는 하나 공하다는 것이다.

그러나 다시 두 개의 집합이 네 개의 집합으로 되면 4족인 것이고 이 4족이 다시 여덟 개로 겹치면 곧 스크린이 되는 자리가 되는 것이다. 그러므로 8족으로 하는데 그러면 점과 두 개의 구멍 사이 핵인 것이 곧 수소와 헬륨인 것으로 1과 2가 된다. 이 헬륨과 수소의 핵이 2주기율의 눈이 되어 네온인 수소족이 되면 나중에 8족이 되는 것으로 하면 네온은 또한 스크린이 된다.

그러면 핵은 슬라이드 렌즈에 이르는 것이 1과 2족 사이를 통과한 후에 나머지 파장의 얽힘으로 8족인 네온에 스크린이 된다.

즉 2주기율의 헬륨족인 네온의 자리가 스크린이 되는 것이다.

순서	주제
205	양자 얽힘과 양면성의 거울 야누스

  1과 2 사이를 8족의 관계가 아닌 한 스텝인 것으로 한다. 그러면 점과 두 구멍 사이를 헬륨으로 하고 나머지 8족의 관계로 스크린의 그림자와 같은 것으로 핵 속의 필름이 3족이 허중의 벽에 벽화처럼 있는 것에서 통과해 8족으로 가서 스크린으로 보이는 것이라고 하나 이미 8족은 굴절이 된 것이다.

  그래도 이중 슬릿의 영상이 파장으로 굴절됐음에도 그대로 영상이 나올 수 있다면 좋겠지만 그 굴절은 얽힌 것이니 시야상으로는 풀 수 없다. 다만 그 파장이 스크린에 맞게 인위적 복원술이 있다면 마치 하나의 스크린에 앞뒤가 가려진 중에서 영상이 그대로 나오는 것과 같다.

  이런 기술이 곧 양자 얽힘의 벽을 양쪽으로 드러나게 하는 것과 같다는 것이다.

순서	주제
206	씨앗의 상이 있는 유전성 보존과 과피로써 과살이 있는 유전성 보존의 일체성 보이기

　이미 8족인 스크린과의 시작으로 그 안에 나머지 족이 들어간 것이 이중 슬릿을 지난 집합이다. 그렇지 않으면 이미 수소와 헬륨인 점과 두 개의 구멍과 관계를 핵으로 하고 나머지 집합의 파장이 8인 스크린으로 미치는 것에서 따로 볼 수 있는가 하는 것이다. 그런데 이는 곧 1주기율만 핵으로 들어가고 2주기율부터는 8족이 뭉쳐져 핵으로 들어간다. 이는 결과적으로 2주기율 이후부터는 8족 전체가 핵으로 들어간다는 의미이다.

　그러면 전형원소를 떠나 4와 5주기율이면 전이원소를 20을 더하는 것이다. 그러면 28로 하는 것으로 핵이 되고 이 28이 란탄악티늄족의 합인 30을 더하면 58이다. 이것이 1주기율인 2를 더하면 60이 된다는 것이다.

순서	주제
207	이중 슬릿에서부터 우리 몸은 내장과 이목구비가 짝 되게 되어 있었다

　탯줄은 곧 하나의 전선과 같은 것에서 배꼽에서 빛이 된 것이다. 그런데 몸은 내장이나 얼굴의 이목구비나 이중 슬릿의 파장이 4개의 집합이 되었을 때의 오장과 이목구비인 것으로 하면 두

개 합하여 8개로 나눠 하나의 스크린이 되는 것으로 전형원소가 된다. 이것이 최상층 천상층이고 아수라층이 된다.

그러므로 우주상의 생명체로 하는 것이면 전이원소가 지구와 달 공전 사이의 중력으로 3족이 빛을 굴절시키는 것으로 하는 것이면(물론 3족을 성단으로 하면 태양인 곧 전원원소인 것이니 상대적인 것이지만) 이 굴절에 또한 굴절이 자전적인 굴레가 감으니 얽힘인 옷은 실을 뽑아 실뭉치로 감는 형국이다. 그러니 우주에서의 얽힘은 란탄 악티늄족의 실패로 감아 정연한 실뭉치로 사는 역할이 되기도 한다.

그런데 참 묘한 것이 새끼틀을 보면 두 개의 구멍에서 하나의 새끼로 하는 것이 DNA와 같다. 그리고 8족인 파장의 스크린의 줄을 다시 이중 슬릿으로 감아 붙이는 것이 7주기율인 것이다.

그러므로 이를 곧 약력의 보손과 같은 것이 스크린인 것이 원소 7주기율인 쿼크로 짝을 이루면서 감아 붙이는 실패와 같다는 것이다.

즉 내 몸의 이목구비나 내장이 짝인 것이 DNA의 짝과 같다. 그런데 이는 여덟 개의 눈이나 귀인 것의 스크린과 같은 것이 실제로 보면 이중 슬릿으로 끌어들이면 두 개인 것으로 해서 하나의 점으로 관철한다.

순서	주제
208	실체적 홀로그램은 가능한 것인가

　이 공간 자체가 실체인 것만큼 홀로그램의 공간이라면 결국 홀로그램의 시발점은 원점에서 일어날 때 입체적으로 다시 일어나는 것이 된다. 그런데 이것이 곧 형상 기억과 같은 것이다. 상이 일어날 때 이미 원주율의 형태를 갖추었다면 나무는 둥근 원통은 기본적이라는 것이다. 그리고 씨앗이 어떤 형태이든 나무나 풀은 원통으로 나오는 것이 홀로그램이 실체적으로 일어나는 것이다.

　그러니 실제 원소 8족이 스크린이라고 할 수 있다. 그러나 그 스크린은 피부이고 내용은 이중 슬릿 사이의 파장이 얽힌 것으로 오장이 된다. 즉 모두 다 이미 이중 슬릿과 스크린 사이에서 형성된 파장의 덩어리가 있는 것이다. 그러므로 이미 인간의 몸은 홀로그램의 공간이 빚은 것이다. 인간이나 실물은 진짜 홀로그램이고 우리의 눈을 착시하게 하는 것은 상피적 형상의 홀로그램으로 가짜 홀로그램이라는 것이다.

순서	주제
209	정류자는 쿼크와 같다

 핵융합도 중력에 갇혀 벽에 의해 수소가 들지 못해 결국 중력 껍질 밖에서 온도에 의해 융합을 한다. 실제 쿼크에 다운 핵력과 업 핵력이 쿼크에 울타리에 갇혀 자신이 아니게 쿼크가 된 것이다. 본래 다운 핵과 업 핵의 쿼크의 울타리를 넘으면 전자기력보다 강력하니 깨부술 수 있다.

 그런데 이 쿼크는 3에서 1/3과 2/3의 관계로 치우칠 수는 반복형은 강력한 것이니 결국 전자기력의 회전도 쿼크의 강한 피스톤의 힘에 돌 수밖에 없다. 이는 마치 주역 6효가 간괘 4개 효로 응축되었다가 다시 6효로 펴는 피스톤과 같은 것으로 전자기력이 생기는 것을 말한다.

 그러면 전자기력이 울타리를 차면 쿼크는 강력한 피스톤 운동으로 3에 1과 3에 2의 폭으로 3을 벗어나지 못한 채 피스톤의 역할을 한다. 그 부분이 곧 원동기의 정류자이다. 즉 3이 한 바퀴인데 2가 되려면 1로 죽이고 1이 되면 2로 늘리고 그러면 회전으로 3을 채우는 것이 된다. 즉 정류자는 쿼크와 같다는 것이다.

순서	주제
210	일가기문(日家奇門)에 있어 팔문(八門)이 생기는 이치

　원소 3족 안의 3진법은 곧 문(門)인 것이나 또한 문(moon)은 곧 10인 세 개로 한 달인 것과 한 달은 곧 삼순이 되어야 하나의 문이 된다.
　그러므로 한 달의 공전이 하나의 문인 것으로 자전이 되는 것으로 자전이나 공전이나 같은 의미이다. 그런데 자전으로 곧 하나의 문이 되고 이 굴레의 삼각적 균형인 둘레로 자전인 문 하나와 같은 것으로 30으로 하는 것이다.
　그리고 10과 10과 10은 포개지지 않으니 눈금이 이어져 문이 30개의 눈금인 것으로 이는 하나인 것이 문 주위를 30눈금으로 도는 것과 같다는 것이다. 곧 지구 한 번의 자전이 한 바퀴인 것이 세 바퀴이면 3일이니 3일이 곧 하나의 문이 되고, 10일이 곧 한 바퀴의 지구 자전과 같다면 30일이면 세 개의 달 공전이 달 자전 1개와 같다는 것이다.
　보통 10이라는 것은 1회전을 말하는 것이나 곧 하루의 자전도 10에 해당되고 그러면 3순(旬)이면 30일인 것이다. 이는 곧 하루는 3일이 삼순과 같은 것이다. 그러면 일가기문에 8문 배포는 3일이 1문이 된다. 이는 3순이 한 달의 문이 되는 것과 같다.
　즉 1달의 문은 순이 세 바퀴 도는 30일인 것이고 하루의 자전 한 바퀴가 10과 같으니 세 바퀴가 3일인 것이 30일이 한 달인 것이 중성인 2족에 매몰되다 보면 그런 중에 막이 형성된다. 이것을 3족인 것으로 한다. 그러면 이 3족은 팽창의 막인지 수축의 막인지 모르는 것이다.

이는 곧 우리가 팽창이라고 하는 것이 실제로는 양성자가 찬 것이 중성자로 수축하면서 매우 작아진 만큼의 차이가 수축 사이로 벌어진 것이 아니라 팽창 사이로 벌어진 공간성으로 착각할 수 있다는 것이다.

즉 중성자의 엄청남 부피가 줄어든 만큼 중성자의 시각에서 모든 양성자는 엄청난 팽창 공간으로 보일 수 있다. 즉 설탕은 솜사탕이 압착되어 만들어진 것인데 설탕이 팽창하여 보인다는 것이다. 그러면 우리는 양성자를 모아 +로 늘어난 것이 중성자로 모아 엄청난 -로 늘어나는 것이다.

그리고 원소 3족은 플라스마 같은데 또한 이 벽 밖에서 핵융합이 일어나는 것이 4족인 것이다. 이는 양성자 영역의 4개의 족이 되고 5족부터는 중성자 영역으로써 8족까지를 말한다. 그러면 1족과 4족은 폭발성이니 2번 폭발성인 것으로 양성자 2 중성자 2인 것이 되는 것이다.

즉 헬륨인 땅이 1인 하늘을 대하는 데는 4인 자식도 받아들여 중성자인 딸을 맺게 하는 것으로 헬륨족이 되게 하는 것이다.

순서	주제
211	설탕과 솜사탕 사이가 강력과 약력의 차이로서의 보손인 것이다

개울에 물이 흐르면 시원한 것이다. 이는 물이 아래로 흐르기 때문이다. 즉 원소 8족도 반인 4족까지는 양인 것으로 에너지를 더하는 것이고 5족부터 에너지가 풀리는 것으로 곧 바람의 속도는 한편으로 냉각하는 것이 있다.

에너지 쪽이 질량 쪽으로 비중을 둔 것이 헬륨 쪽인 것으로 곧 1주기율의 수소와 헬륨은 건곤인 것으로 갈라진 것으로 하나 2주기율 리튬이면 이미 1주기율은 핵이 되어 땅속의 음속이 리튬인 것이다.

이 리튬에서 다시 갈라지면 핵에 계곡이 생긴 것이니 그 계곡에 모이지 않는 물이 흐르는 2족인 베림륨이 되는 것이다. 즉 이렇게 되면 양성자 에너지가 매몰되어 중성자 중량으로 무너져 엄청난 중량의 차이로 중성자 중력이 생기는 것이다.

그런데 만물이 아무리 강하다 해도 솜사탕이고 약력인데 강력은 보이지 않는 것이나 강력한 설탕알이다. 그러니 우리가 눈으로 보이는 표피성은 솜사탕만 해졌을 때 겨우 안식(眼識) 윤곽인 표피성의 크기에 의해 사물을 판단하는 것이다. 이에 상대적으로 정적인 정물에 드는 것에서 시선이 이동되니 결과적으로 3족은 3진법의 진행으로 해서 안식의 윤곽인 3족의 스텝으로 전이원소가 된다. 즉 전이원소도 3족의 3진법적 안식으로 셈하여 3진법인 것이니 이는 마치 10일이 삼진으로 30일이 되는 것과 같다.

순서	주제
212	힉식의 정체성

　역학(易學)상의 힉스는 9를 태양, 10을 태음이라고 하는데 이는 강하게 소진하는 것이니 모든 유지성의 에너지 바탕이 된다. 즉 4방과 8방은 손이 있는 날이다. 이는 8방에 손님으로 미치는 것인데 9와 10은 중궁인 것이니 자체적으로 소진할 뿐 8방에 미치지 않는다. 즉 선천수 중궁 숫자의 변화지 아직 후천수의 주변 굴레가 아니라는 것이다.

　힉스 입자는 8방에 필요에 따라 에너지를 배분하는데 원시적으로 보면 태양이 힉스인 것이다. 또한 행성에 에너지원인 것으로 보이는 것과 같은 숫자 9가 태양인 것으로 중궁에 있는 것인데 9에서부터 하나씩 에너지가 줄어들면서 9, 8, 7, 6, 5, 4로 되는 것이다.

　그리고 3까지는 미치지 못하는 것인데 3은 곧 에너지인 것인데 에너지가 빛으로 된 것이다. 이렇게 3으로 빛이 되면 4까지는 숯이라고 보는데 3이면 다 타야 하는 것이다.

　즉 화생토(火生土)가 되어 10일 흙이 되는 것이고 이는 기가 없는 것으로 태음(太陰)인 것이니 에너지로 보면 무(無)인 것이다.

　이 무자도 불(火)자(字) 위에 잿더미와 같은 것이다. 선천수 에너지가 9에서 역순으로 줄어들면서 8방의 에너지를 생산한다. 이것이 힉스 입자의 정체이고 결국 에너지는 암흑물질 잿더미로 사라지는 원리인 것이다.

순서	주제
213	전형원소 50의 대연수 만물의 법칙

    50대연수와 100에 50인 것과 쿼크 홀수 진행의 1.5는 같다는 것이다. 즉 1의 열 배는 10인데 오행으로는 음토를 100으로 하는 것인데 이 백이 양토이면 50으로 한다.

    이것은 곧 낙서(洛書)인 구궁도의 중앙이 5와 10으로 먼저 5가 서서 양인 것으로 기준을 잡으면 양이면서 비대칭이 된다. 먼저 양 5까지 1이 북이면 2는 남쪽이어야 대칭인 상대성인 것인데 서남쪽으로 기울어 대칭이 기운 것이니 곧 내가 남쪽으로 보나 서남쪽으로 기운 것을 남쪽으로 볼 수 있다.

    자전의 남과 북을 축으로 보면 남과 북은 그대로인데 태양에서 보면 지구 축은 남에서 곤으로 기운 것으로 자전축의 남과 북의 기준 축이 실제로는 서남쪽으로 기운 것으로 상대성이 된다. 이것도 일종의 시간의 왜곡인 것이다.

    남쪽이 서남쪽으로 보이는 것은 시간이 직선이면 남과 북은 일직선이 되어야 한다. 그런데 시간이 지남으로써 신기루처럼 굴절되어 서남쪽에 남쪽의 사물이 보이는 것과 같다.

    즉 우리는 서남쪽이 곤인 것으로 8족으로 하고 수소를 1인 북쪽으로 하면 구궁도는 이미 굴절된 신기루의 땅에 사는 것이 된다. 북쪽의 대칭인 남쪽이 8족인 헬륨[20]의 가리인데 서남쪽인

---

20) 가장 반응성이 적은 비활성 기체.

신기류 형상이 남쪽인 것으로 보는 것이다. 그러면 시간상으로는 현실인 2곤궁인 서남쪽으로 봐야지 만일 남쪽으로 보면 실상이 서남쪽으로 옮겨온 것이니 실상은 아닌 것이다.

상대성은 꼭 대칭의 왜곡에서 있을 수 있는 것이다. 그러면 대칭의 왜곡을 현시점이고 현 시공인 것으로 실질성으로 보아야지 이미 시간의 눈금으로 왜곡되기 전에 사물이었다면 그것은 과거와 미래를 논하면 안 된다.

시간이 가지 않는 것은 왜곡도 있을 수 없고 실제 모든 사물은 남과 북의 정방의 직선으로 바로 닿아야 한다. 그런데 시간이 있으니 눈금이 돌아가는 것만큼 굴절이 일어나니 결국 굴절된 신기루가 실질성인 것이다. 이것이 곧 강력인 것에 양력인 보손이 그렇게 되었다는 것이다.

W보손이나 Z보손의 경우 강력보다 입자가 엄청 큰데 이는 쿼크 입자가 100배율로 굴절된 신기루가 실질이 된 것이다. 쿼크의 강력이 설탕알이라면 이미 보손은 100배율의 솜사탕으로 얽힌 것인데 이것이 양자 얽힘이라는 것이다.

순서	주제
215	낙서를 굴절된 선천수로 본다면

　낙서를 우주 방사선이라고 하고 하도를 지구상의 방사선으로 하면 낙서의 중궁은 곧 방사선이 지구에 떨어진 지점을 말한다. 낙서는 이것이 지구상으로 흘러 들어간 것을 말하는 것으로 하도가 곧 후천수적 개념이 된다.

　그리고 낙서는 축이 기울었다가 다시 정상으로 돌아오는 반복을 말한다. 만일 신기루를 보았을 때 서남쪽으로 기울어짐에서 노출된 것으로 이는 2 서남쪽이 곤궁인 것은 곧 1인 북쪽에서 중궁을 정면으로 보면 지상에 태양이 떠 있는 것이 보여야 하는 것이다. 그래서 1이 2로의 직선이 되는데 1이 2로의 일직선이 2인 땅이 보이는 것이다.

　이 땅 위의 사물이 굴절되어 보이는 것으로 자연 다시 5인 중궁이 중심을 잡아주지 않으면 우리는 신기류를 중심 잡지 못하고 살 수 있다는 개연성이 있다는 것이다.

　즉 지구 축이 기우는 만큼 사계절의 변화를 보는 것에서 우리가 열대 지방으로서의 우주관과 냉대 지방의 우주관이 다른 만큼 차이를 보일 수 있다.

　또한 구궁인 낙서를 한 바퀴로 하는 것 즉 낙서는 점인 것은 점은 또한 면인 것에다 입체인 것으로 하나로 보는 것이다. 이 점을 면으로 크게 펼친 것이 아직은 바로잡히지 않은 상태의 낙도에서 거기서 시계 방향으로 돌게 되어 있다. 시간 왜곡이 결국 얽힌 사물성으로 드러나니 시간의 왜곡이 빛의 속도를 벗어나지 못하니 곧 그 상태의 물질성은 보이는 것이다. 시각이란 빛의 속도 안에서만 인식하는 것이니까.

순서 216 주제 하도는 굴절되지 않은 것으로 후천수로 본다면

또한 이것이 면이 아닌 점으로 들어가면 빛의 속도를 하나의 점으로 하는 것으로 정적인 것으로 한다. 그러니 이 두 관계는 3족 6의 관계인 것이고 감리(坎離)의 관계라고 한다.

3족이 원심의 테두리로 하면 6족은 구심으로 하는데 구심은 시간의 왜곡이 없다. 즉 구심은 시간마저 고정된 상태로 보기 때문인데 이런 상태에도 흐르는 것이 둘러친 것이 있는 것으로 정상적인 균형에 있다는 것이다. 이 정상은 물이 마치 그림자를 일그러뜨리듯 다 뭉개고 쭈그러뜨리는데 그것은 내 손보다 어마어마하게 크다.

물은 상을 무너뜨리니 물에서는 상이 깨지고 이는 점이 부푼 거품을 다 사라지는 것 즉 선천수가 이룬 낙서를 뭉개고 하도로써 정상적으로 우주를 본다는 것이다.

그러면 곧 쿼크가 보손인 허상을 무너뜨리고 쿼크만으로 실상을 구현한다는 것이다. 이 쿼크가 곧 주역이므로 우리는 주역을 허상으로 보고 우리의 삶이 실상으로 보는 것에서라면 미래 예언은 어렵다. 즉 과거와 미래는 시간이 있어야 하고 시간은 곧 왜곡으로 선천수가 되는 것이니 우주 방사능 자체가 왜곡인 것이다.

그런데 그림자도 거품이 되게 하고 알맹이만 챙겨 지구 중력으로 챙기면 우주에 비해 아주 미미한 것이다. 다만 구심의 균형으로 우주를 볼 수 있고, 지구인의 주체로서 중심이 된다.

그림자도 물에서는 거품이 되는 것으로 파장으로 하고 오직 점으로서의 입자로 실속을 챙기는 것이다. 이것이 곧 물은 흐르는 것이고, 입자를 챙기는 것이다.

그러니 우주의 방사능을 낙서로 받아들이면 주구의 굴로 하는 것이나 또한 하도인 물질의 균형에 방사능이라는 것을 깨닫는 중심이 있으니 원자로를 활용할 줄 안다. 원자로 속의 입자를 하도의 입자라고 한다. 우주 반사능의 입자가 떨어진 것이 낙서가 되고 이 낙서의 자리가 점인 것으로 중궁이 사방으로 비대칭이 되는 중에서 균형을 잡으니 타원이어도 대칭을 잡아 균형을 이룬 것으로 하도가 되는 것이다.

순서 217
주제: 낙서의 원주율의 파이(π)인 3.14로서의 균형

3인 동쪽이며 자연 4로 기울어진 상태에서 중궁 5가 되면 이는 계절이 남쪽으로 지구 축이 태양 쪽으로 기우는 듯이 하다가 다시 중궁으로 돌아오면 5이다. 이 5에 중심을 잡고 다시 6인 건궁에 기울어서 독립적 중심의 자아로서 개체의 차이를 둔다.

그러나 다 같은 중궁 어머니에게서 태어나지만 각기 다른 생각의 주인이 되었다는 것은 양토 5가 다시 6인 건궁으로 주인공이 되었다가 7족으로 4족의 상대성인 것이 6이나 7에 있는 것이다. 그러므로 비대칭적 기울기에 있는 것은 7족인 서쪽이 대칭으로 4진궁이어야 하는데 7로 비대칭적 상대성이다.

그러면 곧 1감수의 상대성 비대칭이 2인 곤궁으로 기운 것이 7태궁이 8간궁으로 비대칭으로 기운 만큼 비대칭의 힘을 가해 원자리로 돌아오는 상대성으로 지구는 춘분과 추분으로 돌아가는 것으로 9이궁과 1감궁은 상대성과 대칭이 함께하는 정사방이 된다. 원심은 타원이어도 대칭성으로 균형이 있으니 구심의 축이 기울어도 균형을 잡는다. 즉 지구 자전으로 축이 기운 것은 달의 공전이 타원형으로 되어도 균형이 있는 만큼 지구 자전이 균형을 이루어 돌아오는 것이다. 이것을 사계절의 중심이라고 하는데 곧 한 원주율의 구궁도인 낙서라고 한다.

순서 218
주제
기문(奇門) 구궁도(九宮圖) 낙서(洛書)의 물리학적이고 수학적인 원리

원주 파이(π) 하나가 1인 것으로 팔괘가 있는 것에서 중앙이 있어 구궁이다. 이 구궁은 실제 후천수로 힉스 입자인 것으로 팔방의 질량을 배분하고 이 팔방의 입자를 배분하는 것은 선천수 9 즉 중궁을 9와 10으로 한다. 그리고 중앙의 기울기를 하나씩 줄이는 것이 선천수가 되는 것으로 9, 8, 7, 6, 5, 4로 줄어든다.

이는 우주 진공이 10인데 중궁의 후천수 원점이 생기는 것에서 9가 일어나 힉스 입자가 생기는 것에서 10인 진공에 1이 일어난 공간으로 1을 힉스 스칼라라고 한다. 1은 양전하도 아니고 음전하도 아니다. 그렇게 10이 1인 것에 스칼라 공간을 두고 남은 9가 보존되면 이는 양전자를 띠고 8은 음전자를 띤다.

또한 팔괘의 팔방이나 팔족의 숫자가 음수냐 양수냐에 따라 양전하나 음전하가 미친 것이 직선적이라기보다 굴절성으로 깃들어 있느냐이다. 이는 원주율로 돌기 때문에 낙서(洛書)의 기본 물리성을 말한다.

낙서를 후천수로 하고 하도를 선천수로 하는 것은 하도는 바로 잡힌 공간으로 하는 것에서 대입되는데 이는 지구의 자전 북극이 북극성과 일렬로 했을 때 지구의 중심으로 봐서 고정된 상태를 말하는 것으로 춘분이나 추분을 말한다. 그리고 이 상황이 변하지 않는 기본도가 하도(河圖)인 것으로 선천 공간이라고 한다.

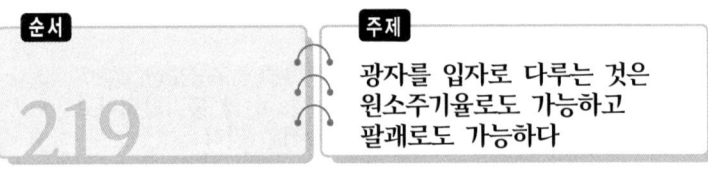

먼저 광자 이상은 궁극에 처한 듯이 정말 벽에 처한 듯이 하지만 광자는 3족으로 선명도는 주기율마다의 3족에 의해 다르다. 이는 같은 빛이어도 저승의 빛과 이승의 빛의 선명도가 다르다는 것이다. 그런데다 주기율을 벗어난 8족만으로 보면 2족이면 벌써 빛의 속도를 능가한다.

이는 유기성의 생물이 사는 영적인 존재가 되면 빛의 광자는 반죽하여 식도락의 혀끝 맛으로 사용할 수도 있다. 이것이 3인 이괘까지 늘어난 것의 빛의 속도이니 늘어나지 않는 속도성은 과연 2족의 피부성인 벽으로 3족이 만질 수 있는 것이다. 아니면 아예 양성자의 별이 중성자의 별처럼 서로 다룰 수 없는 것인가 이다.

그런데 어쩜 전기도 변압기로 다루는 것에서 최소한 화소로 영상을 다룰 수 있는 것에서 물질로 물질을 다루는 것은 이 시공에서도 이미 빛을 가루로 다루는 것에서 가루라는 것은 이미 D처럼 입자의 가루가 곧 빛 가루인 것이다.

이는 이미 다루고 있는 것이 아닌가 한다. 다만 빛도 형태의 변화가 가루처럼 된 입자로 목을 넘기고 있는데 안식만으로 보니 빛이 선으로 보이는 것이지 실제 입자로 만물에 깃들어 가루로 넘어가고 있다고 봐야 할 것이다.

사방의 중심으로 5진법이 되고 구궁의 중심으로 십진법이 생긴다

사방을 중심이 5인 것으로 다시 사방을 더하면 10인데 그러면 5를 넘은 수는 수가 겹치는 것이 곧 같은 오행인 숫자가 된다. 이러한 수리의 음양 짝을 후천수라고 한다.

이는 하도에서 나타나는 사방을 포갠 것에서 나온 숫자의 상인데 선천은 수리의 후천과는 맞지 않는 면이 있다. 즉 1이 5를 넘어선 것에서 다시 1을 더하면 6으로 같은 수라는 것으로 음과 양수가 되고, 2면 5를 넘어서 2를 더하면 7이고, 3이면 5를 넘어서 3이 5인 것이니 이는 곧 5진법이다. 1이 5를 넘으면 6이고 2가 5에서 접혀 2가 포개진 것을 펴면 7로 5를 지나서 접힌 것으로 2와 2가 대칭인 프로타주21)가 되는 것이다. 1이 10에서 접혀 1이 겹치면 이를 펴면 11이 되는 것으로 1, 11이 되는 것과 같다.

즉 5로 5진법이 되면 1과 6, 2와 7, 3과 8, 4와 9, 5와 10이 되는 대칭성이 되는데 이것을 하도로 보면 포개졌다는 것이다. 이는 사방이 포개졌다는 것으로 사방이 정방으로 반듯한 것에서 3과 8이 포개지고 2와 9가 포개졌다는 것이다. 이것이 선천수라면 이 선천수가 펴지면 후천수적 대칭이 된다는 것이다.

그러면 사방성으로 불변이어야지 만일 사방으로 90도로 꺾이면 축은 기준을 잡을 수 없어 헤매다 충돌할 것이다. 그러니 정확하고 세부적으로 팔방으로 하면 45도로 기우는 것으로 시간의 폭을 둠으로써 과거가 되고 미래가 되는 공간이 있을 수 있다는 것이다. 그렇지 않고 하도만의 사방성이면 시간은 가지 않는 공간성에 있는 것이다.

즉 시간은 무한한 것이 아니고 시간의 폭은 45도 안에 있다는 것이다. 이궁이 남쪽과 서남쪽인 곤궁의 사이로 시간이 간 것이 우주의 축이 기운 것이다.

시간은 그 폭에서 지난 것이고 다시 원래의 자리로 돌아가는 것이니 과거세로 가는 것이고 미래세로 가는 것이다.

---

21) 파스텔이나 연필 등 드로잉 도구를 가지고 질감이 있는 표면 위에 탁본을 뜬다. 창작물의 초현실적이고 '자동적'인 기법.

순서	주제
2.2.1	하도가 선천적이든 후천적이든 오고 가는 것의 중앙인 발단의 균형에서 찾아볼 수 있다

　3과 8은 같은 목에 속하는 것으로 대칭이다. 즉 양으로 양으로 사방으로 하는 것에서 중앙이 5인 것으로 정방이 된다. 이것은 공간이기 때문에 시간을 환산하는 것도 아니고 또한 과거와 미래가 없고 점의 공간이며 정적 공간이다. 이것이 우주의 근본적 공간이라는 것에서 지구가 있는 것이니 이미 우주가 이런 선천성을 갖고 있다는 것으로 복희씨의 8괘가 되는 것이다.

　그러나 우주가 이미 기운 것으로 있는데 지구의 자전이 축을 잡아 추분과 춘분의 기운을 잡아가고 있다면 일시적이나 극이 바로 서는 것으로 복희씨의 팔괘가 후천적일 수 있지 않는가 하는 것이다.

　지구가 낙서로서 불안정한 것의 사계절이면 우주의 사계절도 불안정하게 기울 수 있다. 이는 우주가 불안정해도 지구는 안정된 봄과 가을이 오면 우주와 상대적으로 후천적일 수 있다는 것이다. 굳이 선천이라고 칭할 이유가 있는가 하는 것이다.

　후천수는 사방이 중앙을 두는 것으로 5에서 다시 사방을 재차 반복하면 10에서 그 수가 처음의 숫자 즉 1에서 5까지의 초행은 양으로 생수라고 한다. 그리고 6에서 10까지는 재행되는 것에서 성수라고 하는 것에서 1과 6은 오행이 수인 것으로 한 방향에 있다. 그러면 이 생수와 성수의 일정한 사방성은 실제 우리가 후천수로 사용하고 있다는 것이다.

하도를 선천적 전자의 오비탈의 두께로 하늘로 하는 것에서 후천수를 지구의 중력으로 할 수 있는 것이 아닌가 하는 것이다. 그러면 지구의 달을 오비탈의 두께로 하면 전자성이 지구 핵을 도는 것이다. 그 핵에서 중력이 생기는 것이 하도가 될 수 있는 것으로 후천수일 수 있고 낙도는 선천적일 수 있다.

순서 222

주제 선천수와 후천수

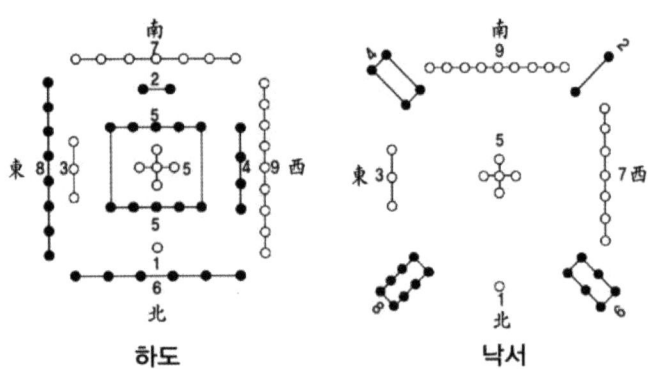

하도   낙서

순서	주제
223	10인 토가 중앙이어야 구궁이 열리는 시야를 굳이 1인 것으로 시야를 열 필요야

 기문 둔갑은 지리를 의미한다. 즉 땅은 수리로 5와 10인 것으로 이는 주기율의 기준이 된다. 수소만을 1로 하는 기준으로 1, 5인 것은 2진법적 진행의 여러 가지를 묶고 10인 주기율로 5인 것은 구궁도의 중간 즉 중궁에 5와 10이 모인 것에서 10진법으로 묶은 것이다.
 말하자면 주기율인 10으로 펴면 정확하게 8족과 8괘의 성질이나 형상이 분별되어 있는데 만일 2진법으로 0.1은 감궁이고 0.2는 곤궁이고 0.3은 진궁으로 원자 1 안쪽으로 보면 마치 그냥 보면 굳이 현미경 눈금을 재가면서 볼 필요가 있는가이다.
 만물은 1주기율이 아니라 7주기율로 열려 있는데 굳이 수 1에 매달려야 하는 집합체여야 하는 것이다. 이미 1주기율의 시야를 가진 사물성으로 한눈에 들어오는 숫자인데 굳이 1인 수소에 매달려야 하는 것인가 하는 것이다. 이는 DNA적 2진법이다.

순서	주제
224	반정수적 진행과 기문 둔갑의 원리

    5는 홀수인 양토(陽土)이고 10은 짝수인 음토(陰土)이다. 양토는 중간으로 핵이고 십간의 중간에도 무(戊)토와 기(己)토가 있는데 짝이다.

    즉 양토는 반정수로 1.5, 2.5, 3.5가 된다. 1, 2, 3인 정수는 5+5=10으로 음토이니 짝으로 진행하고 1의 반쪽인 0.5는 10 안에 있는 5로 같은 것이다. 1이 10이면 0.5는 5이니 15인데 2진법으로는 1.5이다.

    양자를 기준으로 하는 쿼크로 할 때는 1과 1.5인 것을 원소주기율 판의 원자를 기준으로 확대했을 땐 10에 5인 것으로 15로 셈할 수 있다. 그런데 우리의 상식으로는 10에 5인 것으로 15 안에 많은 숫자의 보손이 관여되어 있다고 해부하듯이 하는 것이면 굳이 1.5 안에 있는 것으로 본다. 이것은 같은 내부성이 현미경인 채로 보는 것과 망원경으로 보는 것이듯 하는 것이다. 이보다 우리 눈의 실상으로 셈을 올려놓는 것도 나쁘지는 않다.

    구궁 한 바퀴가 10에서 반인 5를 중앙으로 하면 15이고 두 바퀴면 25, 세 바퀴면 35에서 궁마다 보손으로 배분되고 또한 색으로 전하를 둘 수 있는 판이다. 그런데 굳이 1.5, 0.5로 하여 정상적인 시력에 안경을 끼고 봐야 하는 것으로 안목이라고 할 필요는 없는 것이다.

순서	주제
225	괘상은 팔괘에서 구궁도의 변방 원심 궤도로 하는 것이다

　1과 1.5나 10과 15나 음전하도 양전하로 변할 수 있는 것이 쿼크이다. 이는 쿼크의 효가 음이어도 괘상이 양이면 양으로 되고 효가 양이고 괘상이 음이면 음이 된다. 결국 쿼크 전체를 1로 하는 대성괘는 0.5가 되는 소성괘가 양성자를 띠든 중성자를 띠든 반으로 음양인 것을 먹인 것이다. 그러니 효의 주인공이 양각으로 드러나든 음각으로 드러나든 양이라고 해도 소성괘의 쿼크가 음이면 쿼크의 음을 쫓아갈 수 있다. 그리고 색이 일어나는 색전하를 띠는 것으로 효의 음양으로 기력을 보지 않는 차등성을 갖고 있다고 봐야 한다. 이러한 상호성도 하나의 보손에 해당된다.
　두 개의 같은 음이거나 같은 양을 토대로 하나의 음전하나 양전하를 갖는 것으로 효상이 괘상의 음양을 나타내는 것으로 한다. 효의 음과 양도 크게 나타내는 강한 상호성인 육효이고 괘상은 큰 것이나 색으로 드러나는 약한 상호성이라는 것이다. 이는 괘가 있어야 효가 일어나는 것과 효가 있어야 괘를 이루는 것인데 어느 것이 어느 것을 모으느냐에 달려 있다.
　한 스텝이 1인 것에서 한 스텝이 되지 못한 것으로 한 스텝 안에 있어야 그중에 반 스텝도 일어나는 것이니 먼저 한 스텝이 일어난 자리여야 부차적으로 일어나는 굴레가 이진법 안의 우주라는 것이다.

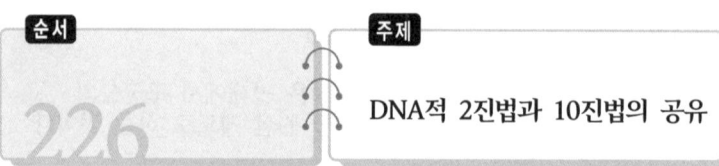

순서 226 / 주제 DNA적 2진법과 10진법의 공유

DNA의 중앙 수소가 1이고 오탄당이 2인 것으로 양쪽으로 하니 10이 된다. 즉 1수소가 1인 것으로 오탄당의 한쪽은 0.5이고 또 한쪽이 0.5로 10이 된다. 그러니 수소는 2진법으로 마디마디 건너가는 것이고 오탄당은 10진법으로 수소를 중궁인 중앙으로 만든다.

즉 오탄당이 두 개로 10인 것으로 하나의 원주가 되는 파이가 되는 것이라 정확하게 DNA는 꼬이게 되어 있다. 그런데 이 회전을 나선형으로 나가다 보면 10마디 만에 한 바퀴이다. 곧 한 마디가 10인 것의 자전이 10마디의 공전과 같다는 것이다.

순서 227 / 주제 70조 개의 세포가 하나의 8족인 주기율 시스템이면

수소 하나에 저장되는 것은 오탄당 사이에 있는 수소 게이지의 확장성을 열어놓음과 같다. 그래서 DNA는 양자 우주의 입구이고 또한 이 DNA는 염색체의 문이 된다.

그러니 세포가 왜 중요한가 하면 RNA에서 DNA로 저장되는 시스템은 분자 기전이 양자 기전으로 저장되는 것으로 유전성을 띤다. DNA는 양자 우주의 기점을 두고 있다는 것이다. 주기율이 족으로 저장하는 것은 곧 헬륨 8족의 구성이 수소 하나의 원소에 저장하는 시스템이다. 이 저장이 곧 DNA 저장성의 유전적 저장인데 세포 하나를 놓고 인생의 유전을 본다면 원소주기율만으로 천상의 기전과 맞물리는 것을 알면 옥황상제의 팔자도 알 수 있다. 그만큼 과학적 진보에 의해 보일 수도 있다는 것이다.

우리가 강력에서는 굴절성으로 중복성이 없는 것으로 하더라고 약력에서는 상대성이 있어 겹쳐도 표면상의 대칭은 아니다. 설령 겹쳤다고 해서 상대성이 없는 것은 아니고 이런 비대칭은 8족상의 7족과 2족이 상대적인 것이나 실상은 비대칭이다.

즉 모양은 같은 대칭이나 속은 각기 다르게 찼다면 과연 대칭을 따른 것일 수 없다. 만일 양쪽으로 당기는 것이면 이는 찢어지는 상이다. 양쪽에서 밀면 상하로 솟아오르는 상대성인 것이다.

이러한 관계는 대칭이 2족에서 있은 후에 하나의 점으로 모이는 7족으로 쌓이는 산이 되고 3족은 대칭이 원만하게 균형이 잡히는 쪽으로 하면 둥근 형태를 띠는 것에서 점으로 돌아가는 것에서 수평적이라는 것이다.

7족은 산으로 불거지는 6족은 평평해지는 것으로 평면점이 된다. 4와 5족이 강력한 접착력이 있는 것에서 점과 원심 간의 생이

멸하지 않게 유지시켜 주는 것이 쿼크로 나무 기둥과 같은 육효의 쿼크라는 것이다.

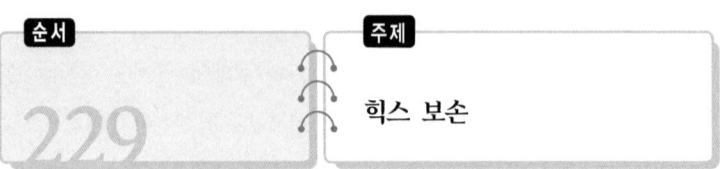

순서	주제
229	힉스 보손

분자의 질량은 원자에 의해 결정된다. 그러므로 수소가 우선적으로 헬륨이 되면 하늘과 땅이 열린 것이 된다. 그러나 원자만의 질 수소 1 속의 질량 차는 힉스 입자에 의해 결정되는데 그것이 건으로 하늘이 열린 것이다.

힉스 입자의 하늘이 열리고 난 다음에 땅이 열린 것이 원자라는 것이 수소 1인 것이 된다. 수소 1이 하늘이던 것이 힉스라는 주인공이 나타나니 하늘의 입지는 넘겨주고 땅이 되었으니 하늘 속에 땅이 있는 것이 수소가 되었다.

즉 수소가 하늘이나 힉스 입자가 하늘이고 보니 수소가 땅이라는 것이니 분자 세계로 보면 하늘의 은하수인 수소인 것이나 힉스 입자로 보면 하늘나라에 땅을 밟고 있는 것이 아니겠는가 하는 것이다.

순서	주제
230	광자가 질량이 없었다는 것의 허와 실

 원소주기율상으로 광자를 3족으로 했을 때 이허중인 것으로 질량이 없는 것으로 할 수 있다. 만일 빛보다 빠른 끈이 저울대가 되는 것이면 빛도 중량이 되는 것이고 파장이라기보다 입자로 만져질 것이다.

 원소 7족과 8족은 입자로 만져질 신식(身識)으로 교감이 되게 되어 있다. 빛이 가루로 느껴지고 2족이 빛보다 빠른 경지라면 2족의 시공적 느낌은 다 8족에 몰려 있는 양기라는 것이고 8족에 흡수되어 있는 빛으로 이는 전자기장에 흡수되어 있는 것이다. 그래서 강력에 흡수되든가 이미 핵력에 있는 부분이다.

 즉 3족이 이허중인 것이나 6족인 것이면 액체 상태로 응결되어 있는 허공이 되는 것으로 속이 찬 것이 된다. 이것이 곧 3족과 6족의 상호성으로 허와 실이 되는 것에 페르미온의 존재를 말하는 것이다. 그런데 광자는 질량이 없는 0인 것에서 궁극적으로는 질량이 꽉 찬 6족이 되는 것으로 대칭성을 띤다.

순서	주제
231	힉스 입자의 정체는 8족과 1족 사이의 반복을 연결시켜 주는 주기의 연결 끈이다

   7족 이후부터는 비대칭성으로 가는 중에 다시 1족인 힉스 입자로 되는 것이다. 즉 6족까지는 빛이 산란할 수 있는 대칭성인 것이나 이후 7족부터는 비대칭으로 일괄적으로 향하는 것이 산의 꼭짓점처럼 향하는데 이것이 깨어지면 절대 온도에서 깨어지는 곤인 8족인 것이다.

   이렇게 되면 광자도 극한으로 깨어지는 영역이 있을 수 있다는 것인데 그렇게 깨어지는 궁극의 폭도 3과 6족을 2와 7족으로 깰 수 있다는 것이다. 이렇게 빛도 7족인 비대칭성에서 깨어지고 난 다음에야 8족이다. 그러나 이 8족으로 끝나지 않고 주기율의 울타리가 감싸고 있는 안에서 수소족이 반복되는 것에서 힉스 입자의 존재가 된다는 것이다.

   힉스 입자는 헬륨족과 수소족 사이를 연결해 주는 주기율의 울타리에서 일어나는 것을 말한다.

순서	주제
232	상호작용의 대칭이 깨지는 것은 2족이 7족인 상대성으로 일어난 구조에 의해서이다

 2족을 대칭으로 했을 때 7족은 비대칭으로 일반적으로 몰렸다는 것인데 이런 일방성은 무너지는 산과 같다. 그러면 이 일방성은 깨어지는 것에서 진공으로 하는 것이 8족인데 이 진공에서 1족으로 힉스 입자가 에너지를 보태주는 것이 1족이라는 것의 전환이 되는 것이다.
 그러면 왜 주기율은 늘어나는가. 양자장이 두꺼워지는 만큼 진공 입자 속도는 느려지는데 이렇게 양자장에 의해 입자가 커지고 느려지는 것으로 질량의 차이를 잴 수 있는 것이 힉스장이 되고 또한 스칼라장이 된다.
 힉스 메커니즘은 1족의 힉스장에 따라 주기율적 질량이 달라진다는 것은 주기율이 같은 족의 영향에 따라 주기율의 차이를 두는 것이 직접적이라는 것이다.
 즉 하나의 괘상이 힉스 입자라고 하더라도 하나의 효상으로 떼어내어 효상의 움직임에 따라 질량이 부여된 것이다. 그러므로 이 힉스 입자가 효 하나의 질량을 갖고 전부 다 주는데 괘상의 일부로 주고 나머지가 태산이어도 힉스 입자인 것이다. 그런데 이도 결국 W보손이나 Z보손으로 확장되어야 100이나 되는 입자성일 수 있는 것으로 보일 수 있다.

순서	주제
233	중성미자와 렙톤과의 관계

　나는 자주 중성자는 숯이라고 하는데 양성자나 중성자나 붕괴되는 것은 같다. 즉 베타 붕괴에서 장작이 타나 숯이 타나 같다는 것이다.
　또한 중성미자(누트리노)라는 것이 있는데 이는 재와 같다. 재는 검다. 이 검은 실체는 전자의 바다에서는 검은 것과 같다. 즉 전자와 중성미자의 관계는 마치 타오르는 장작에 물을 부은 것과 같아 남은 숯이 가루가 되면 중성미자와 같다는 것이다. 이러한 사이를 렙톤이라고 한다.
　그리고 물속의 머드를 밖으로 끄집어내 말리면 하얗게 된다. 이것은 우주가 수소로 되어 있는 물이니 중성미자도 암흑물질과 함수적 관계이며 검게 보인다.
　전자기력은 (--), (　)로 표하는 괘상 중에 효상을 말하는 것이다. 그러면 이(--)와 (　)을 전자라고 하고 원초적인 양전자와 전자의 관계라고 하더라도 육신(六神)은 효인 전자에 붙은 것이니 경입자(뮤온)라는 것이다.
　결국 육신인 지지(地支)가 전자에 붙은 중성미자, 뮤 입자, 타우 입자를 통틀어서 말한다. 효는 동하고 변하는 것이 반반으로 이동하니 1/2인 스핀이다. 즉 본괘는 강력 입자 결합인 상하괘가 된다. 그러나 1/2로 하는 소성괘로 동효가 변효가 되면 이 또한

1/2이 변하여 1/2인 것으로 결합이 되어간다. 그러므로 강력에서 경입자의 작용으로 서서히 괘상에서 효상의 정곡으로 치밀해지는 것과 같다.

우리는 경입자를 8족으로 7족과 8족인 것으로 8족 중에 8족을 다 수렴하고 보존하는 것을 헬륨족으로 한다. 그런데 이는 땅과 같이 한번 붙이면 보존력은 화석의 연대를 좇아야 한다. 즉 4족이 탄소인데 이 탄소 동위원소의 잣대로 재어야 8족의 속을 다 헤집을 수 있는 것이다.

각 주기율은 8족으로 보존이 되는데 그렇다고 족마다의 년한(年限)이 있는 것이니 본래 전기력이 4와 5족인 것을 감안하면 이 전자기력은 중입자로 볼 수 있는데 그러면 4와 5족만의 연한까지는 보존된다는 것이다. 다만 8보다는 속도성이 엄청 차이가 나니 비교점 보존은 안 된다.

순서	주제
234	게이지 보손과 팔괘

효와 괘상의 차이를 강력과 약력으로 나눌 수 있다. 즉 효 하나를 1로 했을 때 W보손은 70배로 볼 수 있고 Z보손은 100이 넘은 것으로 볼 수 있는 게이지가 된다.

이는 곧 양성자 중성자의 차이와 같고 1인 것이 대성괘이나 한쪽은 전하를 띠는 것이니 양괘이고 한쪽은 전하를 띠지 않으니 음괘이다. 그렇다면 괘상이 100인 것으로 할 때 효상은 1인 것으로 하는 것은 효상이 수소인 것으로 1인 것으로 후천수가 되는 것이면 괘상은 10인 토로써 일반적으로 음토를 100으로 치는 것을 보면 자와 축이 합하면 토가 된다. 그런데 이 토가 1족이 8족이 된 것으로 쿼크가 육효인 것에서 괘상이 함께 페르미온을 이루고 있는 중간 입자가 붙어 있는 것이다. 이는 곧 효가 괘에 붙어 있는 것이 페르미온이라는 것이다.

효의 100배율이 Y보손이 되는데 양성자와 중성자에 따라 70 정도인 것으로 마치 핵융합으로 해서 양성자가 에너지로 화한 것에서 힉스 보손이 열린 상태의 비대칭이 대칭으로 자유자재하는 것과 같다.

원소주기율로 보면 2족까지는 금속으로 보고 페르미 준위는 1족이 1인 것에서 2족의 반금속인 0.5가 강력인 것이다. 그리고 0.5가 합해 1이면 보손이 되는 것을 말한다. 이 보손에도 전하를 띠는 것은 양효이고 전하를 띠지 않으면 음효가 된다. 그리고 양전자와 전자의 관계도 양전자는 1.5이고 전자는 1이 된다.

즉 오행학으로 토를 중앙으로 하고 또한 원주로 보면 반으로 중앙이 되는 것에서 다시 반으로 1인 것이 되는 것의 하나의 표현 기호이다.

원소 3족이면 최대치의 온도와 빛인데 3족의 빛은 플라스마와 같은 것이니 4족은 자연 그 온도에 의해 언저리 쪽에서도 융합이 일어난다. 그러므로 나무는 나이테의 언저리를 갖고 있지만 공기 방울처럼 나오게 해 꽃으로 발산하게 하지만 나무의 나이테는 융합으로 묶은 것이 되고 숲이니 곧 우주인 것이다.

그래서 원소 2족까지가 금속성인 액체로 3족에 열을 가하면 전자의 변화가 일어나는 것으로 4족이 자기정적으로 감싸는 고로 와 같은 것으로 모둠을 하니 이 양력이 잎사귀와 같이 넓기는 하나 기둥과 같은 강력은 아닌 것이다.

힉스 보손은 마치 직렬성이 파괴되어 서서히 해빙이 된 듯 병렬로 얽히는 것으로 보는데 절대온도는 넘은 힉스 보손은 건(乾) 금(金)에 속하는 것이다. 이 금을 기준으로 페르미 준위로 여러 괘가 형성된다. 즉 12지는 사계절의 준위로 금속의 전자 분포를 만든 것에서 곤으로 가면 절대 온도상으로 깨지는 것에서 다시 힉스 입자의 대칭성으로 병렬로 얽히는 것이다. 그리고 건은 대칭성이 없는 것이 절대 온도가 힉스 보손이 있는 것으로 유기체라고 할 때 기는 물질을 통과하는 유기체로 영적일 수 있다.

이는 대칭성이 온도에 따라 커지는데 이것도 일종의 거품이 낀 것이니 우주의 언저리는 거품성이 있을 수 있는 것으로 볼 수 있다. 어떻게든 보여야 하는 것이 자연적 순리가 아닌가.

W보손과 Z보손의 팔괘적 의미

두 게이지가 열어주는 것과 DNA의 수소로 열어주는 양자역학 속의 유기성과는 실체 쿼크의 우주가 보손 이외의 여러 입자들을 아우르는 것에서 입자가 파동이다라고 하기 전에 입자도 자아가 없다고 한다면 그럼 신의 존재는 있는가 하는 것이다.

그런데 이렇게 양자 우주적 입자들도 결국 원소주기율 판의 질서를 갖는 것에서 분자 우주로 화학적 기전의 인연 그대로 만든다는 것과 같다.

보손은 효와 같이 약한 단위의 양자 스핀을 말하는 것에서 효의 양전하 음전하는 갖는 것에서 효도 스핀을 갖는다고 한다. 또한 약한 단위가 효라면 괘상으로 드러난 것은 강한 단위의 페르미온이 된다.

즉 괘는 음전하와 양전하가 각기 3분의 2와 3분의 1의 관계로 스핀의 폭이 있다. 이는 소성괘 두 개의 대성괘와 관계라 쿼크라는 것이고 이 소성괘의 구성이 효 하나의 구성 속에 또 하나의 소성괘를 임신하고 있다는 것이다.

보통 본 괘에 놓인 것을 1/2인 것으로 하고 변한 괘에 놓인 것이 1/2인 것으로 반반의 상대인데 여기서 괘가 움직이면 3개의 효가 동신에 변한다. 다만 효 하나만 변해도 괘는 통째로 달라지는 괘가 되는 것이니 이 통째가 3이다. 그중에 하나만 동해도 1/3인 것이고 이는 3과 1일 괘와 효로 함께 있는 것이고 2/3가 되면 3과 2가 즉 3은 괘이고 2는 두 개의 효가 함께 변했다는 것이다. 그리고 3/3=1인 것으로 괘가 세 개의 효와 함께 움직였다는 것이니 이는 곧 세포의 감수분열처럼 1이 반이 되어 변괘와 1.5:1.5가 되는 것으로 1/2이 된다.

즉 1의 반이 0.5인 것이 두 개로 갈라지니 감수분열이다. 이것이 두 개의 스핀을 갖는 것에서 결국 각각의 0.5가 1이 되는 것으로 곧 2가 되는 세포와 같다는 것이다. 그러므로 1/2과 1/2이 결하여 1이 된 상태를 글루온이라 강력한 접착제에 붙은 상태를 말하고 분열이 되지 않은 상태를 말하는 것이다.

그러면 이 글루온인 강력접착제에 비해 W보손과 Z보손은 약력인 것으로 괘상으로 보면 효(爻)에 육신(六身)을 붙인 것이다. 그리고 1/3에 해당하는 쿼크도 스핀이 있는 것으로 정수 1이 되는 것이기도 하다.

우리가 괘상으로 보는 실수와 허수는 3개의 효 중에 하나인 것으로 취용한다. 즉 진(☳) 괘는 아래 양이 하나인 것을 취하여 양괘한다. 이를 실수라고 하고 나머지 음 2개는 짝수인 것으로 허수로 한다.

팔괘에 양효( ) 음효(--)의 기호가 들어가 있는 것을 효라고 하는데 효는 전자기력으로 보는 것이다. 그러면 강력접착제에 잘 붙지 않는 1/2 스핀은 마치 둥근 원 안에 두 개의 원이 짝으로 붙은 듯한데 실상은 따로 노는 것이니 좀 더 독립적인 전자와 뮤온, 타우온, 전자기력이 되는 것이다.

마치 몸의 강력에 각질처럼 붙어 거북의 등각처럼 떨어져 나온 것을 말하는데 등각이 단단한 만큼의 접착력은 있다는 것과 같다. 보통 전자기력 전자장은 울타리와 같은 것이고 알맹이와 다르게 포장지와 같은 것이다.

이것은 괘상으로는 ( ), (--) 형태를 띤 효상을 전자기력인 전자장으로 보는 것이다. 그리고 원소주기율의 전이원소에 해당되는 부분이다. 그러므로 약력이라는 것이 곧 거북의 각질이 부서져 가루가 된 것으로 이를 효(爻)에 붙은 육신(六神)으로 지지(地支)를 뜻으로 독립적 전자 중성미자 · 뮤온 중성미자 · 타우 중성미자가 있다. 이는 곧 원소 8족에 1, 2족이 강력이고 3족이 격리이고 4, 5족이 전자기력이고 6족이 격리이고 7, 8족이 약력이다.

순서	주제
236	글루온이 대성괘인 경우

  팔괘인 색전하가 일어나는 이치는 육효가 여섯 주기율인 것에서 원심 분리로 파장을 늘리면 8족인 8괘가 형성된다. 그래서 8궁 자체가 하나의 색소궁이 되는 것으로 전하를 띤 것이다.
  즉 색은 글루온의 접착력엔 무채색, 육효상으로는 색이라고 하지 않는다. 하지만 팔괘의 구성인 육효로 보면 육신(六神)이 붙는 시건의 파장이 늘면 색으로 노출이 되는 것으로 할 수 있다.
  그래서 글루온이 대성괘도 대성괘의 상하가 쿼크인 것이고 소성괘의 효가 힉스 입자가 된다. 그런데 이 육효는 전자기장이 되는 몸집이다. 그러므로 이 전자기장에 깨어진 대칭성이 다시 가둬지는 것이 힉스 입자로 주역의 12지가 힉스 입자이다.

순서	주제
237	뮤온의 전자로의 변화와 중성자의 양성자로의 변화

 일반적으로 대성괘에 하괘가 중성자인 것에서 이 괘상이 상괘의 괘상이 되면 이는 양성자로 변화된 것으로 본다. 이는 대성괘를 실상은 상하좌우가 없는 상태로 보는 것이다.

 상측은 양성자적 위치성으로 보는 것으로 이는 하괘일 때 중성자 괘이던 것이 상괘로 양성자괘가 되었다는 것이다. 또한 효는 핵과 다르게 뮤온의 입자성으로 보는 것에서 다시 변효가 된다. 그러면 이는 전자화로 되었다는 것이다.

 이것은 곧 효 안에 세 개의 효를 잉태했다고 봤을 때 한 효가 뮤온인 것에서 세 개의 효 안의 전자성으로 해서 태양의 전자성이면 동하는 뮤온이 된다. 그리고 태음의 전자성이어도 동하는 음효가 된다.

 주역은 상하괘가 뮤온은 양성자, 중성자인데 이 괘에는 세 개의 효가 ( )이 아니면 (--)의 형상을 띠고 있다. 이 상하 6개를 대성괘라 하고 육효를 나타낸다. 즉 이 두 개의 기호를 곧 전자기력이라고 하는데 상하괘는 양성자, 중성자로 강력이라는 것이고 그곳의 육효 기호는 전자기력이라는 것이다.

 그리고 이 효에 육신(六神)이 붙는데 지지(地支)가 붙은 것을 말한다. 이를 약력이라고 한다. 이 약력은 강력이 괘상에 서로 상호작용을 할 수 있도록 매개체인 약력이 있으니 이를 뮤온이라고 한다.

 이 논리나 저 논리나 붙여볼 것이 아니라 주역 대송괘와 육효(六爻)가 바로 쿼크에 있어 전자기력과 약력의 관계가 너무도 세부적이고 치밀하게 드러낸 것이다. 이는 과학적인 이론이고 하물며 인문학적으로 효사와 괘사로까지 표현된다는 것이다.

 즉 주역은 효의 유기성을 매우 공학적이고 기계적으로 볼 수 있다. 그러나 우리는 현재에 와서 겨우 뮤온인 매개 역할을 미시적으로 보는데 아무리 확대해 봐도 괘상이나 효상의 메커니즘만큼 나오기는 어렵다.

순서 238 주제 페르미온과 괘의 동일성

 여러 가설이 많을 수 있다. 즉 쿼크나 중성미자나 전자나 다 반정수로 한다. 쿼크는 상대적으로 3분의 1과 3분의 2로 치우칠 수 있다. 그런데 전자기력이 잡아줄 수 있다면 페르미온 준위 또한 균형이 잡힌 것이다.

 실제 온도와 상관없이 전자기장이 강하면 입자의 대칭이 깨어져도 쿼크 상태는 유지되어 글루온이 형성된 것으로 본다. 그러니 쿼크가 상괘를 양성자 하괘를 중성자로 하는 것에서 상괘는 톱 쿼크, 업 쿼크, 맵시 쿼크인 것이다. 하괘는 중성자로 기묘 쿼크, 다운 쿼크, 바닥 쿼크가 되는 것으로 상하괘가 된다. 그리고 이 양성자 중성자 합이 여섯인 것은 육효라고 하는데 육효는 상괘가 8족이고 하괘가 8족인 것으로 구성된 것과 같다. 곧 쿼크는 8족의 기본과 같다는 것이다. 또한 상하 양쪽 끝이 톱과 바닥인 것으로 초효와 상효의 사이를 말한다. 업과 다운은 5효와 2의 관계를 말하고 기묘와 맵시는 4와 5효의 사이를 뜻하기도 한다.

본래 세 개의 효로 이루는 소성괘는 세 개의 효 중에 3분의 2인 두 개와 3분의 1인 것으로 보여 상태에 따라 양이 되기도 하고 음이 되기도 한다. 그래서 건곤인 세 개가 다 같은 경우를 빼고 다 그렇다는 불안전성인 것으로 그래도 건곤으로 극이 되면 동하는 것이다.

이는 불안전성은 그 괘의 우주 상태를 벗어난 변화를 말한다. 우리가 사물의 상태로 변화하는 것은 건곤이 아닌 상태의 여섯 개의 괘상에서 보는 것이다. 그리고 건곤의 변화는 삶과 주검의 변화와 같다. 물론 효상이 동하는 것은 효상도 그 속에 소성괘가 있으니 당연히 효가 움직이는 것도 효 속에 태양과 태음이 생기는 세 개 새끼 효를 배고 있기 때문이다.

이 한 효 속의 쿼크가 하나로 움직일 수 있는 것은 그 하나의 효가 음효이나 양효인 것으로 반쪽의 쿼크이다. 그런데 그 쿼크가 태양을 띠면 양이 동하고 태음을 띠면 음이 동한다. 나머지 소음과 소양은 움직이지 않는 것으로 하는데 이는 쿼크가 상하괘로 정적으로 있다. 이것은 쿼크가 소성괘로서 정적으로 있다고 봐야 한다.

효는 음과 양으로 되어 있다. 음과 양인 효가 반물질과 물질로서 이뤄진 효상인 것이다. 이 효상이 상괘의 상과 마주해 괘상으로 드러내면 업 다운의 구성과 같다. 결국 미시적 효상이 거시적 괘상으로 드러났다는 것이다.

대성괘(大成卦)가 페르미온이라는 것은 효 세 개 중에 2개나 1개만 움직여도 각기의 분수를 안고 움직이기 때문에 곧 3이 움직이면 자리를 바뀌는 것이다. 1과 2만이 움직이면 사람만 움직인 것과 같은 것인데 오직 몸만 움직인 것이면 이를 페르미온이라 한다. 하나의 분효 안에서 움직이면 페르미온이라 정의하는 것이다. 또한 3개의 효 중에 두 개는 음이나 양으로 같고 하나는 다른 것이면 이는 같은 것은 중첩이 가능한 것이고 하나는 독자적이니 중첩이 되지 못한다.

그러면 하나는 짝 없는 젊음마냥 튀는 것이 곧 짝으로 중첩이 주저앉지 않는 기운을 취하는 것이다. 즉 음양은 2진법으로 3을 넘으면 다시 2로 남게 하여 깎아야 계속 규칙성 있게 나아간다. 본래 짝수를 허수라고 하는 이유가 곧 남자나 여자나 장가나 시집을 가면 무덤이라는 것으로 허수이다. 그리고 하나라도 남으면 실수라고 한다. 다만 얼마나 실한지는 모르는 일이지만….

또한 본괘가 변괘가 되는 것이 1/2인 반스핀인 것인데 어떻게 -1/2과 +1/2이 서로 슬라이드 되어 파울리 배타 원리가 되는가 하는 것이다. 즉 본괘와 변괘는 +와 -의 관계로 반반인 것으로 슬라이드 된다. 그런데 이 효의 음양이 끌고 가는 육신(六神)은 이미 반구가 온구로 효상만으로 감수분열로 넘어왔다. 하지만 이미 2개의 것으로 정수로 보이는 것이다.

즉 역설적으로 1/2인 두 개가 하나는 (−)를 띠고 하나는 (+)를 띠는 것이면 이미 서로 간에 당기는 힘으로 슬라이드 되는 것이다. 이는 두 개의 원이라고 할 때 이 두 개의 원을 하나의 원에 가두어 서로 따로 둔다고 해도 자연 장애가 없이 물리게 되어 있다. 곧 2가 1이 되는 것으로 반쪽의 합이 하나의 정수로 결합해도 마모성 없이 톱니성이 물려 영속적일 수 있다.

순서 239

주제: 쿼크를 생물학적으로 보자면

강한 상호 작용이 쿼크인 뼈대를 말하는 것으로 이는 나무로 보면 기둥이 섰다는 것이다. 그리고 전자기 상호 작용이 기둥이 살이 찌는 것으로 약한 상호 작용이 잎사귀가 피고 잔가지가 뻗는 것이고 중력인 뿌리를 내리는 것이다. 이는 결과적으로 꽃인 광자를 만들기 위한 과정이다.

순서 240

주제: 쿼크가 어디서 나왔는가? 입자 가속기에서 나오지 않았는가

8족 중에 허리 부분이 4족이다. 그런데 쿼크가 처음 어디서 생겼느냐고 하면 입자 가속기에 생긴 것이 아니냐 하는 것이고 이것은 꼭 인공적이다?

인공적이지 않다면 우주 방사선은 또 무언가. 즉 우리가 원소 주기율로 핵융합을 보자면 이는 분자를 깨는 것이다. 그러나 이 원소주기율의 입자를 쿼크의 상태로 보자면 이는 양성자끼리 충돌로 하는 것이다.

그러면 원소 4족은 원자를 충돌시켜 4족이 일어나면 핵의 중심지가 되는 것이듯 만일 양성자를 충돌시켜 4족이 일어나면 이 또한 핵의 중심인 것으로 쿼크가 일어난 것과 같다.

원자를 4족에서 8족으로 퍼지는 것으로 하면 쿼크도 4족에서 퍼지는 것이 8족으로 가득 차다 보니 7주기율로 강력이 생긴다. 그리고 다시 자기력으로 키가 커지다가 약한 상호관계인 숲을 이루고 서서히 비중이 7주기율로 몰리니 중력이 되어서 쿼크로 형성된 것이다.

그런데 거기에 꽃이 피니 광자의 입으로 이상하게 짝을 찾는 것이 대칭인 것인가 비대칭인 것인가이다. 그래서 얼어붙게 하는 어느 영가가 사랑의 자유가 있는 대칭이 있다는 얘기를 하는 것과 같다.

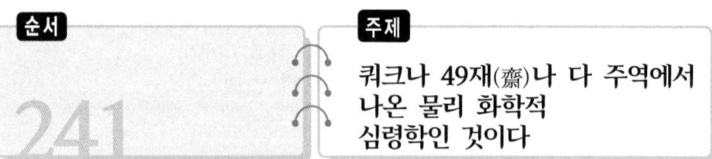

순서 241

주제
쿼크나 49재(齋)나 다 주역에서 나온 물리 화학적 심령학인 것이다

육효는 육도와 같은 것인데 딱 7주에서 1주기율에 올라서는 것으로 모든 주기율의 총체를 평균 잡아 다시 7주기율로 태어나게

하는 것이다. 그러니 7×7=49가 된다.

즉 8족이 7주기율이면 56이 되어야 하는데 건곤은 하나로 1주기율로 납갑도 반이다. 또한 7족까지가 이온이 하나이니 무의식이 완전히 의식과 같이 물려 있는 말라식과 같은 것이다. 그리고 8족이면 아뢰야식인 것이니 아뢰야식은 공(空)인 것이나 다음 생의 땅이다. 이승으로는 7족인 이온 하나가 반공일과 같은 것으로 하는 것이다.

결국 7족으로 정리해 8족의 자궁에 들어야 하는 것이 곧 다음 생에 태어나는 것이다. 그러면 이승으로 정리되는 것이 7가지인 것으로 7×7=49가 된다.

그럼 2효가 안식인 것이고 5효가 이식인 것으로 4효를 비식인 것으로 하고 3효를 설식으로 하고 초효가 신식인 것에 상효가 의식이 자리잡는 것으로 한다. 그러면 늙으면 최상효가 노망기로 의식의 변화가 많아지는 것이다.

그리고 상하괘가 건곤인 아뢰야식(阿賴耶識)[22] 정도가 되면 의식과 무의식이 말라식을 떠나도 괘상이 받쳐주는 저장성이 있으니 이를 종합하여 심판의 자리가 되는 것이다.

---

22) 제8식을 칭하는 여러 명칭들 가운데 가장 대표적인 것.

즉 효 하나하나마다의 결정이 이뤄지면 7번에서 종합적인 괘상으로 저장된 것으로 심판이 이뤄지는 것이다. 이는 몸이 물로 되어 있기에 몸 전체의 촉으로 기억하는 것이 초효의 신식이 피부결이다. 이는 둔한 듯해도 지평선이 수평선과 같아 연하고 민감한 촉에 해당되는 초효인 것에서 신식으로 하는 것으로 출발해 상효인 의식까지를 다 종합하여 괘상이 만들어진다.

그러면 다음 이는 전생의 괘상에서 변형이 된 다음 생의 괘상이 열려 있는 구도로써 물리 화학적으로 정확하게 그려진 대로 심판이 이뤄진 것이라는 것이다. 즉 심판이 주역적 AI의 자동화된 심판에서 자연적으로 육도의 길이 난 64괘의 세상으로 태어나서 384효 개인이 인생 유전같이 흘러가는 것이다.

화성은 자전보다 공전이 짧다. 이는 유아처럼 반사가 늦다는 것이다. 이는 마치 사주를 일주를 년주로 보내고 년주를 일주로 보내야 하는 것과 같다. 즉 년주 안에 일주가 있는 것이 아니라 일주 안에 년주가 있어 내가 되어야 할 것과 같다는 것이다. 마치 년주의 눈으로 사주를 보면 마치 눈동자가 없는 귀신이 사람을 보는 것과 같다. 그런데 그렇게 보아도 맞는 시각이 있으니 귀신도 꼭 어긋나게 보는 것도 아닌 것과 같다.

이는 매우 다각성의 하나로 구성할 수 있는 구도인데 사주로 팔자의 얽힘에서 기준을 어디 두느냐에 따라 마치 화성의 자전이 공전보다 긴 것이다. 그러므로 이 공전은 본래 지구상으로는 년주인데 화성으로 보면 일주와 같이 자전에 묶이는 묶음과 같다는 것이다.

순서 244 / 주제 달 없는 화성의 법칙 같은?

달 자전과 공전이 같다는 것은 지구 인간을 싼 것이 꼭 내 몸과 하나라는 것이다. 즉 달 자전은 달이 한 번의 자전으로 임신을 하면 한 번의 자전이 한 달인 것이다. 그러면 열 번의 자전은 밖으로 노출되지 않은 임신 기간인 것이 전이원소와 같은 것이다.

그렇게 10달이 되고 나면 1년의 공전에 떨어지는데 그러면 10달은 원주율이 찬 것이고 나머지 2달이 공망인 것이다.

그런데 이것이 곧 지상에 노출된 것을 말한다. 이는 곧 전자껍질로 인체를 싼 것으로 하면 보이지도 않는 것이나 인류일 수 있는 것이다. 그리고 자전과 공전이 같은 것이니 그 주기의 껍질을 깨고 나오면 바로 출생지로 노출되는 탄생이 되는 것이다. 그러나 달 공전은 다른 것이니….

공전이 자전을 키워야 하는 것에서 자전이 공전을 키운다?

 아니, 같은 자식인데 화성은 부모를 부양해야 하고 지구는 자식을 키워야 한다? 그래서 화딱지 나서 화성을 떠났나?
 즉 화성은 자전과 공전이 다른 중에 자전이 공전보다 큰 것이듯이 공전을 완전히 임신하는 것이다. 그러니 이는 달로 보면 임신 기간이 지났는데도 출생이 아닌 것을 보면 임신 기간이 길면 더 진화된 인종으로 태어나려는 것일까?
 그러면 어떠한 일이 발생하는가. 마치 태양이 노른자인 것으로 알에 있을 때는 화성의 자전에 공전으로 흰자를 채워 노른자를 싼 것이 되는데 정말 태양 닭을 낳으려 했단 말인가? 그래도 무정란이 되는 것은 아닌 것의 생명의 탯줄은 있기 마련으로 화성은 인류의 흔적이라도 있는 것이 아니겠는가.

달은 공전과 자전이 같은 것에서 분기점이 있어 낳을 수 있는데

 화성은 임신을 하면 어떻게 출생할 것인가.
 달은 공전과 자전이 같은 것이니 한 경계를 같이 넘는 것이다.

그러니 인간이 자전의 임신에 싸여 있다가 동시에 몸을 낳을 수 있다. 이것은 태아와 어미의 분기점을 같이 동시적으로 해낼 수 있는 것이다.

하지만 화성의 자전과 태양과의 공전은 주기가 같지 않기 때문에 한쪽의 주기만으로 출산할 수 없다. 결국 공전이 덜 찬 부분은 제왕절개로 태어나야 하는 것인가? 아니면 알을 낳아서 자전의 공간인 흰자를 마저 채우고 태어나기에는 기운이 희박하다. 새는 아무리 더 날고 싶어도 흰자인 대기권을 더 차고 나갈 힘을 발휘할 수 없어 흰자만을 끝으로 태어난다. 그러므로 태아에게 할 수 없는 것이라 아마 화성 밖 우주 공간을 대기 마냥 할 수 있게 한 것이 아닌가 하는 의심도 해볼 만하다.

특히 창조론의 우주라면….

순서 247 주제 관상이 몸 전체 상과 같은 것이면

얼굴이 물 한 방울의 H_2O인 것이면 세포 하나도 H_2O인 것으로 같다. 그리고 한 주기율이 물 한 방울인 것이면 1주기율의 수소와 헬륨이 핵인 것에서 피부는 6족이 되는 것과 합해 8족의 몸이 되는 것이다.

즉 6족이 피부가 되면 이는 물의 표면 장력에 의해 방울이 된 것이다. 그리고 물은 투명한 것이니 신경 또한 투명하게 통해 자기장의 망이라는 것으로 얽혀 방울방울 맺히는 것이 몸 하나의 방울로 커진 것이다. 그러므로 실제 몸은 물이 대부분인 것에서 표면 장력에 의해 신경에 붙은 것이 된다.

즉 이것이 물 한 방울의 머리가 곧 물 한 방울의 몸이라는 것이다. 그러니 6족까지는 영적인 몸이 되고 8족까지면 뼈로 구조를 잡고 살을 붙이는 것으로 탁해지는 몸이 되는 것이다.

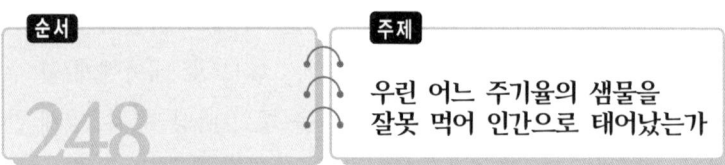

무색계가 1주기율이면 여섯 주기율의 선택이 있을 수 있다. 그러나 무색계가 전형원소인 2와 3족으로 하면 2와 3에서 4와 5족인 삼선도에는 드는 것인가 하는 것이다.

또한 3악도인 6과 7주기율에 드는 것인가 하는 것인데 이는 하나의 육신이 육도인 것에서 영적으로 진화한 것은 삼선도로 올라가는 것이다. 그리고 본능의 욕구대로 치우치면 삼악도로 들어간다는 것으로 나눌 수 있다.

그러면 무색계의 샘물은 2와 3주기율의 샘물이다. 그런데 4주기율의 물을 마셨으니 인간계가 4주기율이다. 5주기율은 축생에 가까우나 6주기율과 7주기율은 아귀와 지옥이 되는 것이다. 즉 바람과 자기장이 전이원소를 형성하는 것에서 나무를 피워 올리는 것이 인간계 신경이 피워 올린 것으로 색계로 하는 것이다.

이는 상하괘를 삼단으로 나눠서 육효를 삼등분하는 것으로 여섯 주기율을 3등분하는 것이다.

순서	주제
249	몸이 반추하더라도 두뇌는 영속적이어야 하는 것은

그러면 무색계에서 인간계보다 더 나쁜 샘물을 먹었다면 짐승이나 지옥으로 태어나는 것인가 하는 것이다. 즉 그것은 내가 무색계에 있을 때의 시작에서부터 잘못 걸려든 것이다. 이는 전형원소의 6족에서 샘에 샘이 있다. 이 샘에 태양이 일렁이면 전이원소가 형성된다. 그러면 이 전이원소에 10중에도 샘이 있는 것에서 달빛이 일렁이는 것으로 자라는 것이다.

이 달빛은 3족인 태양의 그림자로서 비치는 것이다. 이는 전이원소가 나중에는 란탄 악티늄족을 낚시한다. 그러면 7주기율까지 먹이사슬이 된다. 결과적으로 일반적인 업보에 따라 그 물에 그 물인 것이다. 또한 소의 위장이 반추하는 것이 달인 것으로 스스로 깨달은 낚싯대로 낚는 것이다.

순서	주제
250	1주기율이 무색계인가? 2주기율인 전형부터 무색계인가?

　무색계와 인간 세계가 연결 짓는 구조적 공간성을 이야기하는 것으로 출발선이 달라도 그 시작은 업보에 따라가는 통로는 지름길로 할 수 있는 원소주기율표라고 볼 수도 있다. 이는 유전성의 육도는 자아로서 다 책임이 따를 수 있는가와의 호환성을 어떻게 볼 수 있는가 하는 것이다.

　즉 짐승이 분변이 얼마나 있어 신분이 상승하겠는가 하는 절차를 부여하는가이다. 이는 신이나 삼자가 끌어주지 않으면 불가능한 것이다. 그러면 이 지경을 벗어난 업과가 삼자적 결단이 들어가 도와야 그나마 무명에서 깨어나오는 것이다. 꼭 그것을 알고 행하나 모르고 행하나 지극한 정성이 신을 감동시키는 것인 내가 지름길을 가는 데 도움이 더 클 것이다.

　다만 내 자신에 충실한 것으로 망각이 되지 않으려 노력하는 기억의 존재일 것이다. 즉 인간은 생각하지 않으면 존재가 아니기 때문에 존재에 대한 성실성은 신도 지울 수 없다. 그러기에 기도와 공부는 중요한 것이다.

순서	주제
251	궁극적으로 남에게 의지하지 않고 나만으로 가야 할 길은 곧 남에게 속지 않기 위해서이다

 윤회의 장기화를 거쳐야 하는 이유는 무명이 그 나물에 그 밥인 것으로 이어지기 때문이다. 그러니 새로운 자각의 자리는 필요한 것에서 윤회의 반복으로 나중에 떠나는 것이다.
 결국 일정한 기간이 소모되더라도 분별심이 있어야 자신의 인과도 안다는 것이다. 여기에는 기회와 용서가 반드시 따라야 한다. 그것이 없다면 지옥이 천당과 무슨 관계가 있는가.
 축생은 죽어도 축생일 뿐이다. 아귀는 죽어도 아귀일 뿐인 문제만 야기한다는 것이다. 이런 연속성은 각기의 마디 안에서만 행해지는 것이 마디를 넘어 허공과 허공이고 이허중이 되어서 4족으로 뻗다가 3족으로 꽃으로 피우면 대나무의 허공은 죽는 의미인 것이다.
 그런데 다른 생에 사는 사람을 다시 천도하여 더 좋은 곳으로 가게 한다면 죽은 자가 어디에 태어난지도 모르는 것에서 길을 안내받은 듯이 한 마디의 한생에 다시 한 마디의 두 생이 허망이고 허망이다.
 결국 해탈시켜 주고 죽으니 대나무 마디의 천도는 사라진 풀이 선 정성이 대나무가 풀에 속하는 것이다.
 윤회를 거듭할수록 굴절이 심한 것이라 굽어도 속은 비우라고 대나무인 것으로 대대로 천도 길을 따르는 것이다.